Karl Haas

PENDELBUCH

Anleitung zum geistigen Pendeln
Esoterisches Grundwissen

R. Lippert - Verlag

Karl Haas
Pendelbuch

Überarbeitung: Rudolf Lippert
Titelbild: Karl Haas
Gestaltung: Renate und Rudolf Lippert

Ausgabe 2010

Hartgass 9, D-88639 Wald.
Tel.: 07578-2229, Fax: 07578-933194
www.lippert-verlag.de
e-mail: service@lippert-verlag.de
In Deutschland gedruckt.
ISBN Doppelband Pendelbuch
und Radiästhesie 978-3-933470-91-1

Karl Haas

PENDELBUCH

Anleitung zum geistigen Pendeln

Esoterisches Grundwissen

R. Lippert - Verlag

INHALTSVERZEICHNIS

1. KAPITEL

EIN WELTBILD – EIN MODELL

EINFÜHRUNG

Dieses Buch mag Ihnen helfen, Ihren Weg in die göttliche Einheit wiederzufinden bzw. zu erleichtern und mehr Eigenverantwortung zu übernehmen.

Gleichzeitig wird Ihre Konzentrationsfähigkeit und Ihre Intuition geschult.

Es kann Ihr ganzes Leben verändern und einer besseren Zukunft entgegenführen.

VORWORT

Der Sinn des Lebens:

Betrachtet man unseren Lebensablauf rein materiell, kommt man zwangsläufig zu einer gewissen Sinnlosigkeit im Leben. Wir zerstören und vergiften unsere Umwelt, verursachen Katastrophen, Leid, Krieg, Krankheit und das nur zur Lustbefriedigung, zum Anhäufen materieller Dinge und zum Ausüben von Macht. Gelingt einem dann dieses oder jenes nicht, kommen Frustration, Neid, Haß usw.

Kann das wirklich alles sein?

Die Antwort kann nur lauten: „NEIN, sicherlich nicht."

Ein Weltbild - ein Modell:

Man kann wohl alle großen Religionen der Welt untersuchen, überall findet man in ähnlicher Form, daß am Anfang das geistige Prinzip vorherrschte, z.B.: **„Am Anfang war der Geist"**, im Buddhistischen oder **„Am Anfang war das Wort"** im Christlichen.

Man könnte es auf einen Nenner bringen:

„Am Anfang war die Energie, göttliche Energie."

Das heißt mit anderen Worten, daß es am Anfang keine Materie in dem Sinn gab, wie wir sie heute vorfinden. Alles war in geistiger Energieform vorhanden – also geistige Wesenheiten, die in Harmonie mit Gott existierten. Einer der großen Geister war trotz allem unzufrieden und versuchte die Harmonie durch Chaos zu ersetzen. Wir kennen diesen Geist aus der Mythologie als **Luzifer** oder **Teufel** oder wie immer er genannt werden mag. Die Geistwesen verfügten, da sie nach dem Ebenbild Gottes geschaffen waren, ebenfalls über Schöpfungskräfte. Einige ließen sich von Luzifer mitreißen und schufen selber weitere Geister des Chaos. Um die Schöpfungskräfte zu binden, wurden diese Wesenheiten schrittweise verdichtet – es **entstand Materie!**

Einige Zusammenhänge:

Wissenschaftler haben die ungeheuren Kräfte, die im Atom schlummern, entdeckt und dann freigesetzt (Atombomben, Atomkraftwerke), ohne zu wissen, welcher Art die Kräfte sind, die so verheerende Wirkungen hervorrufen.

Die Materie besteht aus Kraft und Bewegung. Elektronen kreisen mit unvorstellbarer Geschwindigkeit um den Atomkern (ca. 300 000 km/sec.), und das seit mehr als 2½ Milliarden Jahren. Nach allen physikalischen Gesetzen müßten die Elektronen durch Reibung abgebremst werden und mit dem Atomkern kollidieren.

Welche Kräfte sind das, die imstande sind, 2½ Milliarden Jahre in Bewegung zu bleiben, obwohl keine äußere Energie zugeführt wird?

Darauf konnte und kann die Wissenschaft auch heute noch keine Antwort geben!

Im 19. Jahrhundert hat ein Mann namens **Jakob Lorber** (1800–1864), der von sich behauptete, aus dem Jenseits Diktate zu erhalten, ganz genau die Atomtechnologie, sowie auch deren furchtbare Anwendung und Auswirkung, vorausgesagt und beschrieben.

Einige seiner Aussagen:

1. Es gibt nur einen einzigen Urstoff, aus dem alles andere aufgebaut ist.
2. Die Verschiedenartigkeit der Materie beruht darauf, daß der Urstoff in verschiedenen Zahlen zum Aufbau der kleinsten Teilchen (= Atome) verwendet ist.
3. Die Kräfte, die diese kleinsten Teilchen zusammenhalten, sind „unsterbliche Geister", die den Urstoff seit urdenklichen Zeiten in drehender Bewegung halten.

Der Mensch greift mit der Zertrümmerung der Atome in die Schöpfung ein.

Er setzt diese „unsterblichen Geister" frei, die naturgemäß nur zerstörend wirken können. Diese nehmen Besitz von Pflanzen, Tieren und Menschen und stören jegliche Ordnung. (Waldsterben, Erdbeben, Vulkane, Zerstörung der Ozonschicht usw.)

Jede ionisierende Strahlung ist lebensfeindlich!

Donoso Cortez erklärt in seinem Buch „Der Staat Gottes" den Fall Luzifers folgendermaßen: Vor dem Fall war die Geisterwelt in seliger Harmonie, nach dem Fall (Abkehr von Gott – Selbstsucht – Hochmut) begann **eine kreisende Bewegung = entstand Materie.**

(Pfaffenzeller, Wende durch das Atom, Turm-Verlag)

Diese kreisende Bewegung ist sowohl im Mikro- als auch im Makrokosmos sichtbar:

Elektronen kreisen um die Atomkerne,
Planeten um die Sonne,
Galaxien kreisen um einen gemeinsamen Mittelpunkt.

Zum Vergleich noch einige andere Quellen:

Upanishaden (sozusagen die Bibel der Inder):

„Nicht war diese Welt am Anfang. Diese Welt war am Anfang und sie war nicht: es war nur der Geist, der existierte (Manas).

Der Geist war geschaffen und wünschte sichtbar zu werden, deutlicher, körperlicher."

(Upanishaden, Diederichs Gelbe Reihe, Seite 38)

Aus der Akasha-Chronik (Rudolf Steiner)

Die Tiere existierten als Bewußtseinszustände des Geistes des Feuers.
Die Pflanzen als Bewußtseinszustände des Geistes des Zwielichtes.
Die Mineralien aus den Gedankenkeimen der Menschenvorfahren und als Gedanken der Geister der Form.

Und noch deutlicher:

Nun findet stufenweise **eine Art Verdichtung** mit allem **statt**...

Der Mensch schreitet da insoferne weiter, als sein **vorher gestaltloser,** selbständiger **GEDANKENLEIB** von den Geistern der Form aus gröberem, gestaltetem Gedankenstoff umkleidet wird ...

(Rudolf Steiner Verlag, Dornach/Schweiz)

Nun noch ein Beispiel aus der Physik:

Beim Zerfall eines Neutrons in ein Elektron und Proton stimmt weder die Energiebilanz (ein Teil der beim Zerfall freiwerdenden Energie bleibt „verschwunden"), noch der Satz „actio = reactio".

Zerfall eines freien Neutrons:

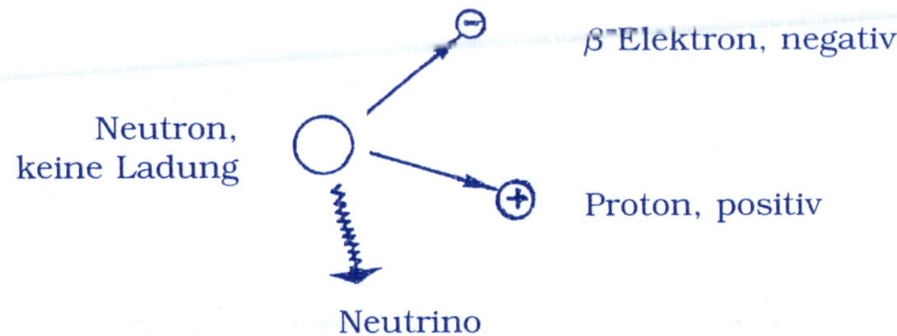

Die Erfindung des Neutrinos war notwendig, da die Summe der Energie aus Elektron + Proton kleiner ist als die Energie des Neutrons! Diesen Trick bezeichnete der Erfinder des Neutrinos, der Physiker Wolfgang Pauli, selbst als **verzweifelten Ausweg.**

Zerfall eines im Kern befindlichen Neutrons:

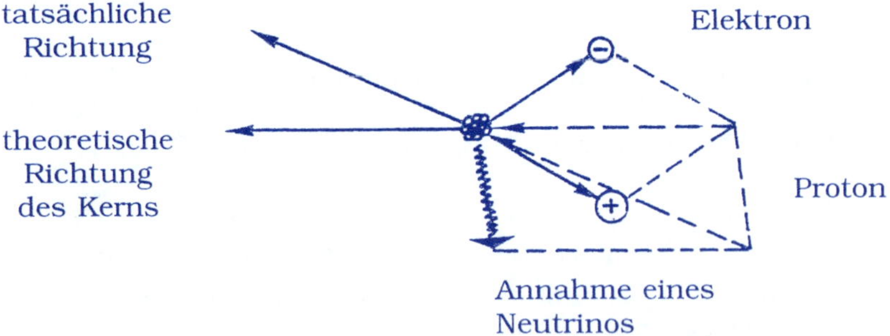

Die sich aus dem Kräfteparallelogramm ergebende Richtung des Kerns stimmt nicht mit der tatsächlichen Richtung überein, daher wurde auch hier das Neutrino eingeführt.

Ein Neutrino konnte, da es weder Ladung noch Masse hat, bisher noch nicht direkt beobachtet werden; es bleibt für alle Detektoren unsichtbar!

Der Satz der Erhaltung der Energie – die heilige Kuh der Physiker kann ohne das nicht feststellbare Neutrino nicht aufrechterhalten werden!

Sind diese Neutrinos vielleicht die freiwerdenden Geistwesen?

Der Wissenschaftler Prof. Max Planck sagte:

„Es gibt gar keine Materie an sich. Alle Materie entsteht nur durch eine **Kraft,** welche die Atomteilchen in Schwingung hält ... hinter dieser Kraft müssen wir einen intelligenten Geist annehmen. Dieser Geist ist Urgrund aller Materie ..."

Daraus folgt also:

Alles Materielle ist **geistigen Ursprungs.**

Geht man von der christlichen Mythologie aus, dann ist Materie die Manifestation negativer Geistwesen. Und zwar: Um den Geistwesen ihre Schöpfungskräfte zu entziehen, wurden die negativen Geister in Materie gebunden.

Sie werden nun durch die Anwendung der Atomenergie widerrechtlich und gegen die göttliche Ordnung willkürlich freigesetzt!

Daraus ergibt sich folgende Schlußfolgerung:

Vorausgesetzt dieses Gedankengebäude ist richtig, müßte man auch **geistig** etwas dagegen tun können; und tatsächlich:

Die negativen Geistwesen sind in Form von Schwingungen manifestiert. Man kann nun eine **Schwingung entgegensetzen** und damit das Negative neutralisieren.

1. Möglichkeit:

Homöopathische Hochpotenzen (Homöopathie siehe Seite 106) wirken auf unseren Energiekörper. Sie sind imstande, positive Schwingungen im Körper aufzubauen, um die negativen zu neutralisieren.

Nach einer Austestung von Dr. Schramm ist es daher möglich, radioaktive Stoffe durch Einnahme von Hochpotenzen zu neutralisieren bzw. eine rasche Ausscheidung zu fördern.

Der Nachteil dieser Methode ist, daß man einzeln jene radioaktiven Stoffe ansprechen muß, mit denen man kontaminiert wird.

2. Möglichkeit:

Man strahlt selbst so viel Liebe aus, daß negative Wesenheiten nicht an uns herankommen, bzw. aufgelöst werden.

3. Möglichkeit:

Über Gebete: Diese Methode stellt die wahrscheinlich leichtere Möglichkeit dar.

Messungen mit dem Geiger-Müller-Zähler ergaben eindeutig und reproduzierbar eine deutliche Reduktion der Radioaktivität nach Gebetsbehandlungen! (siehe Kapitel Gebete Seite 68 und 69)

> **Durch die Kraft des Geistes und in Demut vorgetragene Bittgebete können wir alle Negativitäten aufheben, in Harmonie und göttlicher Ordnung leben und die All-Liebe entwickeln.**

Unsere Aufgabe:

Gott hat uns die Möglichkeit gegeben, das geistige Potential, das im Reich der Materie gebunden ist, wieder zum göttlichen Licht zurückzuführen. Nachdem wir die ICH-Kräfte entwickelt haben, können wir uns freiwillig für Gott entscheiden und zu Ihm zurückkehren. Deshalb inkarnieren wir in dieser Welt. Der Sinn unseres Lebens liegt darin, uns weiterzuentwickeln, damit wir in die göttliche Schwingung zurückkehren können. Da dies kaum in einem Leben erfolgen kann, ist die logische Folge davon die Reinkarnation (Wiedergeburt).

Als Hilfestellung auf unserem Weg stehen uns die geistigen Gesetze, das Gesetz des Karmas, das Spiegelgesetz usw. zur Verfügung. (Siehe auch Seite 32 bis 35). Auch die Pendeltechnik kann ein sehr wertvolles Hilfsmittel auf unserem Weg sein.

Parallel dazu gibt es natürlich noch viele andere Möglichkeiten der Hilfestellung, den Thymus- oder Muskeltest, das I-Ging, Tarot, usw.

Weiterführende Literatur:

Aus der Akasha-Chronik
Rudolf Steiner – Rudolf Steiner Verlag/Dornbach

Wende durch das Atom
Wilhelm Pfaffenzeller – Turm-Verlag/Bietingheim-Württ

Upanischaden
Alfred Hillebrandt – Verlag: Diederichs Gelbe Reihe

Das Evangelium des vollkommenen Lebens
Rev. G. J. Ouseley – Humata Verlag Harold S. Blume

Woher komme ich – Wozu lebe ich – Wohin gehe ich
Gisela Weider – Eigenverlag/A-1071 Wien, Postfach 405

2. KAPITEL

PENDELTECHNIK

GEISTIGES PENDELN:

Einführung:

Zum Unterschied vom normalen Pendel (das Pendel), verwendet man beim sog. **„siderischen Pendel"** einen anderen Artikel: **der Pendel.**

Beides soll den Einfluß auf den Menschen aufzeigen.

SIDUS = STERN

SIDERISCHER LEIB = AURA = SEELENLEIB

Die Aura ist der Energiemantel, der den Menschen umgibt. Die energetische Ausstrahlung des Ätherleibes von allem Lebendigen kann mittels der Kirlean-Fotografie sichtbar gemacht werden.

Der Pendel wird ebenfalls von kosmischen Energien durchflossen. Sensitive Personen können spüren, manche sogar sehen, daß beim Arbeiten mit dem Pendel oder einer Rute Energien abfließen!

Vorsicht: **Jede Arbeit mit Pendel oder Rute kostet Energie und Lebenskraft!**

Dieses Arbeiten mit Pendel oder Rute wird unter dem Begriff

„RADIÄSTHESIE" zusammengefaßt.

Radiästhesie = Strahlungsempfindung (sowohl griechisch als auch lateinisch), besser wäre **Schwingungsempfindung,** denn alles in der Natur ist auf Schwingung und Rotation aufgebaut. Schwingungen berühren, durchdringen und beeinflussen uns. Selbst Steine senden solche Schwingungen aus und werden z. B. als Schwingquarz (Uhren) oder zur Edelsteintherapie verwendet. Wir können sie zum Segen einsetzen, aber auch durch unsachgemäße Anwendung Schaden erleiden.

Wichtig: Immer ist es der Mensch, der die Schwingung spürt, die Rute und der Pendel sind nur die Zeiger um das Erspürte anzuzeigen (wie der Zeiger eines Meßinstrumentes).

Wechselbeziehung zwischen Umwelt und Mensch:

Alle Schwingungssysteme treten in eine Wechselbeziehung, d. h., unsere Ausstrahlung = Schwingung tritt in Wechselbeziehung zu Strahlungsquellen unserer Umgebung.

Einige Möglichkeiten gegenseitiger Beeinflussung:

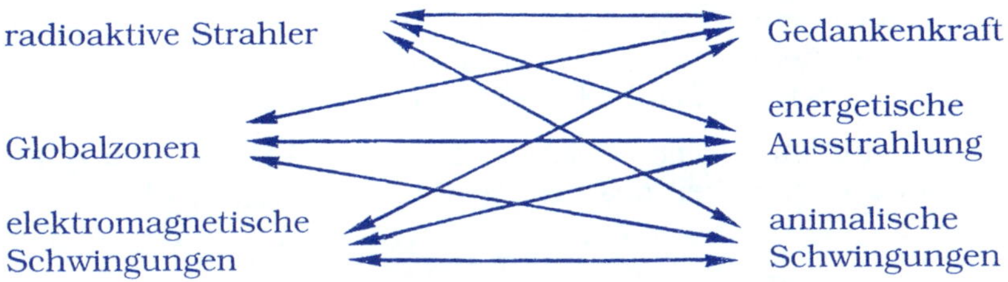

Daraus ist ersichtlich, daß mit Hilfe der Gedankenkraft die Ausstrahlung bzw. Schwingung der Materie beeinflußt werden kann!

Daher: Borgen Sie Ihr Pendel oder Ihre Rute niemals her, denn negativ eingestellte Personen können Ihr Werkzeug laden. **Oder es muß zumindest entodet werden!**

Da die Gedankenkraft aus uns selbst kommt, kostet jedes Arbeiten Energie, speziell dann, wenn wir uns nicht an die kosmischen Energien ankoppeln können.

Eine andere Möglichkeit wäre, auf die sog. Gebetskraft auszuweichen.

Mit Hilfe des Gebets läßt sich **ALLES** beeinflussen!

Durch seine Kraft kann sogar künstliche Radioaktivität eliminiert werden! (Siehe Gebete, Seite 68 und 69)

Entodung von Gegenständen:

Jedes Blatt Papier, jeder Pendel usw. weist eine Eigenladung auf und kann zusätzlich mit Gedankenkraft imprägniert sein.

Diese Ladung sollte man vor jedem Pendelvorgang entfernen (entoden).

Unterlagen und Papier usw. werden dadurch entodet, daß man mit der offenen Schreibhand diese Gegenstände mehrmals abstreift.

Pendel und Rute werden mit der anderen Hand abgestreift, sie können auch von Zeit zu Zeit unter fließendem kaltem Wasser abgespült werden.

Handhabung des Pendels:

Der Pendel wird am besten in die geschicktere Hand genommen, das Kettchen oder die Schnur wird in die offene Handfläche gelegt und zwar so lange, daß die Pendellänge noch ca. 4 bis 6 cm beträgt.

Jedes Heraushängen offener Schnur- oder Kettchenenden kostet zusätzlich Energie. Das Kettchen wird nun so zwischen Zeigefinger und Daumen gehalten, daß der Pendel frei schwingen kann.

Achtung: Das Kettchen nicht über die Finger wickeln, da sonst die Bewegungsfreiheit des Pendels beeinträchtigt wird!

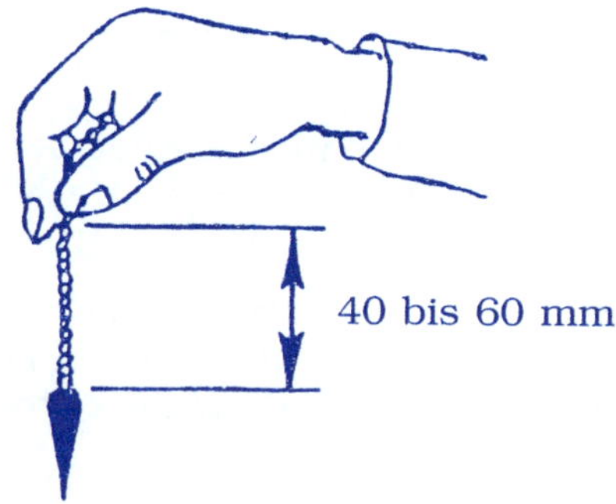

Als ersten Schritt zum Erlernen der Pendeltechnik soll der Pendel nun bewußt beeinflußt werden. Der Pendel wird so in die Hand genommen, daß ca. 6 cm Schnurlänge (Kettchenlänge) von den Fingerspitzen bis zum Pendel vorhanden ist.

Achtung! Nicht über den Finger wickeln und das zweite Ende der Schnur nicht heraushängen lassen!

Der Unterarm wird jetzt auf den Tisch gestützt, damit der Pendel in Ruhe schwingen kann.

EXPERIMENTIERBLATT

für bewußte Beeinflussung des Pendels:

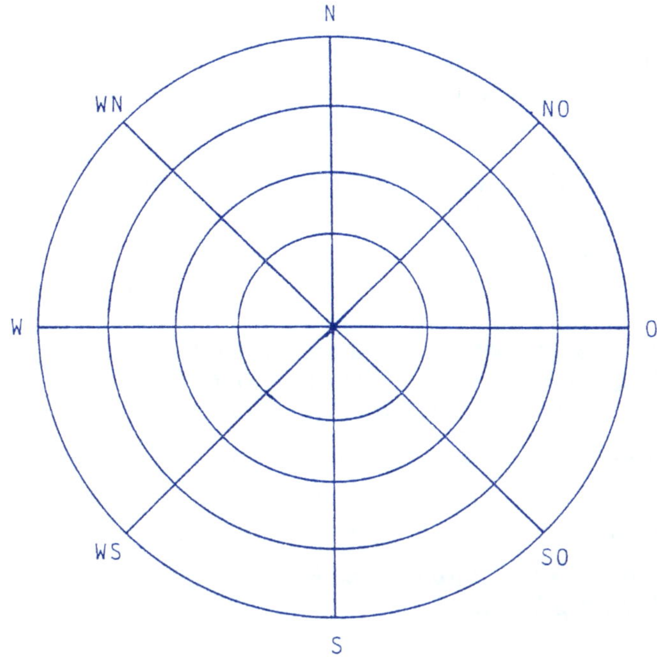

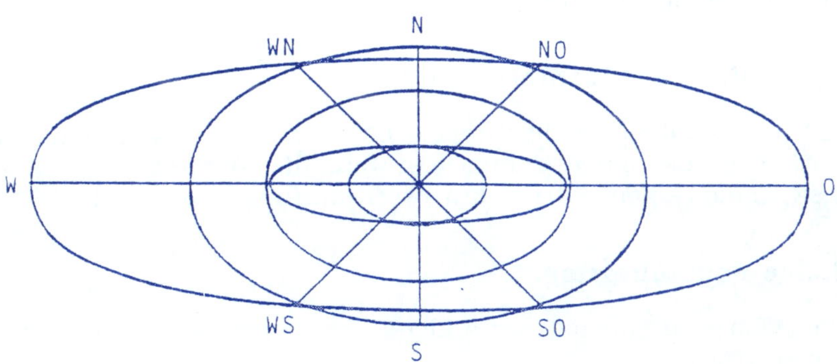

1. Möglichkeit: Man hält den Pendel ruhig über der Mitte des Diagramms und konzentriert sich auf eine Pendelschwingung (z. B. rechtsdrehender Kreis). Der Pendel beginnt jetzt rechtsdrehend zu kreisen, anschließend die Richtung ändern usw. Diese Art der Pendeltechnik ist, wie Sie bemerken werden, sehr anstrengend. Besser ist die

2. Möglichkeit: Der Pendel wird mechanisch angeschwungen und dann durch Konzentration in der Richtung geändert. Z. B., wenn Sie den Pendelausschlag in senkrechter oder waagrechter Richtung haben wollen, wird im Kreis angeschwungen, oder, wenn der Pendel im Kreis laufen soll, dann wird senkrecht angeschwungen.

Bei dieser Technik erspart man sich die notwendige Anfangsenergie! Üben Sie nun mit verschiedenen Pendellängen und zwingen Sie den Pendel durch Konzentration in die verschiedenen Richtungen und Kreisbewegungen. Die schwierigste Übung dabei ist der ovale Kreisbogen (Ellipse). Vergessen Sie nicht, zwischen den einzelnen Übungen das Papier bzw. die Unterlagen zu entoden! (Siehe Seite 20)

Bei diesen Übungen wurde der Pendel bewußt beeinflußt.

Will man aber Fragen beantwortet haben, ist die **Beeinflussung** des Pendels **unbedingt** zu **unterlassen.**

Bevor Sie mit einer Übung oder Frage beginnen, sollten Sie um göttliche Führung bitten!

Vorgangsweise zur Abfrage mittels Pendel:

Der erste Schritt ist die exakte Formulierung einer Frage, diese sollte eindeutig mit ja oder nein beantwortbar sein. Abgesehen von der persönlichen Pendelfähigkeit ist neben der Beeinflussung durch Erwartungen die Hauptfehlerquelle eine ungünstige Fragestellung!

Beispiel: Falsche Formulierung:

Kann ich diese Pflanze in die Suppe geben? Bei dieser Fragestellung muß immer ja herauskommen, denn selbst wenn die Pflanze giftig wäre, kann man sie in die Suppe geben – nur essen darf man sie nicht!

Richtige Formulierung:

Ist die Pflanze für mich (oder andere) gesundheitsschädlich, wenn sie gegessen wird?

Oder die Frage: Ist dieses oder jenes gut für mich? (z. B. eine Reise antreten, ein Seminar besuchen, die Firma wechseln usw.)

Bei dieser Frage ist die sog. karmische Komponente mitberücksichtigt (siehe auch Seite 32). Es wird aber nicht abgefragt, ob z. B. gesundheitliche Probleme oder Unfälle usw. auftreten.

Ein solches Geschehen kann für eine geistige Entwicklung durchaus positiv sein. Will man das aber ausschließen, muß die Frage anders gestellt werden: z. B.: Werde ich, wenn ich diese Reise antrete, gut und gesund ankommen?

Sie sehen also an diesen wenigen Beispielen die Schwierigkeit einer exakten Fragestellung, besonders dann, wenn man etwas anderes meint, als man fragt oder sagt. Wie oft „passiert" es, daß

Anweisungen nur deshalb falsch ausgeführt werden, weil man etwas anderes sagt, als man meint. Auch für diese Problematik ist daher das Beschäftigen mit der Pendeltechnik lehrreich. Noch ein Beispiel aus dem täglichen Leben: „Können Sie bitte dieses oder jenes tun." Zu 99 % kann man es, es ist nur die Frage, ob man auch will. Und exakt wäre eigentlich die Formulierung: „Bitte tun Sie dieses oder jenes für mich."

Der zweite Schritt ist das Auswählen der ja – nein Antworten:

1. Möglichkeit:

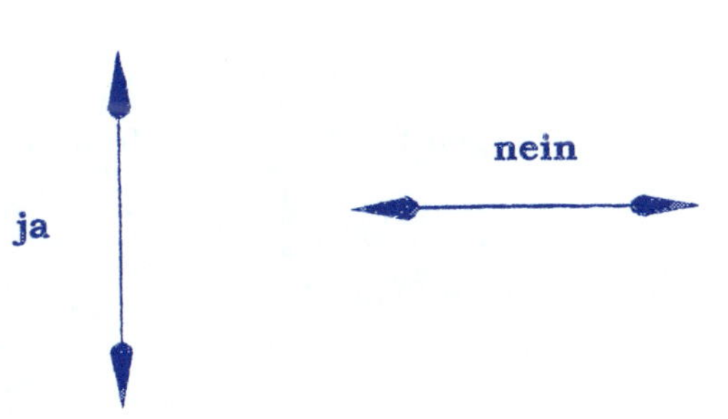

- Anschwingen des Pendels im Kreisbogen.
- Pendel bewegt sich **senkrecht** (entspricht dem Nicken) = **ja**
- Pendel bewegt sich **waagrecht** (entspricht dem Kopfschütteln) = **nein**

2. Möglichkeit:

rechtsdrehender Kreis (im Uhrzeigersinn) | linksdrehender Kreis (gegen Uhrzeigersinn)

* Anschwingen des Pendels senkrecht.
* Der Pendel bewegt sich in einem **rechtsdrehenden Kreisbogen = ja.**
* Der Pendel bewegt sich in einem **linksdrehenden Kreisbogen = nein.**

Testen Sie beide Möglichkeiten und wählen Sie eine davon aus. Sollte der Pendel nach der Fragestellung und dem Anschwingen wieder stehenbleiben, gibt es folgende Möglichkeiten:

* **Die Fragestellung war nicht zulässig:**

Durch die Beantwortung der Frage wird jemandem Schaden zugefügt oder ein karmisches Gesetz verletzt (siehe auch Seite 32).
Das Problem muß verstandesmäßig durch eine Eigenentscheidung ohne Zuhilfenahme des Pendels gelöst werden.

Die Voraussetzung ist aber in jedem Fall, daß man vor dem Pendelvorgang um göttliche Führung bittet!

* **Die Fragestellung war nicht eindeutig:**

Bei diesem Punkt wäre das Stehenbleiben des Pendels von Vorteil.

Meist erhält man leider bei mehrdeutigen Fragen falsche Antworten!

* **Die Antwort ist indifferent:**

Die Frage kann weder mit ja noch mit nein beantwortet werden.

* **Der Fragezeitpunkt ist ungünstig:**

Es gibt Zeiten, wo man, aus welchen Gründen auch immer, nicht pendeln soll oder kann.

Einige Übungsmöglichkeiten:

Nehmen Sie 5 Spielkarten aus einem Paket heraus, entoden Sie diese (wichtig!) und merken Sie sich eine bestimmte Karte (z. B. Herzkönig). Nun mischen Sie die Karten und legen diese in folgender Weise auf:

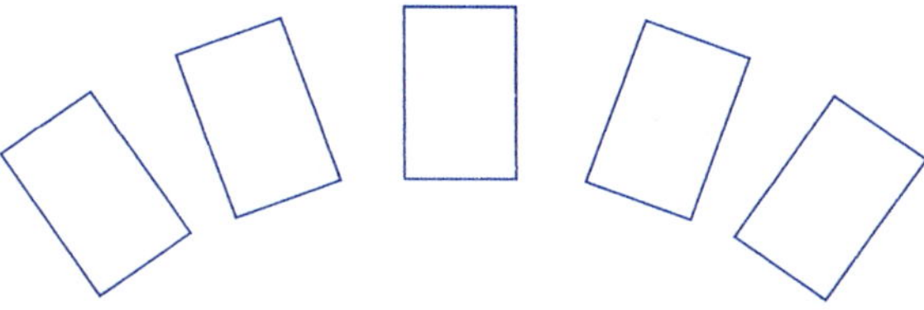

Jetzt haben Sie generell 2 Möglichkeiten, den Herzkönig zu erpendeln:

1. Jede Karte wird einzeln abgefragt:
   Der Pendel wird über die erste Karte gehalten, angeschwungen, und dann die Frage gestellt:
   „Ist diese Karte der Herzkönig?"

   Anschließend die zweite Karte usw.

Haben Sie alle Karten durch, und es kommt nur bei einer Karte ja heraus, überprüfen Sie nochmals bei der entsprechenden Karte:

„Ist diese wirklich der Herzkönig?"

Bei „nein" müßten Sie von vorne beginnen, bei „ja" überprüfen Sie es einfach.

2. Der Pendel wird unterhalb der im Kreisbogen ausgelegten Karten kreisförmig angeschwungen

Die Frage lautet jetzt:
„Wo liegt der Herzkönig?"

Der Pendel schwingt jetzt auf eine Karte ein, z. B.:

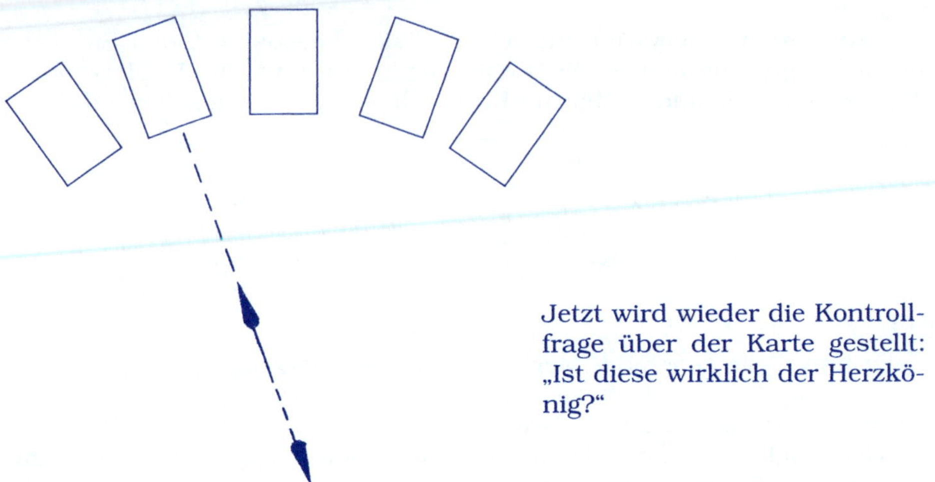

Jetzt wird wieder die Kontrollfrage über der Karte gestellt: „Ist diese wirklich der Herzkönig?"

Bei „ja" überprüfen, bei „nein" von vorne beginnen!

Lassen Sie sich nicht entmutigen!

Sollten Sie auf Anhieb die richtige Karte finden, gratuliere ich Ihnen.

Fehlermöglichkeiten bei Falschergebnissen:

*** Mangelnde Konzentration**

In der heutigen Zeit ist es uns vielfach durch den Einfluß von Lärm-, Bild- und Geruchsbelästigung (durch Überreizung unserer Sinne) oder auch durch Fehlernährung (z. B. zu viel Zucker) nicht mehr möglich uns zu konzentrieren. Sollte dies bei Ihnen der Fall sein, müßten Sie vorab Konzentrationsübungen durchführen. Oder Sie wählen einen anderen Zeitpunkt, wo es Ihnen besser geht.

*** Beeinflussung durch andere Personen**

Sind z. B. in Ihrer Nähe andere Personen, können diese Ihre Pendelergebnisse geistig beeinflussen.

Abhilfe: Geistige Abschirmung: Stellen Sie sich eine Schutzwand, die Sie rundherum einschließt, vor.
und/oder Schutzgebet: „Mein Wall aus Kristall, all überall schließt mich ein, läßt nichts außer Gottes Licht und Liebe herein." (Siehe auch Seite 164.)
oder Atemübungen, Yoga usw.

*** Ihre Grundpendelfähigkeit ist zu gering**

Dies kommt zwar eher seltener vor, sollte aber doch erwähnt werden. Ist Ihre Pendelfähigkeit z. B. 50 %, erhalten Sie auch 50 % Fehlergebnisse (Dies würde auch der normalen statistischen Verteilung entsprechen).

Bei 70 % Pendelfähigkeit 30 % Fehler usw. (Überprüfung durch guten Pendler.)

Diese Fähigkeiten sind uns vor allem durch unsere Lebensweise abhanden gekommen, (häufiges Fernsehen, laute Musik, viel Fleisch und denaturierte Nahrung, Ungläubigkeit usw.). Sie können durch entsprechende Lebensweise wesentlich gesteigert werden.

Und natürlich

Übung macht auch hier den Meister!

*** Mangelndes Bildvorstellungsvermögen**

Auch dieses kann geübt werden.

Beispiel:

Stellen Sie einen Gegenstand vor sich auf den Tisch, setzen Sie sich anschließend in 1–2 m Entfernung (je nach Größe) bequem hin. Jetzt prägen Sie sich den Gegenstand durch Beobachtung genau ein, schließen die Augen und visualisieren jetzt den Gegenstand möglichst genau. Verschwindet ihr geistiges Bild, öffnen Sie die Augen und prägen sich den Gegenstand erneut ein.

Diese Übung erhöht nicht nur das Vorstellungsvermögen, sondern auch die Konzentrationsfähigkeit.

Anfangs wird Ihnen die Visualisierung nur einige Sekunden gelingen, bei regelmäßigem Üben können Sie das Bild mit geschlossenen Augen mehrere Minuten halten. Gelingt Ihnen dies über 5 Minuten ohne Störung, sind Sie „Meister“.

Oder:

Stellen Sie sich ca. 1 m vor einen Spiegel und schauen Sie sich genau auf die Nasenwurzel. Sie sollten dabei weder mit den Augen zwinkern, noch sich kratzen und auch an nichts anderes denken. Diese Übung nicht länger als 2 Minuten ausführen!

Übungen zur Ausschaltung der Gedanken:

(Abschaltung des inneren Dialoges)

Aktiv:

Machen Sie während eines Spazierganges folgende Übung:

Erweitern Sie Ihren Blickwinkel auf 180°. Sie dürfen dabei aber auf keinen Fall einen Punkt anvisieren, das ganze Bild muß, ohne auf Einzelheiten zu achten, als Gesamtheit gesehen werden. Dabei wird Ihr Bildspeicher überfordert. Um einen Ausgleich zu schaffen, wird der innere Dialog automatisch beendet.

Diese Übung ist besonders für den westlichen Menschen geeignet, da sie dynamisch, also in der Bewegung erfolgt.

Passiv:

Setzen Sie sich bequem, mit geradem, aufrechtem Rücken auf einen Sessel. Lehnen Sie sich aber nicht an. Die Hände liegen auf den Knien. Schließen Sie nun die Augen und konzentrieren Sie sich auf eine weiße Wand, auf nichts anderes als auf dieses Weiß. Füllen Sie Ihr ganzes inneres Bild mit diesem Weiß.

Mit einiger Übung wird es Ihnen mit der Zeit gelingen, Ihre Gedanken auszuschalten.

Alle diese Übungen werden nicht nur Ihre Pendelergebnisse verbessern, sondern Ihnen auch im Alltag bei all Ihren Arbeiten bzw. auch beim Ausüben von Sport wesentlich helfen.

Weiterführende Literatur:

Carlos Castaneda und die Lehren des Don Juan
Lothar-Rüdiger Lütge – esotera TB

Geistiges Pendeln
Rudolf Mlaker – Verlag Richard Schikowski – Berlin

Übungen zur Aktivierung beider Gehirnhälften:

Auch diese Übungen werden mithelfen alle Lebensbereiche zu verbessern. (Siehe auch Literaturhinweis Seite 136)

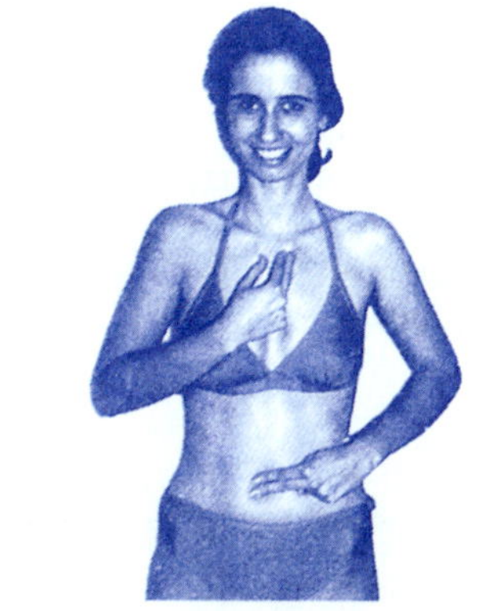

1. **Energiekreislauf aktivieren:**

   Berühren Sie mit den Fingerspitzen von Zeige- und Mittelfinger den Nabel. Gleichzeitig massieren Sie die 2 Grübchen unter dem Schlüsselbein mit Daumen und Zeige- bzw. Mittelfinger der anderen Hand.

2. **Stirnbeinhöcker schließen:**

   Berühren Sie beide Stirnbeinhöcker gleichzeitig, entweder mit einer Hand mit Daumen und Zeigefinger oder mit beiden Händen, jeweils mit dem Zeige- und Mittelfinger.
   Sie spüren an diesen Punkten einen Pulsschlag, der in Streßsituationen links und rechts verschieden ist.
   Halten Sie die Punkte so lange, bis sich der Pulsschlag links und rechts synchronisiert hat (gleich ist).

3. **Überkreuzübungen:**

   Führen Sie abwechselnd die linke Handfläche oder den linken Ellbogen zum rechten Knie und die rechte Hand zum linken Knie (ca. 5mal).

4. **Liegender Achter:**

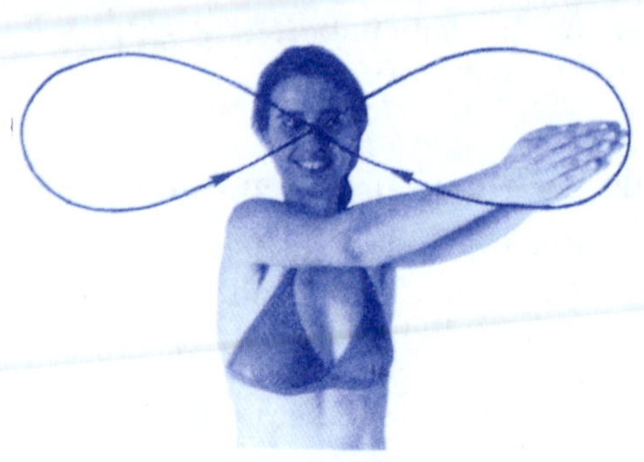

Strecken Sie beide Hände gerade, mit einander berührenden Handflächen, von sich. Beginnen Sie nun einen liegenden Achter mit gestreckten Armen in der Luft zu ziehen, wobei Sie mit den Augen die Fingerspitzen verfolgen. Der Kopf muß dabei gerade gehalten werden. Der Achter muß aber so gezogen werden, daß in der Mitte die Bewegungsrichtung nach oben führt.

Die hier beschriebenen Übungen zur Aktivierung beider Gehirnhälften sind besonders für lernschwache Kinder und Legastheniker anzuraten.

Weitere Übungen mit dem Pendel:

1. **Suche eines versteckten Gegenstandes:**

Bitten Sie eine Vertrauensperson, einen markanten Gegenstand in einem Raum zu verstecken. Es muß dies aber ein Gegenstand sein, der möglichst einmalig ist, um Fehlergebnissen vorzubeugen.

Nun stellen Sie sich in eine Ecke des Raumes und fragen, indem Sie den Pendel kreisförmig anschwingen: „In welcher Richtung liegt der besagte Gegenstand?“ Dann wiederholen Sie das gleiche aus einer anderen Ecke. Im Schnittpunkt, den Sie visuell ziehen, müßte dann Ihr gesuchter Gegenstand liegen.

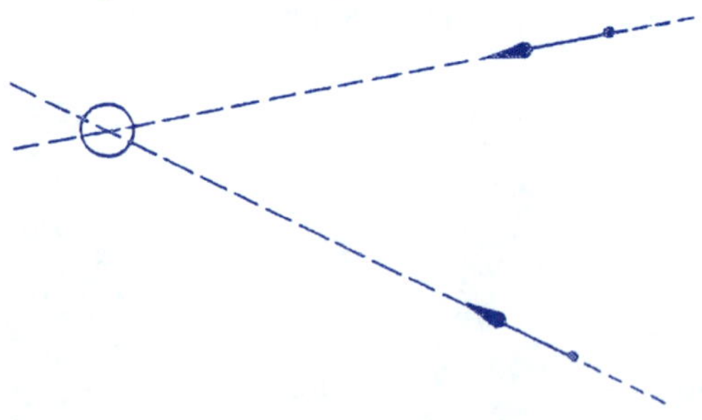

Überprüfen Sie Ihr Ergebnis eventuell noch mit einer **Kontrollfrage.**

2. **Erpendelung verschiedener Inhalte in Gefäßen:**

Wenn Sie gleichaussehende Gefäße mit verschiedenem Inhalt haben, stellen Sie diese so auf, daß Sie den Inhalt nicht erkennen können.

Jetzt können Sie die einzelnen Gefäße mittels Pendel auf den Inhalt abfragen: „Ist in diesem Gefäß jenes enthalten?“ usw.

3. KAPITEL

GEISTIGE GESETZE – GEISTIGE ENTWICKLUNG

KARMA:

Karma ist das Gesetz von Ursache und Wirkung.

Der negative Aspekt des Karmas ist für unsere Entwicklung, natürlich auch für Leid und Krankheit, verantwortlich.

Alles was daher in diesem Buch über Karma geschrieben wird, beschreibt vorwiegend die negative Komponente.

Karma ist die positive oder negative Folgewirkung unserer persönlichen Handlungen. Alle, aber auch wirklich alle, Handlungen sowie das Denken und Sprechen wirken als Folge davon in unserem Leben und zwar so, daß man für gewisse Zeit einer zwangsweisen Abfolge unterliegt. Sie können sich das annähernd als Netz vorstellen:

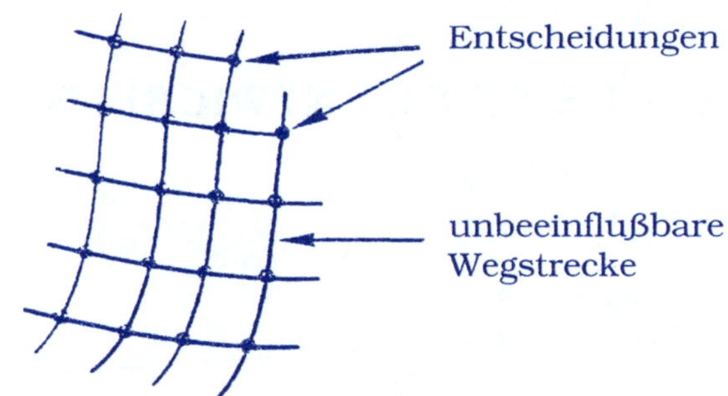

Jeder Knoten stellt eine Entscheidung dar; danach ist eine Folgewirkung feststellbar, die fast keine Möglichkeit zuläßt, den Erlebnisablauf zu beeinflussen.

Sie können nun Ihr persönliches, momentanes Karma erpendeln.

Beispiel: Pendeltabelle Karma

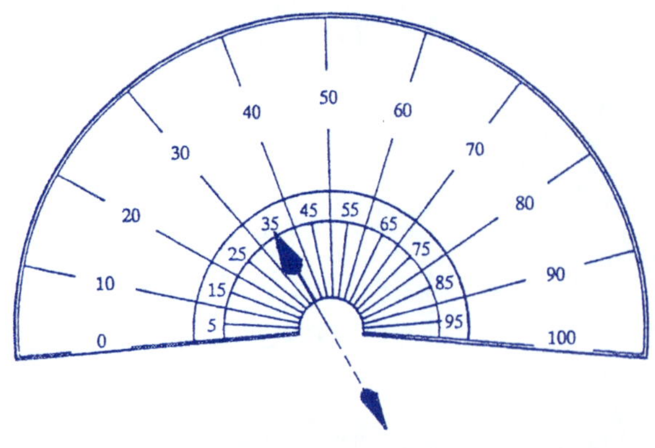

Frage: Wie groß ist mein momentanes Karma?

In unserem Beispiel zeigt der Pendel auf ca. 35 %. Das bedeutet, daß 35 % unseres Lebens durch Abfolge vorgegeben sind, 65 % hat man sozusagen Entscheidungsfreiheit.

Pendeltabelle
KARMA

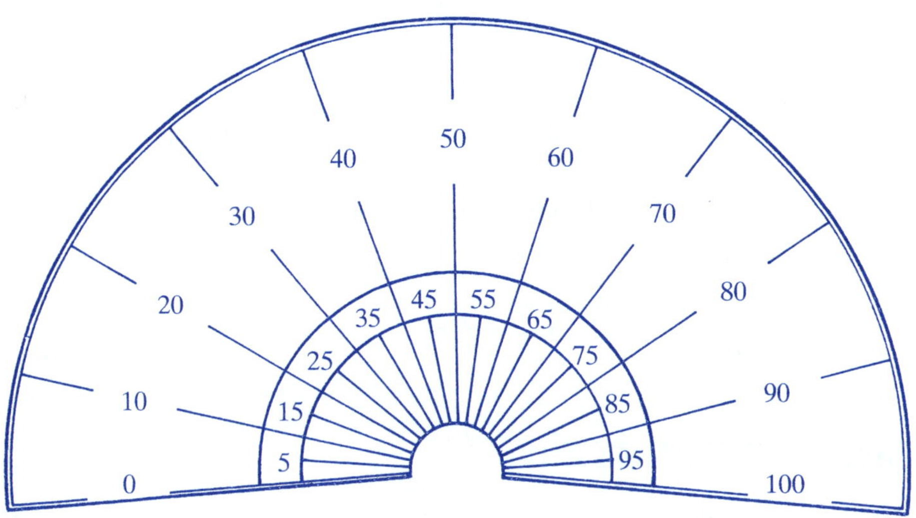

Mit dieser Tabelle können Sie direkt mit einem Pendelvorgang Ihr Karma in % ablesen.

Wenn Sie den Wert genauer haben wollen, können Sie mit folgendem Diagramm pendeln. Zuerst die Zehnerstelle, beim 2. Mal die Einerstelle.

Zusammenfassung:

Karma ist ein gesetzmäßiger Ablauf.
Zufall ohne Sinnhaftigkeit gibt es nicht!
Alles, absolut alles, was uns „zustößt" oder „passiert" (eben „zu-fällt"), ist nur die Antwort auf unser bisheriges Leben, auf unser Wandeln, Denken und Tun.

Niemand kann für das, was ihm zustößt, jemanden **anderen** verantwortlich machen! Daher ist es wichtig

VERANTWORTUNG zu übernehmen!

und zwar für alles im Leben.

Auch Krankheiten und Unfälle sind ausschließlich für unsere geistige Entwicklung bestimmt, sozusagen als „ändere Dich" bzw. ändere „Deine Lebenseinstellung", „Dein Leben".

SPIEGELGESETZ:

Die Umwelt, andere Menschen, bzw. das gesamte „Nicht-Ich" ist nichts anderes als der Spiegel unserer Seele, solange wir zum Geschehen eine innere Beziehung, eine Affinität haben. Unser Ich spiegelt sich mit all seinen Sorgen, Ängsten und Problemen in der Umwelt wider.

Alles was uns stört, aufregt, ist das, was wir nicht gelöst haben und entweder direkt oder auch im übertragenen Sinn selber tun.

Wer das erkannt und akzeptiert hat, hat **den** Schlüssel zur Selbsterkenntnis in der Hand.

Die Umwelt liefert uns also durch das Gesetz der Spiegelung die Hinweise auf unsere eigenen Probleme; es liegt nur an uns, diese auch anzunehmen!

Durch die Annahme der Hinweise und Änderung unseres Verhaltens ändern wir auch unsere Umwelt.

Jeder Versuch die Umwelt zu ändern ist sinnlos und vergeudete Energie; ändern können wir nur uns selbst!

Blicke ich morgens in den Badezimmerspiegel, und es schaut mich ein unfreundliches Gesicht an, hat es wenig Sinn, wütend zu werden und zu schreien, das Gesicht im Spiegel solle gefälligst freundlich sein! Der einzige Erfolg dieser Handlung wird sein, daß das Spiegelbild ebenso wütend zurückschreit! Ich brauche nur zu lächeln, und sofort wird auch das Gesicht im Spiegel lächeln!!!

Ändern wir uns selbst, ändert sich sofort auch das Spiegelbild der Umwelt!

Stört uns also irgend etwas an unserer Umwelt, brauchen wir nur zu überlegen, wo und wann wir eine ähnliche Situation (vielleicht auf einer anderen Ebene) hervorrufen!

Wenn wir ständig unsere Umwelt und Mitmenschen bekritteln und bekämpfen, bekritteln und bekämpfen wir uns selbst!

Wir sollten lieber uns selbst ändern und weiterentwickeln, dann werden wir auch nichts mehr zu kritisieren haben.

BEDENKE, ALLES WAS DU AN NEGATIVITÄT WEGGESCHICKT HAST, WIRD DIR ZUR LÖSUNG WIEDER ANGEBOTEN. UND FÜR ALLES, WAS DIR AN NEGATIVEM GEZEIGT WIRD, SAGE DANKE.

Beispiel zum Karma und Spiegelgesetz:

1. Ereignis:

Starke Schmerzen in der rechten Hand, es tritt ein Gefühl auf, als würde die Hand unter großem Druck zusammengepreßt.

Pendelergebnisse:

60 % Druck ausüben auf Umgebung (Kinder usw.)

20 % Ernährungsfehler (Zucker)

20 % Aufarbeitung alten Karmas durch Schmerz

2. Ereignis:

Zahn- bzw. Kieferschmerzen.

28 % 2 Metalle im Mund, Gold und Amalgam, dadurch Auftreten von Entzündungen, saures Milieu im Mund.

22 % Verhalten, depressives Gedankengut

25 % Aufarbeitung alten Karmas durch Schmerz

25 % falsche Ernährung

GEISTIGE ENTWICKLUNG:

Darunter ist die Rückkehr in die göttliche Ordnung zu verstehen; die Möglichkeit der Rückkehr ins Zentrum, der mögliche Ausstieg aus dem ewigen Rad der notwendigen Wiedergeburten.

Dieser geistige Fortschritt kann in 7 Entwicklungsebenen mit jeweils 21 Entwicklungsstufen eingeteilt werden. Man kann sich diese als Spirale vorstellen.

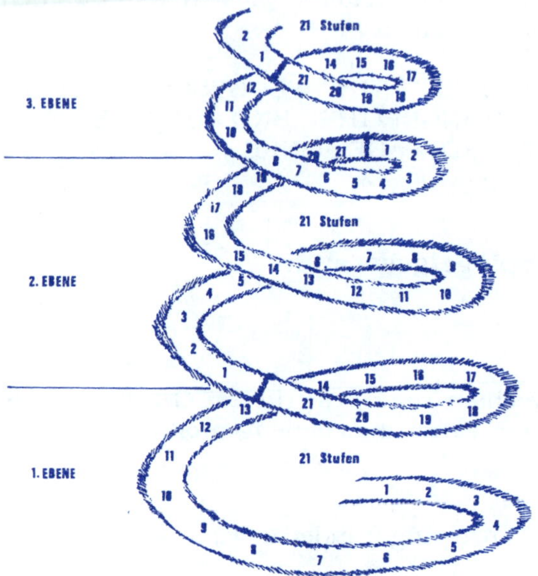

Mit dem Emporsteigen in dieser Spirale wird verständlich, daß sich damit der geistige Horizont, das Sehen und Verstehen aller Dinge, erweitert.

Je höher wir in dieser Spirale steigen, desto größer ist das Verständnis aber auch die Verantwortung für diesseitige und jenseitige Welten.

Ausdrücklich warnen möchte ich hier vor Überheblichkeit im Sinne der Pharisäer: „Mein Gott, ich danke Dir, daß ich nicht so bin wie diese."

Im Gegenteil, es soll sich dadurch das Verständnis für Personen, die erst weniger sehen und uns fallweise noch nicht verstehen können, vergrößern.

Es ist für jemanden, der in der 1. Entwicklungsebene in der sogenannten Halle der Unwissenheit steht, einfach nicht möglich, gewisse gesetzmäßige Zusammenhänge zu erkennen.

Hier wirkt sich ein Vergehen gegen die göttliche Ordnung bei weitem nicht so aus, wie bei jemandem, der in der Entwicklungsspirale höher steht. „Je höher oben, desto schwerer der Fall!"

Pendeltabelle: (Im Großformat, Seite 145.)

Die gesamte Entwicklung eines Menschen kann in 7 Entwicklungsebenen mit jeweils 21 Entwicklungsstufen eingeteilt werden.

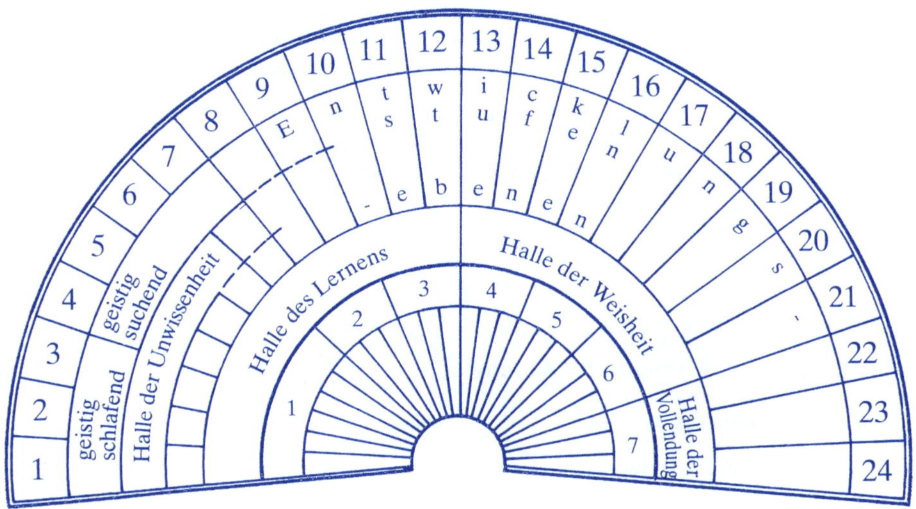

Halle des Lernens:

Entwicklungsebene 1 bis 3

Entwicklungsebene 1: ist die Halle der Unwissenheit. Sie ist unterteilt in

a) Geistig schlafend: Entwicklungsstufe 1–3 (totale Materiebezogenheit)

b) Geistig suchend: Entwicklungsstufe 4–7 (bedeutet Einstieg in die geistige Ebene)

Halle der Weisheit:

Entwicklungsebene 4 bis 6

Halle der Vollkommenheit:

Entwicklungsebene 7

Beschreibung der Pendeltabelle:

Im Außenring stehen die 21 Entwicklungsstufen, im Innenring die 7 Entwicklungsebenen. Fallweise kann es auch vorkommen, daß, bevor die nächste Entwicklungsebene erreicht wird, die Zahl 21 der Entwicklungsstufen überschritten werden kann; ebenso ist es nicht unbedingt notwendig, für die nächste Entwicklungsebene, die 21. Entwicklungsstufe zu erreichen. Werden die entsprechenden Aufgaben im Leben gelöst, kann dies einen Wechsel der Ebene bewirken.

Alle Übergänge sind natürlich nicht starr, sondern immer fließend zu sehen und variieren auch von Mensch zu Mensch. Solange man „MENSCH" ist, sind Prüfungen zu bestehen. Alles ist einem ständigen Lernprozeß unterworfen.

Praxis:

1. Pendelvorgang:

Abfrage der Entwicklungsebene

2. Pendelvorgang:

Abfrage der Entwicklungsstufe

Für die eigene Entwicklung ist das Wissen seines Entwicklungsstandes nicht unbedingt notwendig. Die Einteilung dient vorwiegend dem Verständnis.

Eine Möglichkeit der praktischen Anwendung:

Jemand bietet sich als Lehrer an; jetzt kann dessen Entwicklungsstand überprüft werden, wobei aber auch hier zu bedenken gilt, daß man selbst vom einfachsten Menschen etwas lernen kann.

Weiterführende Literatur:

Das Evangelium des vollkommenen Lebens
Rev. G. J. Ouseley – Humata Verlag Harold S. Blume

Der Mensch erobert sein Schicksal
Omraam Mikhaël Aïvanhov – Prosveta Verlag TB

Schicksal als Chance
Thorwald Dethlefsen – Verlag: Goldmann TB

Die Offenbarungen des Karma
Rudolf Steiner – Rudolf Steiner Verlag Dornbach TB

SEELENSPIEGEL

Der Mensch ist Meister im Verdrängen. Alles Unangenehme, vor allem eigene Angewohnheiten und Eigenschaften werden, um sie ja nicht sehen zu müssen, abgeschoben und verdrängt. Will man aber weiterkommen, müssen diese hervorgeholt und aufgelöst werden. Das ist meist eine sehr unangenehme Sache, und viele können gerade diese Hürde nur sehr schwer überwinden (siehe auch Spiegelgesetz Seite 34). Mit Hilfe des Seelenspiegels können nun solche Dinge erpendelt werden.

Pendeldiagramm:
Seite 147

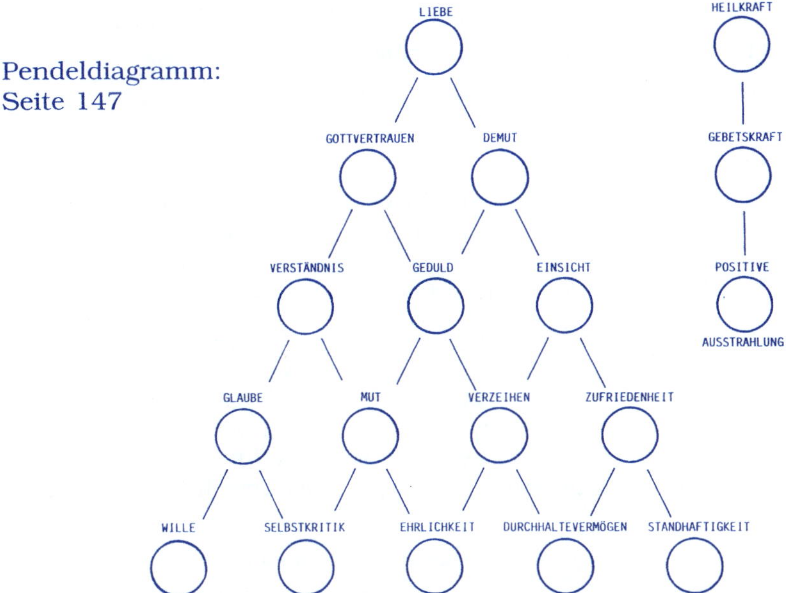

Hier können Sie nun mit einer Prozenttabelle herausfinden, wieviel von den oben aufgeschriebenen positiven Eigenschaften Sie schon verwirklicht haben.

Die negativen Eigenschaften, die Sie noch nicht in positive umgewandelt haben, sollten Sie sich aufschreiben. Mittels Pendel können Sie wieder herausfinden, wie weit Sie diese schon abgelegt haben oder noch anwenden. Diese negativen Eigenschaften sollten Sie dann schrittweise ausmerzen.

Hier einige Beispiele:

Haß, Neid, Zorn, Tratschsucht, Herrschsucht, Überheblichkeit, Macht ausüben, Triebhaftigkeit, Ungläubigkeit.
Süchte wie: Tabak-, Alkohol-, Kaffee-, Zuckersucht usw., aber auch die Abhängigkeit z. B. von Sexualität gehören hierher.

BACHBLÜTEN

Diese stellen eine wunderbare Überleitung aus den rein geistigen Bereichen in den körperlichen Bereich dar. Sie heilen den Körper, da sie helfen, schlechte Einstellungen, eingelernte Verhaltensmuster und Angewohnheiten zu erkennen und besser zu verarbeiten.

Dadurch greifen sie genau in die Ursachen von Krankheiten ein und helfen diese zu heilen.

Ängste, ob bewußt oder unbewußt, können leichter abgebaut, Hürden übersprungen und Probleme leichter gelöst werden.

Die Bachblüten sind auf dem Weg zur göttlichen Einheit ein wertvoller Wegbegleiter und speziell für die ersten drei Entwicklungsebenen einsetzbar. (Siehe auch Seite 36)

Allerdings sollten sie etwa ab der Entwicklungsebene 3 nicht mehr eingenommen werden, da es hier notwendig ist, seine Probleme ohne Hilfsmittel zu lösen. Es könnte hier ein Eingriff ins Karma erfolgen. Deshalb sollten Bachblüten generell mental ausgesucht werden.

Natürlich kann man Bachblüten in jeder Entwicklungsebene zur Selbsterkenntnis heranziehen, man wählt mental (z. B. mittels Pendel) eine oder mehrere Bachblüten aus, liest dann in einschlägiger Fachliteratur die dazugehörigen Eigenschaften und kann sich so ein Bild seines momentanen Seelenzustandes machen. Die Erkenntnis als solche ist meist schon so heilsam, daß eine Einnahme der Bachblüten nicht mehr erfolgen muß.

Nun zur Praxis:

Die Bachblüten wurden von Dr. Edward Bach in feinfühliger, fast hellsichtiger Weise aus 38 verschiedenen Pflanzen in ganz spezieller Weise gewonnen. Heute gibt es diese 38 Mittel in sogenannten Stock Bottles in den Bach Zentren bzw. in vielen Apotheken und Reformhäusern fertig zu kaufen.

Vorgangsweise beim Pendeln:

1. Frage: Dürfen Bachblüten gegeben werden?

Wenn ja, könnte nun jede einzelne Bachblüte mittels der Ja-Nein-Methode abgefragt werden. Das ist natürlich sehr zeitaufwendig und kompliziert.

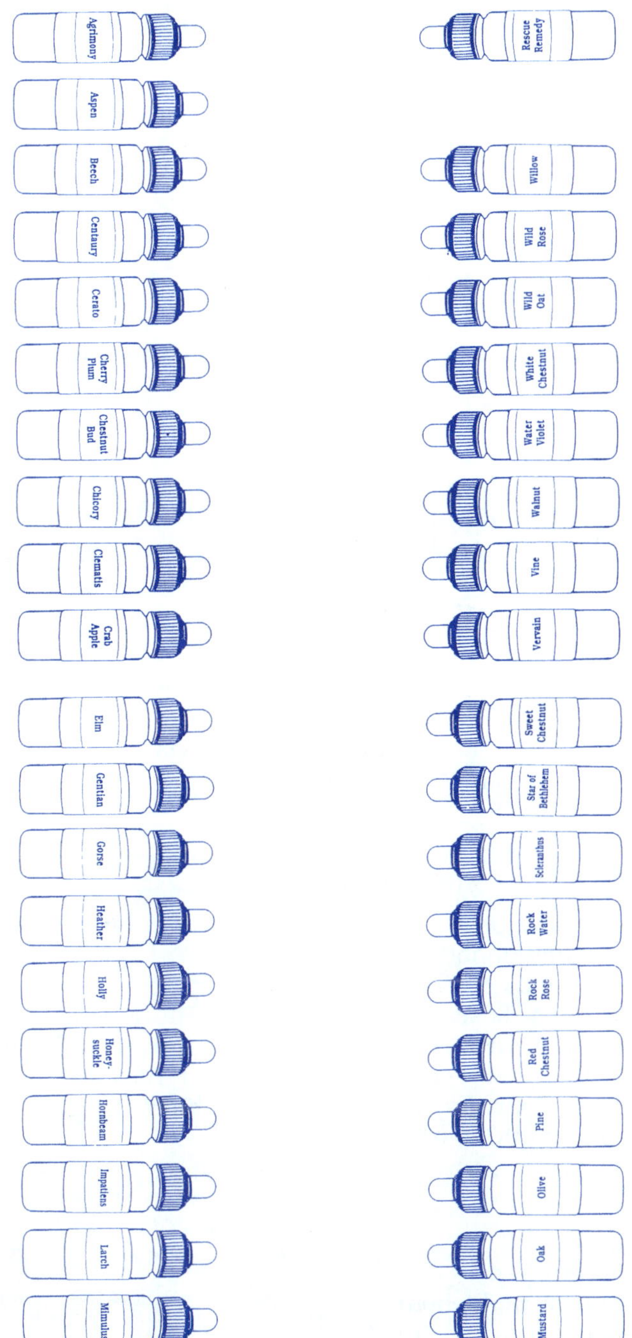

Agrimony
Aspen
Beech
Centaury
Cerato
Cherry Plum
Chestnut Bud
Chicory
Clematis
Crab Apple
Elm
Gentian
Gorse
Heather
Holly
Honey-suckle
Hornbeam
Impatiens
Larch
Mimulus
Mustard
Oak
Olive
Pine
Red Chestnut
Rock Rose
Rock Water
Scleranthus
Star of Bethlehem
Sweet Chestnut
Vervain
Vine
Walnut
Water Violet
White Chestnut
Wild Oat
Wild Rose
Willow
Rescue Remedy

Vereinfachte Methode: (Großformat, Seite 149 bis 155.)

Die Bachblüten sind in 3 x 10 und 1 x 8 Stock Bottles in Schachteln alphabetisch geordnet. (Als 39. ist meist noch eine Stock Bottle enthalten, nämlich eine fertige Mischung aus Clematis, Cherry Plum, Impatiens, Rock Rose und Star of Bethlehem. Diese Mischung heißt Rescue Remedy, es sind sogenannte Notfallstropfen – eine wunderbare 1. Hilfe in allen Notsituationen!)

Man beginnt nun über den ersten 10 Stock Bottles folgendermaßen zu pendeln:

1. Frage: Wird aus dieser Gruppe eine Bachblüte benötigt?

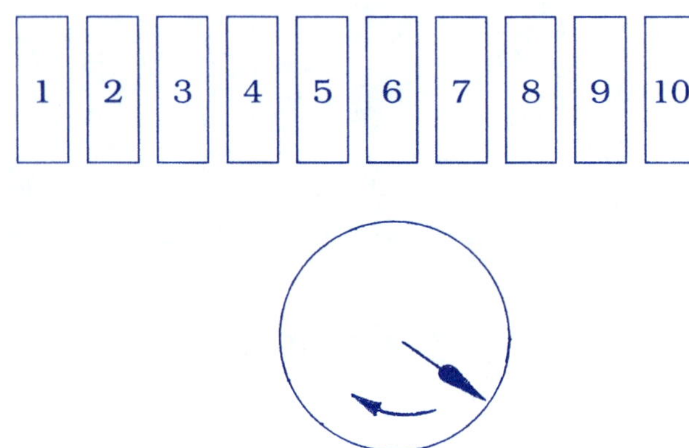

Wenn ja, Pendel im Kreis anwerfen.

2. Frage: Welche Blüte wird benötigt?

Der Pendel schwingt jetzt z. B. auf die Nr. 4 (Centaury). Kontrollfrage: „Wird diese wirklich benötigt?“
Wenn nein, nochmals 1. Frage wiederholen!
Wenn ja: „Wird aus dieser Gruppe noch eine Blüte benötigt?“ Wenn ja, wieder im Kreis anschwingen und wie am Beginn wiederholen.
Wenn nein, erfolgt der Pendelvorgang mit der nächsten 10er Gruppe usw. Aus allen 4 Gruppen werden jene Blüten aufgeschrieben, die mittels Pendel gewählt wurden.

Beispiel:

Centaury
Mimulus
Star of Bethlehem
Rock Rose

Nun muß noch die Rezeptur abgefragt werden:

Da sich meiner Erfahrung nach die notwendigen Bachblüten bei den meisten Menschen relativ rasch ändern, speziell aber bei Menschen, die sich mit ihrem geistigen Fortschritt beschäftigen, ist es günstig, 20 ml-Fläschchen für die Weiterverarbeitung der Bachblüten zu verwenden. Pro 10 ml werden dann 1 bis max. 10 Tropfen Blütenessenz aus den Stock Bottles dazugemischt.

1. Frage: Sollen 20 ml (10 ml, 50 ml) hergestellt werden?

2. Frage: Wieviele Tropfen von Stock Bottle A sollen in 20 ml Verwendung finden? (Diagramm, Seite 143.)

Dazu verwenden Sie am besten wieder eine Zahlenskala (bis 10 fast immer ausreichend), dann weiter Stock Bottle B, Stock Bottle C usw.

3. Frage: Wieviele Tropfen sollen eingenommen werden?

4. Frage: Wie oft am Tag?

Praktisches Beispiel und Herstellungsanleitung:

Centaury	2 Tropfen
Mimulus	3 Tropfen
Star of Bethlehem	5 Tropfen
Rock Rose	1 Tropfen

Man nimmt nun ein 20 ml-Fläschchen mit Tropfer. Dieses wird mit ca. 1/3 Alkohol und 2/3 Wasser aufgefüllt, dann werden die erpendelten Tropfen in das Fläschchen getropft und die Mixtur gut geschüttelt.

Einnahme z. B. 4 x 5 Tropfen pro Tag.

Bei Kleinkindern reichen meist 10 ml-Fläschchen, der Alkohol kann auch entfallen (Haltbarkeit beachten).

Achtung: Mischen Sie auf keinen Fall mehr als 6 Blüten zusammen. Normalerweise reichen 3–4 verschiedene Blüten. Je weniger gleichzeitig angewandt werden, desto besser kann die Aufarbeitung erfolgen!

Hinweis: Zusätzliche Literatur ist nicht nur empfehlenswert, sondern wegen der Blütenbeschreibungen, die hier aus Platzgründen entfallen müssen, notwendig!

Kurzfassung der 38 Blütenbilder:

Agrimony: für jene, die sich unnatürlich geben und ihre Sorgen verbergen oder durch oberflächliche Fröhlichkeit überspielen.

Aspen: für jene, die von nicht ergründbaren oder erklärbaren Ängsten und Ahnungen verfolgt werden. Auch fürchten sie sich oft, darüber zu sprechen.

Beech: für die Besserwisser und Intoleranten, die nur das Negative sehen und bei mangelnder Demut.

Centaury: für die Gutmütigen, Sanften, die sich von jedem ausnützen lassen und dabei ihre eigene Kraft überschätzen.

Cerato: für die Unsicheren, die an ihren Fähigkeiten zweifeln und kein Vertrauen in ihre eigene Meinung haben.

Cherry Plum: für die Verzweifelten, die befürchten den Verstand zu verlieren oder unkontrollierte Handlungen zu begehen.

Chestnut Bud: für jene, die aus Beobachtungen und Erfahrungen nicht genügend lernen und immer wieder die gleichen Fehler machen.

Chicory: für jene, die sich viel um andere kümmern und sie dadurch an sich binden wollen und voll von Selbstmitleid sind.

Clematis: für Tagträumer, die kein großes Interesse am Leben zeigen und mehr in der Zukunft leben als im Jetzt.

Crab Apple: für jene, denen vor sich selbst ekelt, oder die sich durch verschiedenste Einflüsse verunreinigt oder vergiftet fühlen oder es sind.

Elm: für Verantwortungsbewußte mit hohen Zielen, die momentan mutlos oder verzweifelt sind.

Gentian: für jene, die rasch aufgeben, wenn sich ihnen geringste Schwierigkeiten in den Weg stellen.

Gorse: für jene, die den Glauben und die Hoffnung verloren haben, daß ihnen noch geholfen werden kann.

Heather: für Egozentriker, die ihre Umwelt dazu benötigen, sich darzustellen, nur von sich sprechen und nicht allein sein können.

Holly: für die Verärgerten, Rachsüchtigen, Aggressiven, Eifersüchtigen, Mißtrauischen oder Neidischen.

Honeysuckle: für jene, die alten Wunschträumen nachhängen und deren Gedanken mehr in der Vergangenheit weilen als in der Gegenwart.

Hornbeam: für jene, die sich von der Bürde des Lebens überfordert fühlen und einer seelischen Stärkung bedürfen.

Impatiens: für die Ungeduldigen, denen nichts schnell genug gehen kann.

Larch: für jene, die aus mangelndem Selbstvertrauen von vornherein auf vieles verzichten und Mißerfolge erwarten.

Mimulus: für jene, die vor etwas Bestimmtem oder dem täglichen Leben Angst haben und auch nicht gerne darüber sprechen.

Mustard: für jene, die zeitweise von nicht erklärbaren Depressionen oder tiefer Niedergeschlagenheit befallen werden.

Oak: für jene, die trotz Verzweiflung und schwierigen Bedingungen nicht aufgeben wollen.

Olive: für jene, die an Seele und Körper erschöpft oder chronisch krank sind.

Pine: für jene, die sich selbst Vorwürfe machen und zu Schuldgefühlen und schlechtem Gewissen neigen.

Red Chestnut: für jene, denen es schwerfällt, sich nicht um andere Sorgen zu machen.

Rock Rose: hilft gegen Angst und Panikstimmungen und in Fällen, in denen es scheinbar keine Hoffnung mehr gibt.

Rock Water: für die Perfekten mit großer Selbstdisziplin und strengen, selbst auferlegten Idealen.

Scleranthus: für die Unentschlossenen, denen es schwerfällt sich zu entscheiden.

Star of Bethlehem: Universalmittel gegen jede Art von Schockerlebnis, egal wie lange es zurückliegt, bei Verzweiflung, Schreck nach Unfall oder schlechter Nachricht.

Sweet Chestnut: für jene, die meinen, seelisch oder körperlich zusammenbrechen zu müssen oder unter Seelenqualen leiden bzw. sich in verzweifelten, ausweglosen Situationen befinden.

Vervain: für jene mit fixen Vorstellungen, Begeisterungsfähigkeit und missionarischen Tendenzen.

Vine: für die Herrschsüchtigen, Unbeugsamen mit festem Willen, die allen ihre Meinung aufzwingen wollen.

Walnut: für jene, die feste Zielsetzungen und Vorstellungen haben, sich aber durch die Meinung anderer leicht ablenken lassen.

Water Violet: für jene, die gerne allein sind, Distanz bewahren und sich für etwas Besonderes halten.

White Chestnut: für jene, die im Kreis denken und sich von unerwünschten Vorstellungen und unangenehmen Gedanken nicht loslösen können.

Wild Oat: für die Einsatzfreudigen, die ihre Fähigkeiten nicht entfalten können und nicht wissen, was sie tun sollen.

Wild Rose: für jene, die sich in Resignation und Apathie durchs Leben treiben lassen.

Willow: für die Verbitterten, die meinen, so schwere Prüfungen nicht verdient zu haben, oder die mit dem Schicksal hadern.

Weiterführende Literatur:

Blumen, die durch die Seele heilen
Dr. Edward Bach – Verlag: Heinrich Hugentubel

Mit Blumen heilen
Dr. med. Götz Blome – Verlag: Hermann Bauer

Heile dich selbst mit Bach-Blüten
Dr. Edward Bach / Jens-Erik R. Peterson – Verlag: Knaur TB

Selbsthilfe durch Bach Blütentherapie
Mechthild Scheffer – Verlag: Heyne TB

Bachblütentherapie für Haustiere
Anne Lindenberg – Verlag: Econ TB

Bachblüten als Chance und Hilfe
Ilse Maly, Postfach 31, A-5035 Salzburg

4. KAPITEL

G E B E T E

BEEINFLUSSUNGEN AUS JENSEITIGEN WELTEN

In den vorigen Kapiteln war schon einige Male vom seelischen Bereich die Rede. Wir können diesen Bereich als eigenen Seelenkörper ansehen, der neben dem physischen Körper existiert. Der dritte Körper ist der Geistkörper. Über die Energiezentren, die sogenannten Chakras, erfolgt ein reger Energieaustausch. Die Chakras sind in ständiger Rotation, gibt es hier eine Blockade, kann das zum physischen Verfall, zu vorzeitiger Alterung und Krankheit führen. Der Alterungsprozeß setzt auch dadurch ein, daß sich die Rotation der Chakras verlangsamt. (Siehe auch Kapitel „Chakras", Seite 74.)

Wir besitzen also im wesentlichen 3 Hauptkörper, wobei der Seelen- und der Geistkörper bereits in die jenseitigen Sphären eintauchen. Stirbt der physische Körper, tritt der Tod erst dann endgültig ein, wenn das sog. Silberband, mit dem die jenseitigen Körper verbunden sind, reißt.

Der Einfachheit halber verwende ich ab jetzt für den Seelenkörper – Seele und für den Geistkörper – Geist und den physischen Körper – Körper.

Körper – Seele – Geist

Nun ist es so, daß sich z.B. ein Verstorbener, der sehr materiell eingestellt war, in der Erdsphäre – auch erdnahe Sphäre genannt – aufhalten muß.

Er nimmt sozusagen noch am Erdenleben teil, ohne aber einen phys. Körper zu besitzen. Es gibt auch Fälle, wo ein Mensch es gar nicht wahrhaben will, daß er schon verstorben ist und versucht, seine Tätigkeiten, die er im Leben ausführte, weiter auszuüben. Er sieht plötzlich andere Menschen in seiner Wohnung, auf seinen Plätzen und kann nichts dagegen tun – welche Qual, welch armer Mensch.

Die Verstorbenen haben aber doch noch einige Möglichkeiten an unserem Leben teilzunehmen. Diese sind für Lebende leider oft sehr unangenehm. Hält z. B. solch ein Verstorbener seine ehemalige Wohnung besetzt, bekämpft er alle Neuankömmlinge und versucht sie mit allen Mitteln aus seinem Bett und seiner Wohnung zu vertreiben.

Er kann Flüche wirksam werden lassen und sich energetisch an eine oder mehrere Personen ankoppeln, man spricht dann von einer Besetzung. So etwas kann zu schwersten Krankheiten, Depressionen und vielen anderen Beschwerden führen.

Durch die Besetzung erfolgt eine geistige Beeinflussung: Einige Menschen ändern daraufhin oft schlagartig ihr Verhalten, sind trotzig, mißmutig und depressiv oder antriebs- und energielos. Häufig treten dadurch Schmerzen oder andere Beschwerden auf.

Üblicherweise suchen die Betroffenen den Arzt auf, der jedoch vor allem am Anfang einer Besetzung keine körperlichen Gebrechen findet.

Werden dann allopathische Medikamente verabreicht, sind diese meist nutzlos, da die Beschwerden ja im Moment noch energetischer Natur sind.

Noch schlimmer ist die Verabreichung von Psychopharmaka, denn sie lassen jegliche Abwehr erlahmen.

Als hilfreich hingegen haben sich Bachblüten und homöopathische Mittel erwiesen, da sie im energetischen Bereich greifen. Noch erfolgreicher sind allerdings sogenannte

Befreiungsgebete!

Nun zwischendurch etwas Praxis:

Besetzungen können die Ursache sowohl für **körperliche,** als auch für **verhaltensmäßige** Störungen sein.

ANLEITUNG UND EINFACHE GEBETE:

1. Um herauszufinden, ob eine Besetzung die Ursache der „Beschwerden" ist, wird im oberen Drittel der folgenden Tabelle gependelt. Frage: „Ursache?"

2. Bei dieser Frage kommt entweder „frei" oder „Besetzung, Hypnose, Besessenheit usw." heraus. Wenn das Ergebnis „nicht frei" lautet, so

3. pendelt man im dritten Teil der obigen Tabelle aus, wer der oder die Verursacher sind.

4. Anschließend können die niederen Geistwesen ausgependelt werden.

Sind Besetzungen vorhanden, ist auch immer die Zellschwingung herabgesetzt. Dies kann prozentuell nachgependelt werden. (Ist aber nicht unbedingt erforderlich.) Auf alle Fälle **muß die Zellschwingung** nach der Befreiung auf **100 %** sein.

Geistige Beeinflussungen

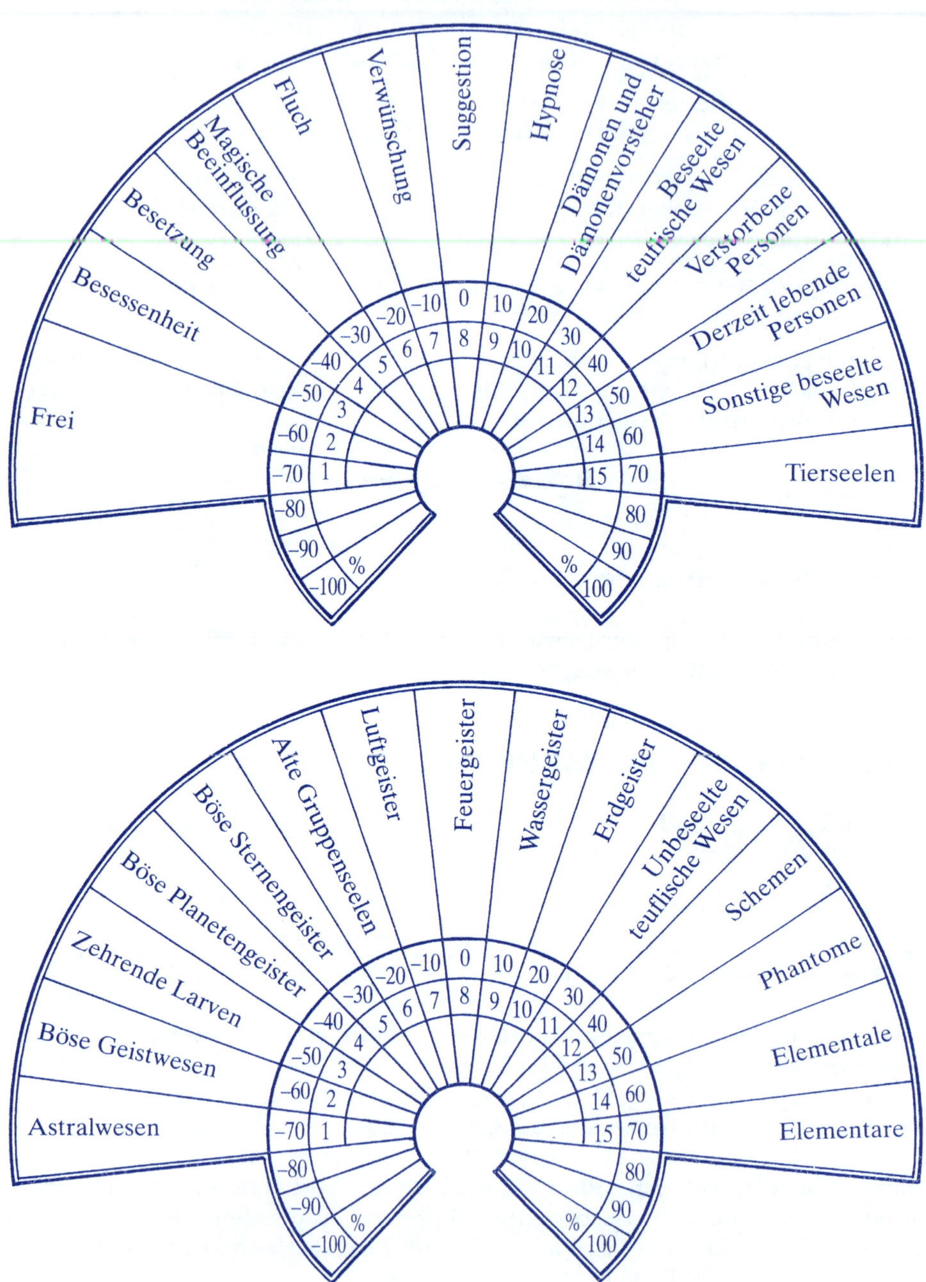

VORGANGSWEISE BEI DER BEFREIUNG:

1. Einstellung auf positive, neutrale Gedanken der Liebe. Man erlöst die Geister, bzw. die Besetzer in **selbstloser** Weise, um diese aus ihrer Erdgebundenheit zu befreien.
2. Nachdem Sie mittels Pendel herausgefunden haben, welche Wesenheiten für die Besetzung verantwortlich sind, können Sie folgendes vereinfachtes Befreiungsgebet anwenden:

GEBET:

Lieber gütiger, barmherziger, himmlischer Vater, im Namen Jesus Christus bitte ich Dich, sei allen a), die bei b) hängen, oder Hypnosen, Suggestionen, Flüche, Verwünschungen und magische Beeinflussungen ausüben, gnädig und barmherzig, erlöse sie von allem Übel, lasse ihnen einen Strahl Deiner göttlichen Gnade zukommen, damit sie in ihre zuständigen Sphären eingehen können und löse alle c) in Deinem göttlichen Lichte auf.

Amen.

a) Hier werden die erpendelten, beseelten Wesenheiten (obige Pendeltabelle) eingesetzt. (z. B. teuflische Wesen, derzeit lebende Personen usw.)

b) Hier setzen Sie die Person (es können auch mehrere Personen gleichzeitig sein) am besten mit Vor- und Zunamen und Geburtsdaten oder eventuell mit Adresse ein. (Dies ist notwendig, um die Personen genau anzusprechen.) Sie können eventuell auch ein Bild der Person verwenden, Name und Geburtsdatum genügen aber in jedem Fall.

c) Hier setzen Sie die erpendelten „niederen Geistwesen" aus der unteren Pendeltabelle ein oder Sie fassen diese in folgender Weise zusammen:

*...... damit sie in ihre zuständigen Sphären eingehen können und **löse alle niederen Geistwesen** in Deinem göttlichen Lichte auf.*

Amen.

3. Wurden außerdem Flüche, Verwünschungen, Hypnosen, Suggestionen oder magische Beeinflussungen festgestellt, sollten die daraus entstandenen energetischen Bänder im göttlichen Lichte, mit folgendem Gebet, aufgelöst werden:

GEBET:

Lieber, gütiger, barmherziger himmlischer Vater im Namen Jesus Christus bitte ich Dich, löse alle Bänder von Hypnosen, Suggestionen, Flüchen, Verwünschungen und magischen Beeinflussungen in Deinem göttlichen Lichte auf und ermögliche für alle Beteiligten Harmonie, Friede und Gesundheit.

Amen.

FALLBESCHREIBUNGEN:

1. Kauf eines Gutes:

Ein Bekannter wollte für die Eröffnung eines Zentrums für Kurse aller Art ein sehr großes Gut mit Grundstück kaufen. Das Angebot war für diese Größe verlockend, da die Räumlichkeiten einerseits bestens für das Vorhaben geeignet erschienen, andererseits auch die Kosten und Finanzierungsmöglichkeiten sehr günstig waren. Er bat mich nun, das Gut radiästhetisch zu überprüfen. Als ich in die Nähe des Hauses kam, fiel mir sofort eine unangenehme Ausstrahlung auf. Irgendetwas war hier nicht in Ordnung. Ich untersuchte mit dem Pendel, ob es sich hier um geistige Beeinflussungen handelte und siehe da, auf dem Gut lag ein Fluch, und ein verstorbener ehemaliger Besitzer hielt sich ebenfalls noch hier auf. Nach eingehender „Behandlung" mit Gebeten war der Spuk schlagartig vorbei. Und – mein Bekannter war der erste Besitzer nach einer ganzen Reihe von Vorbesitzern, der nicht Konkurs anmelden mußte, obwohl er eigentlich derjenige war, der die wenigsten Mittel zur Verfügung hatte.

2. Untersuchung eines Hauses:

Im Erdgeschoß befand sich ein wunderschönes altes Biedermeierzimmer. Ich hatte das Gefühl, dieses Zimmer so schnell wie möglich wieder verlassen zu müssen. Die Besitzer teilten mir mit, daß der Raum nicht benützt würde, da sich niemand hier wohlfühle. Die Untersuchung ergab, daß sich der verstorbene Besitzer der Möbel im Zimmer aufhielt und jeden vertrieb, der es betrat. Nach der Befreiung wurde dieses Zimmer wieder regelmäßig benutzt, wobei ich hier sowohl den Verstorbenen, als auch die Möbel freibetete.

WICHTIG: Wenn Sie antiquarische Dinge bekommen oder kaufen, sollten Sie diese immer freibeten, ob es sich um Schmuck, Kleider oder Immobilien handelt!

3. Magersucht:

Eines Tages ergab sich aus der Erzählung einer von mir bekannten Krankenschwester, die in einem Wiener Krankenhaus bei verhaltensgestörten Jugendlichen und Kindern arbeitete, folgender Fall: Ein siebzehnjähriges Mädchen war magersüchtig. Sie wog noch ganze 27 kg und befand sich schon seit 4 Wochen im Krankenhaus, wo man sie auch künstlich ernährte. Doch ihr Zustand verschlechterte sich zusehends und wurde häufig von Aggressionsanfällen begleitet. Die „Krankheit" war vor einem Jahr aufgetreten, als die Großmutter, mit der das Mädchen ein sehr gutes Verhältnis hatte, starb. Die Untersuchung ergab: Hier lag eine Besetzung durch die verstorbene Großmutter, die ihr Enkerl „nachholen" wollte, und eine schwere Hypnose über teuflische Wesen, die übrigens auch die Verstorbene besetzten, vor.

Am Folgetag der Freibetung begann das Mädchen zu essen, verlangte Lesestoff und wurde nach einer Woche als geheilt entlassen. Sie war soweit gestärkt, daß sie ihren normalen Schulalltag wieder aufnehmen konnte.

4. Multiple Sklerose (MS):

Die in sogenannten „Schüben" auftretende Verschlimmerung dieser Krankheit kann durch eine Besetzung oder andere geistige Beeinflussungen ausgelöst werden. Mir wurde ein Fall bekannt, bei dem die Ursache einer von Ärzten diagnostizierten MS ein Fluch war. Die betroffene Frau war schon seit mehreren Jahren an den Rollstuhl gefesselt und konnte sich ohne diesen in keiner Weise fortbewegen. Nach einigen Tagen intensiver „Bitt-Gebetsbehandlungen" konnte sie selbständig, ohne fremde Hilfe, in den ersten Stock über die Stiegen gehen!

Ein zweiter Fall von MS betraf eine damals 21jährige junge Dame – wieder diagnostizierte MS – mit halbseitiger Gefühllosigkeit und Sehstörungen. Auch sie war nach Gebetsbehandlungen beschwerdefrei – auftretende neuerliche Beschwerden sind nach Freibetung immer wieder verschwunden. Allerdings ist bei diesem zweiten Fall leider auch eine karmische Komponente dabei. Gerade MS-Kranke können nur gesund werden, wenn sie auch ihre Einstellung zum Leben und ihre Lebensgewohnheiten ändern.

GESETZ DER AFFINITÄT

Hier handelt es sich wieder um ein geistiges Gesetz.

Es besagt nichts anderes als

Gleiches zu Gleichem!

Das heißt, hat jemand eine depressive Stimmung, wird er sowohl von lebenden als auch verstorbenen Depressiven umgeben, da diese von der gleichen Schwingungsqualität angezogen werden.

Das gleiche gilt natürlich auch für fröhliche und liebevolle Menschen, diese ziehen auch wieder fröhliche und liebevolle Wesen an! Alle Habgierigen sind von Habgierigen umgeben, alle Süchtigen von Süchtigen, alle Kranken von Kranken usw.

Das Schlimme dabei ist, daß es zu einem wahren Teufelskreis kommt.

Beispiel:

Jemand nimmt eine Droge, wobei es gleichgültig ist, ob es sich um leichte (z. B. Zigaretten, Alkohol) oder harte Drogen handelt. Sofort ist, auf Grund der verminderten geistigen Abwehr und des Schwingungsmusters, ein Wesen da (Verstorbener, teuflisches Wesen usw.), das sich an den Menschen anhängt, ihn besetzt und dazu verleitet, ja nicht mit dem Suchtmittel aufzuhören.

Ein Freikommen von einer Sucht wird also durch Fremdbeeinflussung wesentlich erschwert. Durch regelmäßiges „Freibeten" und andere Schutzmaßnahmen (Schutzgebete, Schutzzeichen) kann das Loskommen von einer Sucht wesentlich erleichtert werden. Bachblüten, zusätzlich angewendet, sind eine große Hilfe. Natürlich muß auch der feste Wille da sein, sein Leben selbst zu leben und nicht durch Drogen leben zu lassen!

WICHTIG!

Das Gesetz der Affinität zeigt auch, daß es sehr an unserem eigenen Verhalten und der Einstellung liegt, ob wir zu einer Besetzung neigen oder nicht. Hat jemand z. B. einen Wut- oder Zornausbruch, wird durch dieses Verhalten die Aura (Energieausstrahlung des Körpers) geschwächt und in ihrer Qualität so verändert, daß sich sofort Wesenheiten mit gleichem Schwingungsmuster auf die Person stürzen und sie besetzen. Solche Vorgänge passieren relativ häufig. Wir merken dies meist nicht, da durch entsprechend gegenteiliges Verhalten die Schwingung der Aura (bei Wut z. B. tiefrot und aggressiv, bei intensiver reiner Strahlung der Liebe, sehr hell bis weiß) sich so verändert, daß die Besetzer meist von selbst wieder verschwinden.

Alle negativen Verhaltensweisen bringen uns in solche adäquate Situationen. Es ist daher sehr wichtig, daß man ständig an sich arbeitet und seine Liebe zu allen Wesenheiten entwickelt. Dazu kann uns das folgende Gebet, das gleichzeitig ein sehr wirksames Schutzgebet eben gegen solche Besetzungen ist, verhelfen.

Schutzgebet:

Lieber, gütiger, barmherziger, himmlischer Vater, im Namen Jesus Christus bitte ich Dich, baue um mich ein Feld Deines göttlichen Lichtes auf und durchströme mich mit deiner unendlichen Liebe, damit Deine göttliche Ordnung in Körper, Seele und Geist erhalten bzw. wiederhergestellt wird und alle negativen Beeinflussungen von mir ferngehalten werden. Stärke dadurch auch meine Liebe zu Dir und allen Wesenheiten. *Amen.*

Eine oftmalige Wiederholung des Gebets steigert die Wirkung. (Siehe auch Mantra im tibetischen oder Rosenkranz im christlichen Bereich.)

Genaue Erklärung der Pendeltabellen von Seite 50:

FREI: Der Mensch ist frei von Fremdbeeinflussungen – Sollzustand.

BESESSENHEIT: Diese Form kommt sehr selten vor. Hier übernimmt ein Fremdwesen (meist teuflisches Wesen) den Körper gegen den Willen des Menschen vollkommen. Der Eigentümer wird verdrängt und ist bestenfalls Zuschauer. Ein solch Besessener kann unwahrscheinliche Kräfte entwickeln. Dieser Zustand wird, da sich die Wesenheit fallweise zurückzieht, von vollkommener Normalität abgelöst.

Wir kennen auch eine sogenannte Teilbesessenheit, in der der Mensch bis zu einem gewissen Prozentsatz fremdgesteuert wird.

Alle diese Formen hängen häufig mit alten karmischen Lasten zusammen, können aber auch z. B. aus einem eingegangenen Pakt herrühren. Sollten Sie dieser Form begegnen, ist es aus Sicherheitsgründen besser, sich zurückzuziehen und erfahrene Menschen zu konsultieren. Selbst bei Teilbesessenheit ist es ungemein schwierig und langwierig, diese zu entfernen. Hierzu sind viele, viele Gebete notwendig.

BESETZUNG: (Wird manchmal auch Umsessenheit genannt.)

Diese kann durch alle Arten beseelter Wesen, aber auch durch Tierseelen und sog. niedere Geistwesen erfolgen. Hier bleibt der Mensch (Ausnahme Hypnosen und Suggestionen) frei entscheidungsfähig.

Der oder die Besetzer sind energetisch meist über die Aura oder die zu weit geöffneten Chakras mit dem Besetzten verbunden. Sie verleiten die Menschen zu Handlungen oder Taten, die sie wohl latent in sich tragen, aber erst durch die Besetzer ausführen. So werden z. B. Wut, Haß, Neid usw. von diesen Wesenheiten verstärkt und geschürt. Ist der Besetzte sehr willensstark und führt solche eingeredeten Dinge nicht aus, oder wird eine negative Handlung, die einen Besetzer erst hergeholt hat, durch intensives Empfinden von Liebe (nicht zu verwechseln mit Sexualität) aufgelöst, wird sich der Besetzer auf Grund des veränderten Schwingungsmusters wieder freiwillig zurückziehen.

Bei willensschwachen Menschen, bzw. solchen, die immer mißmutig oder depressiv sind, bleibt eine Besetzung oft jahrelang bei ein u. demselben Menschen hängen und kann neben geistigen Problemen auch schwerste körperliche Krankheit zur Folge haben. Depression ist im tibetischen nach dem „Nichtwissenwollen“ die zweitschwerste Sünde, da die geistige Umgebung eines Depressiven gewissermaßen von diesen Antiliebesschwingungen verseucht wird.

Mittels des „allgemeinen Befreiungsgebetes" können solche Besetzungen aufgelöst werden. Gleichzeitig sollte auch das Schutzgebet einige Male gebetet werden. Dies ist besonders dann notwendig, wenn eine Besetzung schon lange anhält.

FLUCH: Dieser wird vollkommen bewußt ausgesprochen oder gedacht. Flüche werden meist von ihrerseits besetzten Personen, aber auch von Verstorbenen angewendet bzw. von teuflischen Wesen initiiert (Ursprungsseele = eine Seele, von der eine Beeinflussung ursprünglich ausgeht). Auch über Dinge, wie Schmuck oder Immobilien usw. ausgesprochene Flüche können eine sehr nachhaltige Wirkung haben, wie das in den Fallbeschreibungen Seite 52 und 53 bereits beschrieben wurde.

Bei der leichtesten Form werden Elementale geschaffen, die einerseits vom Erzeuger als auch fallweise vom Betroffenen ihre Energie beziehen. Die Wirksamkeit hängt allerdings von vielen Faktoren ab, wobei es beim Betroffenen wieder einmal davon abhängt, welche Schwingung ein Mensch aussendet, bzw. welches KARMA noch offen ist.

Bei schwereren Formen sind dann meist schon teuflische Wesen mit im Spiel. Bei schwarzmagischen Handlungen sind oft Wesenheiten, die vom Magier bewußt oder auch unbewußt eingesetzt werden, mitbeteiligt.

Alle diese Wesen, ob Elementale oder andere, bewirken dann die Realisierung des Fluches. Das Aussprechen eines Fluches ist ein schwerer Verstoß gegen die göttliche Ordnung und bewirkt in der Folge eine schwere karmische Schuld. Alle Negativität, die wir wegschicken, muß von uns auch wieder aufgearbeitet werden und letztendlich in Liebe aufgelöst werden.

VERWÜNSCHUNG: Sie hat ein ähnliches Schwingungsmuster wie ein Fluch. Diese wird bewußt, häufiger jedoch auch unbewußt oder gedankenlos über jemanden ausgesprochen. Man hüte sich also vor Gedanken wie „dem sollte doch ..." dieses oder jenes geschehen. Sofort wird hier, je nach Intensität der Gedanken, ein mehr oder weniger dichtes Elemental geschaffen, das nun versucht, die gedachte oder ausgesprochene Verwünschung zu realisieren. Wieder fällt das natürlich auf uns selbst zurück – im mindesten kostet uns dies erhebliche Energie und Lebenskraft.

Achten Sie darauf, daß Sie nie jemandem etwas Böses wünschen und denken Sie daran, daß nur durch Liebe Karma aufgelöst werden kann. (Abgebaut kann es auch durch Leid werden!) Hier bekommen die Worte Jesu Christi besondere Bedeutung „Liebe Deine Feinde", oder „Gibt dir jemand eine Ohrfeige, halte die andere Seite hin." Gemeint ist damit die göttliche Seite der Liebe. Oder eines der höchsten Gebote: „Liebe Gott über alles und Deinen Nächsten wie Dich selbst."

Ja, auch sich selbst muß man lieben. Niemand hat das Recht seinem Körper zu schaden.

SUGGESTION: Hier kommen wir zu einem Punkt, der heute leider immer größere Verbreitung findet. Suggestion ist eine leichte Form der Hypnose – also eine Beeinträchtigung unseres freien Willens. Auch hierbei handelt es sich um eine Verletzung eines geistigen Gesetzes, nämlich der uns von Gott gegebenen freien Entscheidung. Die Suggestionen hintergehen außerdem unsere ICH-Kräfte und bewirken damit eine Untergrabung des Willens. Achten Sie einmal bewußt darauf, wie oft wir täglich über Suggestionen beeinflußt werden.

Einige Beispiele:

- Dieser Zahn wird vermutlich nicht mehr lange halten.
- Wenn du dir nichts anziehst, wirst du krank.
- Wenn du nicht brav ißt, dann ....
- Das Ozon in Erdnähe bewirkt Bronchitis usw.

Sie sehen schon aus diesen wenigen Beispielen, wie unvorsichtig wir meistens unsere Sprache verwenden.

Mit solchen Formulierungen suggerieren wir förmlich Krankheit. Wird so etwas noch mit großer Intensität gedacht, werden wieder Elementale geschaffen, die dann ihr unseliges Werk zu realisieren versuchen. Ein nächster Punkt ist die Werbung. Diese beschränkt sich nicht mehr auf eine Produktinformation, sondern versucht in uns latente oder nicht vorhandene Wünsche zu erzeugen. So wird z. B. durch eine Zigarettenwerbung nicht nur für die Zigarettensorte geworben, sondern suggeriert, daß durch den Kauf der Zigarette die Sehnsucht nach Reisen, Freiheit, Sexualität oder ähnliches, erfüllt wird.

HYPNOSE: Jede Form einer Hypnose ist von den geistigen Gesetzen her abzulehnen, egal ob es sich um Fremd- oder Eigenhypnosen handelt, welcher Grund auch immer angegeben werden mag. Jeder Mensch muß aus freiem Willen von seinem „Ich" her seine Probleme lösen, ob es sich nun um das Abgewöhnen schlechter Angewohnheiten handelt oder sonst etwas. Schafft es jemand nicht z. B. mit dem Rauchen aufzuhören, ist eben der Wille noch nicht genug entwickelt. Mit Hypnose umgeht man die Ich-Kräfte, sodaß jemand anderer scheinbar unsere Probleme löst.

FREIWILLIGE HYPNOSE: Darunter versteht man jene Art, bei der der Mensch bewußt seinen freien Willen durch Hypnose lähmen läßt oder selbst lähmt.

Beispiele:

* Hypnotische Rückführungen (z. B. Aufarbeitung der Vergangenheit, Rebirthing usw.)
* Abgewöhnung irgendwelcher schlechter Angewohnheiten oder Abhängigkeiten (z. B. Rauchen, Trinken, Völlerei usw.)
* Heilungen über Hypnose: Der Mensch betätigt sich hier als gewaltsamer Heiler ohne auf die karmischen Gesetze zu achten. Es fehlt die Demut: „Herr, Dein Wille geschehe." Hierbei wird mißachtet, daß jegliche Krankheit aus Fehlverhalten (also durch eine Mißachtung der göttlichen Gesetze) entsteht. Durch die Hypnose wird nun ein Problem nicht selbst gelöst, sondern ein anderes Ich wird anstelle des eigenen Ichs gesetzt. Dabei kann es sich aber nur um eine Verlagerung eines Problems handeln und nicht um eine Lösung.
* Selbsthypnosen oder Suggestionen zur Erreichung persönlicher Vorteile: Um ein Ziel, meist materieller Natur, schneller und einfacher zu erreichen, werden häufig verschiedenste Formen der Fremd- und Selbsthypnose angewendet. Nicht nur, daß dies meist sehr egoistische Wünsche sind, die hier zur Verwirklichung gebracht werden sollen, wird hierbei eine geistige Entwicklung blockiert und geradezu unmöglich gemacht. Bei dieser Form werden meist Schattenwesen (teuflische Wesen) angezogen, die dann das Suggerierte Wirklichkeit werden lassen, aber um den Preis des eigenen Ichs. Man verkauft sozusagen seine Seele.

UNFREIWILLIGE HYPNOSE: Hierbei handelt es sich um Gedankengut, das dem Menschen unbemerkt und gegen seinen Willen aufgepfropft wird. Nur vermeintlich handelt dieser dann nach seinem Willen, denn in Wirklichkeit liegt eine Fremdsteuerung vor. Er wird zu einer fremdprogrammierten Maschine degradiert.

Eine der Möglichkeiten erfolgt häufig über Musik, vor allem Rockmusik. Hier wird durch spezielle Techniken die Aura so geschwächt und im Schwingungsmuster verändert, daß eine Hypnose meist über teuflische Wesenheiten erfolgen kann. Viele Namen solcher Rock-Gruppen lassen die Herkunft ihrer Musik deutlich erkennen. (The Devils, KISS = Kings in Satans Service, AC – DC = Anti Christ – Death of Christ usw.)

Eine zweite Möglichkeit kann über Besetzungen erfolgen; der Ursprung läßt sich meist wieder auf teuflische Wesenheiten zurückverfolgen.

Bei der Hypnose über Musik ist eine Befreiung aus dieser Abhängigkeit meist nur sehr schwer möglich, da bei jedem neuerlichen Anhören dieser Musik die Hypnose erneuert wird.

Die einzige Chance besteht darin, über den Erkenntnisweg den Menschen dazu zu bringen, diese Musikarten zu meiden, wobei gleichzeitig das allgemeine Befreiungsgebet und die Schutzgebete angewendet werden können.

Bei Hypnosen, die über Besetzungen erfolgen, ist die Befreiung wesentlich einfacher, je nachdem wie lange die Hypnose schon angedauert hat. Aber auch hier sind die Schutzgebete von großem Vorteil, zusätzlich zum allgemeinen Befreiungsgebet.

Bei Hypnosen konnte ich beobachten, daß sich eine Änderung im Verhalten erst nach einiger Zeit ergab, da eine Prägung im Gehirn gegeben ist, die sich erst langsam wieder auflösen kann.

MAGISCHE BEEINFLUSSUNGEN: Diese gewinnen in den letzten Jahren immer mehr an Bedeutung. Über Magie gibt es unzählige alte und neue Bücher, und viele Menschen versuchen sich in magischen Praktiken. Dies geschieht zum Leidwesen der gesamten Menschheit.

Meiner Erfahrung nach sind Probleme mit magischen Beeinflussungen immer mehr im Zunehmen, übrigens auch durch Hypnosen und Suggestionen. Magische Praktiken sind bestimmte Rituale, mit denen Mensch und Tier, aber auch Gegenstände negativ beeinflußt werden. Vor allem letzteres ist besonders unangenehm, da jedesmal, wenn ein Mensch mit solch einem geladenen Gegenstand in Berührung kommt, er neuerlich einer Beeinflussung unterliegt.

Gar nicht genug warnen kann man vor Kultgegenständen, speziell von Naturvölkern. Hier erlebte ich schon Fälle, wo sich nach dem Erwerb eines solchen Gegenstandes der Gesundheitszustand der ganzen Familie rapide verschlechterte und auch keinerlei Behandlung Erfolg zeigte. Erst nach Entfernung, es handelte sich hier um Gegenstände aus Afrika, konnte der Normalzustand wiederhergestellt werden. Es muß sich hierbei nicht einmal um Originale handeln. In einer Wohnung z. B. waren in der Nacht immer wieder Schritte zu hören, und der Boden knarrte, daß einem ganz eigenartig wurde.

Die Befreiungsgebete halfen nur kurze Zeit. Hier war die Nahtstelle zu jenseitigen Welten ein Wachsabdruck eines Maya-Kalenders. Nach Entfernung dieses Kalenders war der Spuk schlagartig vorbei.

Wenn ein Gegenstand vom Magier nicht nachgeladen wird, kann dieser, wenn er nicht besondere magische Zeichen aufweist, mittels Gebet entodet und damit harmlos gemacht werden.

Besser ist jedoch immer das Entfernen solcher Dinge, da man nie weiß, ob der Magier diese Gegenstände nicht nachlädt, wie das in meinem Erfahrungsbereich z. B. bei einer ägyptischen Steinkatzenstatue auftrat. Alle Behandlungsmethoden halfen immer nur für kurze Zeit, dann war die Statue wieder negativ aufgeladen und verseuchte mit ihrer negativen Ausstrahlung den ganzen Raum.

BESEELTE TEUFLISCHE WESEN: Diese Geistwesen haben sich bewußt und willentlich von Gott abgewandt. Sie wollen die Ordnung durch Chaos ersetzen. Man achte vor allem auf die schön verpackten Dinge, deren Wesen nicht sofort erkennbar sind. Im Tibetischen heißt es: „Der Teufel kommt immer im schönsten Gewand!"

Heute gibt es wieder viele Menschen, die sich dem Teufel verschrieben haben und dies auch häufig noch öffentlich kundtun. Bei vielen Hard-Rock-Gruppen werden die Platten in sogenannten „schwarzen Messen" geweiht und mit Gotteslästerungen versehen. Die Texte werden oft über modernste Techniken aufgebracht, wobei sie zum Teil auf das Unterbewußtsein hypnotisch wirken. Auch wenn Platten verkehrt gespielt werden, kommen fallweise solche Sätze zum Vorschein.

Einige Beispiele:

Black Oak – Album: When daylight electricity came to Arkansas
Platte vorwärts gespielt: „... dog ... dog ...natas ...natas",
Platte rückwärts: „Satan, Satan he is god, he is god."

Rolling Stones – Platte: Sympathy for the Devil

Queen – Titel: Killers
Stück: Another one bites the dust
Rückwärts: „I start to smoke marihuana."

Weitere Informationen im Buch „Die unhörbare Suggestion" von Heinz Buddemeier und Jürgen Strube, Urachhaus-Verlag.

DÄMONEN UND DÄMONENVORSTEHER: Sie sind ebenfalls teuflische Wesen, deren Ziel es ist, ein luziferisches Reich zu errichten.

VERSTORBENE PERSONEN: Sie sind für uns vor allem dann relevant, wenn sie sich in der erdnahen Sphäre aufhalten. Nach meinen Erkenntnissen halten sich vor allem solche Verstorbene hier auf, die einerseits häufig sehr materiell eingestellt waren oder irgendwelchen Süchten anhingen, oder andererseits an schweren Krankheiten, wie z. B. an Krebs starben.

Hierbei wurden als Beurteilungskriterien die sogenannten Gesundheitsphasen nach Dr. Reckeweg verwendet. Da offensichtlich die Schwingung der Krankheit im Seelenkörper weiterwirkt, muß dieser in die erste Gesundheitsphase zurückgebracht werden.

Nach Dr. Reckeweg gibt es 6 Gesundheitsphasen, wobei bis zur 4. Gesundheitsphase die Krankheit wieder heilbar ist, darüber sind die unheilbaren Krankheiten angesiedelt. In der 4. Gesundheitsphase ist offensichtlich eine Blockade vorhanden, die vorwiegend durch Gebete, eventuell auch mit homöopathischen Mitteln und Bachblüten beseitigt werden kann. Eine dauerhafte Heilung kann allerdings nur dann erzielt werden, wenn das Fehlverhalten erkannt und bereinigt, und somit die Krankheitsursache im geistigen Bereich gelöst wird.

Um einen Verstorbenen in seine zuständige Sphäre zu bringen, also von der Erdsphäre weg, ist es notwendig, mittels Gebet den Seelenkörper ebenfalls zu heilen und in die 1. Gesundheitsphase zu bringen (siehe allgemeines Befreiungsgebet, Seite 161).

Ein Verstorbener hängt sich, wie vorher schon erklärt wurde, dann an einen Lebenden, wenn gleiche Schwingungsmuster vorhanden sind. Solche Verstorbenen haben fast immer ihrerseits wieder Besetzungen – meist ist der Urheber ein teuflisches Wesen. Daher heißt diese Seele auch Ursprungsseele.

Eine unserer Aufgaben ist es, solchen Wesen, die von sich aus in jenseitigen Sphären nur sehr schwer weiterkommen, mittels Gebet zu helfen. Diese Hilfestellung wäre auch eine der wichtigsten Aufgaben der etablierten Kirchen, die diesen leider kaum noch nachkommt.

Führen daher auch Sie, wenn in ihrem Umfeld jemand stirbt, sofort für diesen die Befreiungsgebete für Verstorbene mehrmals durch. Nur dann ist gewährleistet, daß sich die verstorbene Person nicht in der Erdsphäre aufhalten muß. Für die Verstorbenen sollte überhaupt viel mehr gebetet werden. In den meisten Kirchen halten sich viele von ihnen auf, da sie auf Hilfe von uns Lebenden warten und diese meist nicht erhalten.

Derzeit lebende Personen: Diese können, wie schon mehrmals erklärt, vor allem über ihr schlechtes Denken oder durch Flüche und Verwünschungen wirken oder schwarzmagische Handlungen ausführen. Auch können sie Suggestionen und Hypnosen anwenden, wobei aber immer irgendwelche teuflische Wesen mit im Spiel sind.

Sonstige beseelte Wesen: Zusammenfassung aller nicht näher bezeichneten Seelenwesen, die negativ auf uns einwirken.

Tierseelen: Dies ist wohl ein sehr wichtiges Kapitel.

Seelen verstorbener Tiere (wobei es sich hierbei um sogenannte Gruppenseelen handelt) können für uns sehr unangenehm sein, wenn sie an uns hängen. Sie verursachen nämlich meist starke körperliche Schmerzen, ohne daß eine körperliche Ursache feststellbar ist. Nun, wieso belasten uns Tierseelen überhaupt?

Hier kommt die karmische Wirkung wieder einmal voll zum Tragen. Wieviel Leid hat nicht der Mensch schon über das Tierreich gebracht und bringt es noch immer. Denken wir nur an die Millionen Tierversuche, die jährlich weltweit, noch dazu unsinnigerweise, durchgeführt werden. Nur in Deutschland allein schätzt man die Zahl der im Tierversuch „verbrauchten" Tiere auf 12 Millionen jährlich (ja, Sie lesen richtig, 12 Millionen); in Österreich mehr als eine halbe Million, weltweit mehr als 100 Millionen Tiere. Oder, denken Sie an die tier- und menschenunwürdige Massentierhaltung und letztendlich an das Essen von Tieren, die doch unsere nächsten Brüder darstellen (siehe auch Seite 128). Solange wir derart mit dem Tierreich umgehen, darf es uns nicht wundern, wenn als Antwort darauf wieder Leid bei den Menschen auftritt. Eigentlich dürften Tiere nur notfalls als Nahrung dienen, und nur wenn diese auf besondere Weise geistig und vor allem ohne Leid darauf vorbereitet werden.

In der Bibel heißt es: „Von den Früchten dieser Erde sollt ihr Euch ernähren."

Oder: „Ihr seid der Tempel des geheiligten Gottes."

Wie aber soll ein mit Tierleichen vollgestopfter Körper dieser Tempel sein? Oder: „Ihr sollt nicht töten!" Ist das ins Jenseits befördern von Tieren etwa kein Töten?

Und noch ein Punkt: Wollen wir ehrlich die Liebe Gottes in uns verwirklichen, so können wir dies nur sehr schwer erreichen, wenn wir die niederen Schwingungen der Tiere in uns aufnehmen und uns mit der Angst und den damit zusammenhängenden Giftstoffen belasten.

Auch unsere Empfindungen und unsere geistige Entwicklung und geistigen Fähigkeiten können wesentlich größer werden, wenn auf diese Art der Nahrung verzichtet wird.

Beschreibung der 2. Pendeltabelle:

Hier wurden, wie es in den Texten der Gebete heißt, die sog. niederen Geistwesen zusammengefaßt. Diese Wesenheiten verfügen über keinen eigenen freien Willen, haben aber allesamt besondere Aufgaben zu erfüllen.

Durch das Fehlverhalten der Menschheit und den Einfluß von beseelten teuflischen Wesen können die in der Pendeltabelle angegebenen Wesen negative Wirkungen ausüben. Sie sind häufig an unserem Leid mitbeteiligt und können in göttlicher Liebe aufgelöst werden. Sie gehen somit durch unsere Gebete und Bitten wieder in die göttliche Einheit zurück.

Astralwesen: Sie sind Wesenheiten aus der Astralebene.

Böse Geistwesen: Sie sind eine Zusammenfassung nicht näher bekannter oder bezeichneter Geistwesen, die uns böse gesinnt sind.

Zehrende Larven: treten immer im Zusammenhang mit körperlichen Verletzungen und Blutungen auf.

Böse Planeten- und Sternengeister: Sie sind im positiven Zustand für die Ordnung der Planeten und Sterne zuständig.

Alte Gruppenseelen: Sie sind Seelen, die aus Tier-, Pflanzen- oder auch von Menschengruppen herrühren können, die nicht erlöst wurden.

Luft-, Feuer-, Wasser- u. Erdgeister: Sie sind für die Ordnung der jeweiligen Elemente zuständig. Sie können bei entsprechendem Fehlverhalten der Menschheit alle Naturkatastrophen verursachen. Bei solchen Naturereignissen ist es daher immer sinnvoll, diese Geister in die göttliche Ordnung zurückzuführen. (Bei Sturm die Luftgeister, bei Feuer die Feuergeister usw.)

Unbeseelte teuflische Wesen: sind von beseelten teuflischen Wesen geschaffene Hilfsgeister.

Schemen: werden durch intensive negative Empfindungen von Menschen geschaffen. Sie leben dann von der Energie des betreffenden Menschen und versuchen, da auch sie bereits einen Selbsterhaltungstrieb haben, den Menschen zu weiteren Leidenschaften anzustacheln. Sie werden vor allem bei sexuellen Ausschweifungen, bei Süchten usw. geschaffen.

Phantome: werden durch intensive Vorstellungen vom Menschen geschaffen. Z. B. wenn jemand sehr lange und intensiv um einen verstorbenen Menschen trauert, schafft er ein Phantom. Dieses kann so dicht werden, daß es sich z. B. bei spirituellen Sitzungen als der Verstorbene ausgibt. Es gibt dann irgendwelchen Unsinn von sich, der häufig sehr logisch und wahr klingt, da das Phantom auf das Wissen seines Erzeugers zurückgreifen kann. Das überspitzte Trauern um einen Verstorbenen ist überhaupt äußerst schlecht, sowohl für den Verstorbenen, als auch für den Trauernden. Der Verstorbene wird für lange Zeit vom Lebenden festgehalten und daran gehindert, in seine zuständige Sphäre aufzusteigen.

Der Trauernde schafft ein Phantom, das als sogenannter Foppgeist sein Unwesen treibt und noch dazu die Lebensenergie des Trauernden verbraucht.

Elementale: sind unbewußt oder bewußt von Menschen geschaffene Geistwesen, um verschiedenste Aufgaben zu erfüllen. Z. B. können Elementale die Verwirklichung von Flüchen und Verwünschungen übernehmen (siehe auch Seite 56). Auch Magier bedienen sich häufig eines Elementals, das dann die ihm aufgetragene Aufgabe zu lösen hat. Dieses wird meist nur für eine Aufgabe geschaffen und dann wieder aufgelöst. Beim unbewußt geschaffenen Elemental ist dies aber nicht der Fall.

Außerdem können Elementale jegliche Art von Störzonen aufbauen; die Elementale entstehen durch die Denktätigkeit der Menschen.

Dies ist auch einer der Gründe, warum in den letzten Jahren immer mehr Störzonen gefunden werden. Sie werden sozusagen „erdacht". Hartmann-, Curry-, Wittmannzonen usw., aber auch Energiefelder, die Wasserzonen gleichen, können so künstlich entstehen. Ich habe dies auch anläßlich eines Vortrages im Wiener Verband für Radiästhesie vorgeführt.

Viele dieser Zonen werden von Menschen unbewußt aufgebaut, um gewisse karmische Erfahrungen machen zu können (oder zu müssen).

Folgenden Fall möchte ich hier beschreiben:

Eine Dame bat mich, ihren Arbeitsplatz auf Störzonen zu untersuchen, da sie immer wieder verschiedenste Beschwerden hatte, wenn sie sich auf ihrem Arbeitsplatz längere Zeit aufhielt. Tatsächlich befand sich eine ausgeprägte Wasserzone (Energiefeld von fließendem Wasser im Untergrund) direkt an dem Platz, an dem ihr Sessel stand. Wir verlegten daraufhin den Arbeitsplatz an einen störungsfreien Platz. Sie fühlte sich auch schlagartig besser. Als sich aber nach kurzer Zeit wieder Beschwerden zeigten, stellten mehrere Rutengeher abermals eine Wasserzone unter ihrem Arbeitsplatz fest. Und das Erstaunlichste, an ihrem alten Platz war jetzt eine neutrale Zone, das heißt, keinerlei Störfelder waren feststellbar. Dieses Spiel wiederholte sich einige Male, erst ein Lernprozeß und eine entsprechende Lebensänderung beendete das „Mitziehen" von Störfeldern!

Die regelmäßige Auflösung der beteiligten Elementale mit Gebeten kann in so einem Fall sehr hilfreich sein; es enthebt aber niemanden von der Aufgabe, seine Verhaltensmuster zu ändern.

Zu Heilungszwecken können ebenfalls Elementale eingesetzt werden. Sie begleiten dann den kranken Menschen so lange, bis dieser gesund ist, so dies im göttlichen Plan vorgesehen ist. Man achte aber immer darauf, daß ein Elemental, das keine Aufgabe mehr hat, im göttlichen Lichte wieder aufgelöst wird!
(Siehe Gebetstexte Seite 70.)

Elementare: sind Naturgeister, die unter anderem für das Wachstum und die Substanzbildung der Pflanzen verantwortlich zeichnen. Dadurch, daß sich der Mensch von ihnen abgewendet hat und großteils nicht mehr an sie glaubt, werden die Elementare in den Dienst böser Wesenheiten gezwungen. Dies ist mit ein Grund, weshalb die Natur zugrunde geht, Pflanzen verkümmern und Wälder sterben. Entsprechend ihrer negativen Prägung bauen Naturgeister außerdem in der Umgebung der Menschen viele negativ wirkende Zonen auf. Wer die Naturwesen für sich gewinnt, kann praktisch alle störenden Zonen auflösen.

Wenn wir uns der Aufgaben der Elementarwesen wieder bewußt werden und zusätzlich für sie beten (z. B. das Gebet für die Umwelt, siehe Seite 70), wird sich unsere Umwelt rasch wieder erholen und allfällige Störzonen werden aufgelöst, bzw. die göttliche Ordnung wird wieder hergestellt werden.

Genaue und ausführliche Gebete:

(Zusammenfassung Seite 161 bis 164.)

Als Wichtigstes ist das allgemeine Befreiungsgebet zu bewerten. Es hat sich in jahrelanger Praxis ausgezeichnet bewährt.

Hiermit werden fast alle Beeinflussungen erfaßt. Dementsprechend ist das allgemeine Befreiungsgebet sehr komplex aufgebaut. Wenn es Ihnen zu umfangreich oder kompliziert ist, können Sie dieses in mehrere Teile zerlegen und entsprechend vereinfachen, bis Sie genug Übung und Erfahrung haben (Siehe auch vereinfachte Gebete Seite 51). Sie sollten auch immer den Erfolg eines Gebetes überprüfen.

Das Gebet kann entweder laut gesprochen oder nur gedacht werden, Sie können den Text auch ablesen.

Allgemeines Befreiungsgebet:

Lieber, gütiger, barmherziger, himmlischer Vater, im Namen Jesus Christus bitte ich Dich für ...... und für jene Personen und Wesen, die auf .... Hypnosen, Suggestionen, Flüche, Verwünschungen und magische Beeinflussungen ausüben, ***lasse*** *in alle Bestandteile, Zellen und Organe von Körper, Seele und Geist, sowie in die Seele und den Geist der verstorbenen Personen, teuflischen und anderen beseelten Wesen, die sich (hier im Haus, in der Wohnung usw.) ...... aufhalten oder von der Ursprungsseele ausgehend an .... hängen, oder Hypnosen und andersartige Beeinflussungen ausüben,* ***Deine göttlichen Kräfte einströmen,*** *damit alle Beteiligten aus der derzeitigen in die erste Gesundheitsphase zurückgeführt, die eigenen Abwehrkräfte wieder aktiv werden und zur Entgiftung von Körper, Seele und Geist beitragen.*

Bitte reinige diese in Deinem göttlichen Licht und löse alle Blockierungen, besonders die der vierten Phase, in Deinem göttlichen Lichte auf. Außerdem bitte ich Dich, ***sei allen*** *verstorbenen Personen, allen teuflischen und anderen beseelten Wesen, allen Tier- und Pflanzenseelen und allen niederen Geistwesen, die direkt oder über eine Ursprungsseele oder Seelen von Verstorbenen oder lebende Menschen, Tier- und Pflanzenseelen an Körper, Seele und Geist, an den Zentren, Organen, Zellen und Zellkernen und allen Gestirnen hängen oder Flüche, Verwünschungen und Suggestionen über lebende oder verstorbene Personen wirksam werden lassen,* ***gnädig und barmherzig,*** *erlöse sie von allem Übel, lasse ihnen einen Strahl Deiner göttlichen Gnade zukommen und durchströme sie mit Deiner unendlichen Liebe, damit alle beseelten teuflischen Wesen in ihrer Entwicklung zu Dir fortschreiten und alle beseelten Wesen in ihre Sphären eingehen können und löse alle niederen Geistwesen in Deinem göttlichen Licht auf.*

Bitte löse alle Bänder von Hypnosen, Suggestionen, Flüchen, Verwünschungen und magischen Beeinflussungen in Deinem göttlichen Lichte auf und ermögliche allen Beteiligten Harmonie, Frieden und Gesundheit.

Amen.

Gesundheitsgebet: (Siehe Seite 161/162)

Zuerst allgemeines Befreiungsgebet!

Außerdem bitte ich Dich, lasse in alle Ganglien, das Immunsystem, den Sympathikus und Parasympathikus und alle Atomgruppen und Bestandteile von Körper, Seele und Geist, sowie in alle Meridiane Dein göttliches Licht und Deine Liebe einströmen, reinige alle Meridiane, damit diese durchlässig werden und normalisiere alle Energieströme, damit der Körper voll seine Aufgabe erfüllen kann und in Harmonie mit Seele und Geist zusammenarbeitet.

Bringe bitte auch alle Makrophagen, das Immunsystem und alle Bestandteile des Blutes und der Lymphe in die erste Gesundheitsphase. Korrigiere außerdem alle Fehlprogrammierungen und Fehlinformationen der DNS und RNS, hilf alle Schock- und Konfliktsituationen zu verarbeiten und löse alle daraus entstehenden Herde in Deinem göttlichen Licht auf, damit die göttliche Ordnung in Körper, Seele und Geist erhalten, bzw. wiederhergestellt wird.

Lasse auch in alle Chakras und Nebenchakras Deine göttlichen Kräfte einströmen, damit diese sich für die Ein- und Ausatmung entsprechend ihrer Entwicklung öffnen und sich damit die entsprechende Energie, Schwingung und Rotation einstellt.

Amen.

Befreiungsgebet für Verstorbene:

Lieber, gütiger, barmherziger, himmlischer Vater, im Namen Jesus Christus bitte ich Dich für

* *die verstorbenen Personen, die sich (im Raum, Haus, in der Wohnung) .... aufhalten,*

* *.............. die (der) am .... verstorben ist (sind),*

lasse Deine göttlichen Kräfte in ihren (den) Geist und ihre (die) Seele einströmen, damit sie aus der derzeitigen in die erste Gesundheitsphase zurückgeführt, die eigenen Abwehrkräfte wieder aktiv werden und zur Entgiftung von Seele und Geist beitragen. Bitte reinige diese in Deinem göttlichen Licht und löse alle Blockierungen, besonders die der vierten Phase, in Deinem göttlichen Licht auf.

Außerdem bitte ich Dich, ***sei allen*** *verstorbenen Personen, allen teuflischen und anderen beseelten Wesen, allen Tier- und Pflanzenseelen und allen niederen Geistwesen, die direkt oder über eine Ursprungsseele oder Seelen von Verstorbenen oder lebende Menschen, Tier- und Pflanzenseelen an Körper, Seele und Geist, an den Zentren, Organen, Zellen und Zellkernen und allen Gestirnen hängen oder Flüche, Verwünschungen und Suggestionen über lebende oder verstorbene Personen wirksam werden lassen,* ***gnädig und barmherzig,*** *erlöse sie von allem Übel, lasse ihnen einen Strahl Deiner göttlichen Gnade zukommen, und durchströme sie mit Deiner unendlichen Liebe, damit alle beseelten teuflischen Wesen in ihrer Entwicklung zu Dir fortschreiten und alle anderen beseelten Wesen in ihre Sphären eingehen können und löse alle niederen Geistwesen in Deinem göttlichen Licht auf.*

Amen.

Befreiungsgebet für teuflische Wesen:

Lieber, gütiger, barmherziger, himmlischer Vater im Namen Jesus Christus bitte ich Dich für alle teuflischen Wesen, die sich (im Raum, Haus, in der Wohnung usw.) aufhalten oder von der Ursprungsseele ausgehend an .... hängen, oder Hypnosen und andersartige Beeinflussungen ausüben, erlöse sie von allem Übel, lasse ihnen einen Strahl Deiner göttlichen Gnade zukommen und durchströme sie mit Deiner unendlichen Liebe, damit sie in ihrer Entwicklung zu Dir fortschreiten können und löse alle niederen Geistwesen in Deinem göttlichen Licht auf.

Amen.

Tischgebet:

Um unsere Speisen erstens an unsere Schwingung anzugleichen und zweitens unserer Aufgabe gerecht zu werden, die Geistwesen des Mineral- und Pflanzenreiches in unsere geistige Sphäre anzuheben, ist es vorteilhaft, das folgende Tischgebet vor jedem Essen oder auch schon beim Zubereiten zu beten. Auch Giftstoffe (Spritzmittel und ähnliches), radioaktive Belastungen und Viren bzw. Bakterien können damit unwirksam für uns gemacht werden. Sie sollten aber unbedingt darauf achten, daß Sie ausschließlich biologische Lebensmittel kaufen und wirklich nur im äußersten Notfall (wenn nichts anderes erhältlich ist) auf belastete Nahrungsmittel zurückgreifen.

Auch dies ist ein aktiver Beitrag, das Leben in und auf unserer Erde zu erhalten und zu fördern.

Jedenfalls können Sie auch schon beim Erwerb von Lebensmitteln oder für Ihren eigenen Garten generell das Tischgebet anwenden.

Lieber, gütiger, barmherziger, himmlischer Vater im Namen Jesus Christus bitte(n) ich (wir) Dich, löse alle Geistwesen, die in diesen Speisen und Getränken in Form von strahlenden Materialien und Giftstoffen gebunden sind oder widerrechtlich freigesetzt werden und alle Viren und Bakterien und deren Gruppenseelen in Deinem göttlichen Licht auf, damit sie keinerlei Schaden mehr anrichten können.

Durchströme und lade diese Speisen und Getränke mit Deinem göttlichen Licht und Deiner unendlichen Liebe, damit dadurch Friede, Harmonie und Gesundheit bei mir (uns) einkehrt und ermögliche mir (uns), alle begleitenden Elementarwesen in die Geistsphäre anzuheben.

Herr, ich (wir) bitte(n) Dich, sei mein (unser) Gast.

Amen.

Gebet zur Auflösung bzw. Verminderung radioaktiver Strahlung:

Wie schon aus der Einleitung ersichtlich war, besteht die Materie aus gebundenen Geistern. Daraus ergibt sich auch, daß Radioaktivität mittels Gebeten aufgelöst werden kann.

Ich habe das viele Male mit einem Geiger-Müller-Zähler nachgeprüft, und es hat immer wieder funktioniert, allerdings nur bei sogenannter künstlich freigesetzter Radioaktivität. Die natürliche konnte ich nicht verringern.

Lieber, gütiger, barmherziger, himmlischer Vater, im Namen Jesus Christus bitte(n) ich (wir) Dich, löse alle Geistwesen, die in diesem Material (Haus, Feld usw.....) in Form von strahlenden Bestandteilen und Giftstoffen gebunden sind, oder widerrechtlich freigesetzt werden, in Deinem göttlichen Licht auf, damit sie keinerlei Schaden an Menschen, Tieren und Pflanzen anrichten können.

Amen.

Diagramm von Messungen der radioaktiven Strahlung mit dem Geiger-Müller-Zähler vor und nach Gebeten:

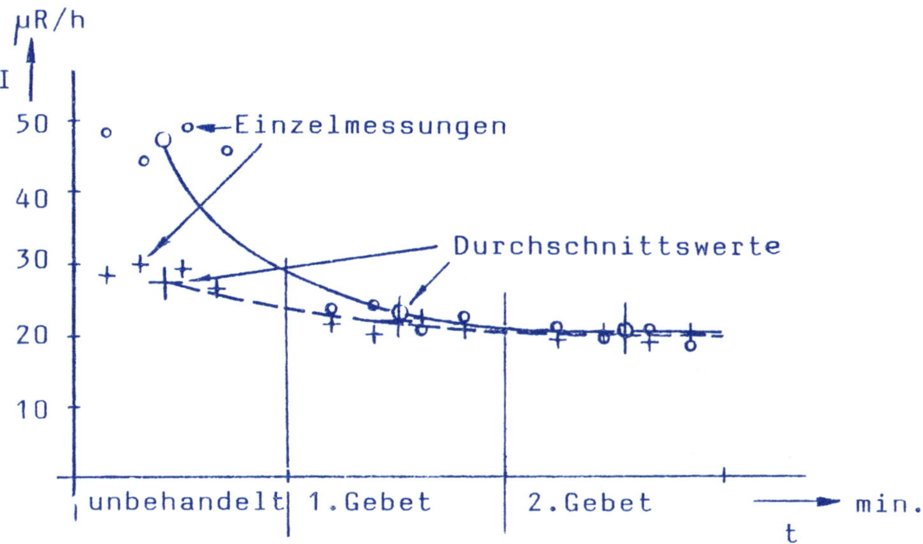

Einige Einzelwerte:

	unbehandelt	nach Gebet
Kartoffel	47 μR/h	22 μR/h
Kohl	27 μR/h	20 μR/h
Rapshonig	28 μR/h	22 μR/h
Blütenhonig	22 μR/h	15 μR/h
Salat	29 μR/h	20 μR/h
Ribisel	38 μR/h	18 μR/h

Die Werte ergaben sich aus den Mittelwerten mehrerer Messungen (siehe auch Diagramm).

Da die Umgebungsstrahlung am Meßort zwischen 15 und 20 μR/h lag, kann geschlossen werden, daß die Radioaktivität der Nahrungsmittel nach Gebetsbehandlung praktisch auf Null reduziert wurde!

μR/h = Mikro-Röntgen pro Stunde

Gebet für die Umwelt:

Der Zustand unseres Planeten, wie das Sterben der Ozeane und Wälder, ist nicht ausschließlich durch materielle Verunreinigung und Verschmutzung zustandegekommen, sondern auch durch unsere geistige Einstellung. Ausbeutungsgedanken, willkürliche Freisetzung von Radioaktivität, sowie die Mißachtung der Natur und auch der Naturgeister sind ein zweiter, meist unbeachteter Grund. Jeder kann durch die oftmalige Anwendung des Gebetes in die Umwelt etwas mehr Harmonie bringen.

Lieber, gütiger, barmherziger, himmlischer Vater, im Namen Jesus Christus bitte ich Dich, löse alle Geistwesen, die in der Atmosphäre, in allen Böden und Gewässern, Wäldern, im Pflanzen-, Tier- und Mineralreich in Form von strahlenden Materialien und Giftstoffen gebunden sind oder widerrechtlich freigesetzt werden und alle Viren und Bakterien und deren Gruppenseelen, in Deinem göttlichen Licht auf, damit sie keinerlei Schaden mehr anrichten können.

Außerdem bitte ich Dich, befreie alle Naturgeister, insbesondere jene, die sich an diesem Ort (in meinem Garten, meiner Wohnung, ...) aufhalten, aus der Beeinflussung aller negativen Wesen, durchströme sie mit Deinem göttlichen Licht und Deiner unendlichen Liebe, damit sie Deine göttliche Ordnung wiederherstellen können.

Durchströme alle Bestandteile der Erde und deren Bewohner, sowie alle Naturgeister mit Deinem göttlichen Licht und Deiner unendlichen Liebe, damit alle Abwehrkräfte aktiviert werden und alles wieder gesund wird. Amen.

Gebet zur Auflösung von Störzonen und Störfeldern:

Lieber, gütiger, barmherziger, himmlischer Vater, im Namen Jesus Christus bitte ich Dich, löse alle negativen Elementale und alle Strahlungsfelder der Störzonen, die sich an diesem Ort (in der Wohnung, in diesem Wald ....) befinden, in Deinem göttlichen Licht auf.

Außerdem bitte ich Dich, befreie alle Naturgeister, die sich ebenfalls an diesem Ort aufhalten, aus der Beeinflussung aller negativen Wesen, durchströme sie mit Deinem göttlichen Licht und Deiner unendlichen Liebe, damit sie Deine göttliche Ordnung wieder herstellen können.

Bitte lasse außerdem allen negativen Wesen einen Strahl Deiner göttlichen Gnade zukommen und durchströme sie mit Deiner unendlichen Liebe, damit sie in die erste Gesundheitsphase zurückgeführt werden und in ihrer Entwicklung zu Dir fortschreiten bzw. in ihre zuständige Sphäre eingehen können.

Amen.

Und nochmals das Schutzgebet mit einer Erweiterung:

Lieber, gütiger, barmherziger, himmlischer Vater, im Namen Jesus Christus bitte ich Dich, baue um mich ein Feld Deines göttlichen Lichtes auf und durchströme mich mit Deiner unendlichen Liebe, damit Deine göttliche Ordnung in Körper, Seele und Geist erhalten bzw. wiederhergestellt wird und alle negativen Beeinflussungen von mir ferngehalten werden. Stärke dadurch auch meine Liebe zu Dir und allen Wesenheiten.

Wiederholung: *Baue um mich ein Feld Deines göttlichen Lichtes auf und durchströme mich mit Deiner unendlichen Liebe, damit Deine göttliche Ordnung in Körper, Seele und Geist erhalten bzw. wiederhergestellt wird und alle negativen Beeinflussungen von mir ferngehalten werden. Stärke dadurch auch meine Liebe zu Dir und allen Wesenheiten.*

Wiederholung: *Baue um mich ein Feld ....*

Erweiterung:

Außerdem bitte ich Dich, löse alle Geistwesen, die in Form von strahlenden Materialien und Giftstoffen gebunden sind oder widerrechtlich freigesetzt werden und alle Viren und Bakterien und deren Gruppenseelen, die mit mir in Berührung kommen, in Deinem göttlichen Licht auf, damit sie keinerlei Schaden mehr anrichten können.

Amen.

Weiteres Schutzgebet:

Mein (sein, ihr) Wall aus Kristall, allüberall, schließt mich (ihn, sie) ein, läßt nichts außer Gottes Licht und Liebe herein!

Dabei kann man sich vorstellen, wie ein riesiges Kristallgefüge um uns aufgebaut wird (visualisieren), in das nur goldenes, göttliches Licht einströmen kann!

WICHTIG: Bei allen diesen Gebeten steht:

HERR, DEIN WILLE GESCHEHE!

Zu leicht verfällt man dem Hochmut, vor allem bei ausreichendem Erfolg.

Denken Sie immer daran, daß wir nur Bittsteller sind und nie diejenigen, die z. B. eine Krankheit heilen!

Weiterführende Literatur:

Die drei Lichter der kleinen Veronika
Manfred Kyber
Verlag: Heyne TB

Naturgeister und Engel
White Eagle
Verlag: Aquamarin TB

Kontakte mit Deinem Schutzgeist
Penny Mc. Lean
Verlag: Peter Erd TB

Der entschleierte Tod und **Die entschleierte Aura**
Gisela Weigl / Franz Wenzel
Aquamarin Verlag

Zwiegespräche mit Geistern
Fritz Descovich
Anna Pichler Verlag

Naturwesen
Margit Ruis
Anna Pichler Verlag

Radiästhesie, der Umgang mit Strahlungsfeldern
Karl Haas
Anna Pichler Verlag

5. KAPITEL

CHAKRAS – ÜBUNGEN

CHAKRAS

Chakra heißt wörtlich Rad. Chakras sind Energiezentren, die rotierende Bewegungen ausführen und gleichzeitig in die Tiefe gehen, vergleichbar mit einem trichterförmigen Wasserstrudel. Die Drehrichtung entspricht dem Uhrzeigersinn. Die Chakras haben in allen drei Körpern ihren Wirkungsbereich. Im physischen Körper wirken sie über die endokrinen Drüsen und beeinflussen den Hormonhaushalt. Reduziert sich z. B. die Geschwindigkeit, kommt es zu frühzeitigen Alterungsprozessen, bei energetischen Blockaden zu Störungen im Hormonhaushalt. Durch Drehung in die falsche Richtung können Krankheiten verschiedenster Art entstehen.

Im Seelenkörper und Geistkörper wirken die Chakras auf der Energieebene. Durch die Drehung der Energiestrudel wird kosmische Energie angesaugt. Über die Geistebene wird die Strahlung des absoluten Wissens und der Selbsterkenntnis empfangen. Im Seelenbereich wirken diese Eigenschaften noch stärker und beeinflussen über die Chakras unseren physischen Körper sehr stark. Werden die Chakras durch Übungen oder sonstige Techniken mehr geöffnet als der geistigen Entwicklung des Menschen entspricht, wird dieser zwangsweise mit den jeweiligen Eigenschaften, die den Chakras zugeordnet sind, konfrontiert. Oft fällt man dadurch in jene Eigenschaften hinein, die eigentlich überwunden werden sollten.

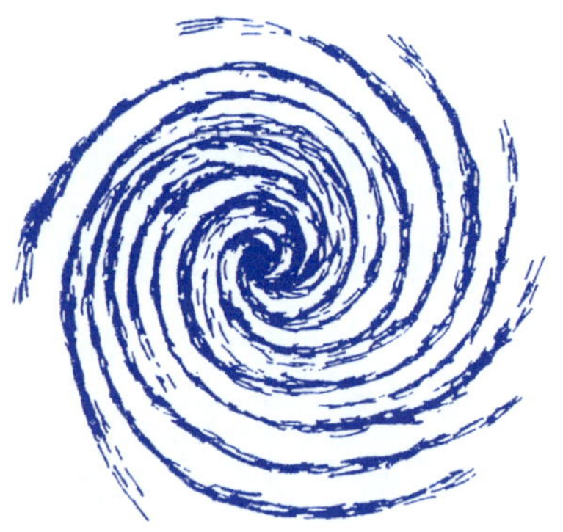

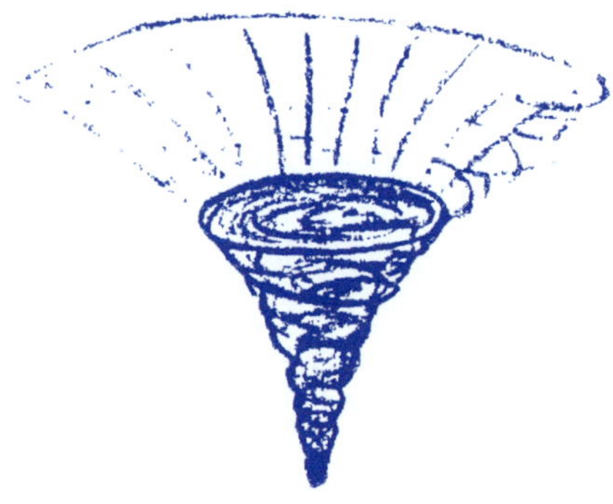

Für die Korrektur der Drehrichtung und die Harmonisierung der Chakras gibt es ein einfaches Gebet:

Lieber, gültiger, barmherziger, himmlischer Vater, im Namen Jesu Christi bitte ich Dich um ... Lasse Deine göttlichen Kräfte in alle Chakras und Nebenschakras einströmen, damit diese sich für die Ein- und Ausatmung entsprechend ihrer Entwicklung öffnen und sich damit die entsprechende Energie, Schwingung und Rotation einstellt. Amen.

Sitz der einzelnen Chakras:

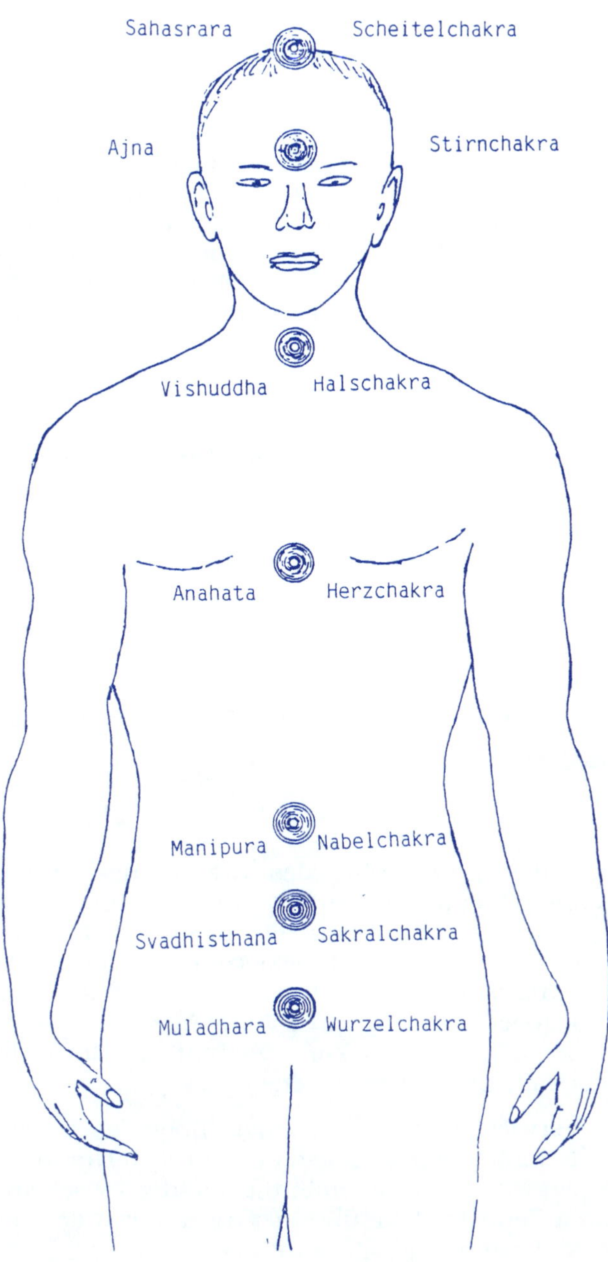

1. Chakra:

Muladhara = Wurzel- oder Basischakra

Mula = Wurzel, Basis

Dhara = Fundament

Es liegt in der Höhe des Schambeines, ist nach unten geöffnet und ist der Sitz der schlafenden Kundalini (Schlangenkraft). Muladhara, das höchste Chakra des tierischen Bewußtseins, ist energetisch mit den Nebennieren verbunden. Bei Blockaden oder einseitiger Entwicklung spielt sich das Leben vorwiegend im materiellen Bereich ab. Das wichtigste im Leben sind dann Besitz und materielle Sicherheit sowie sinnliche Genüsse.

Farbe: Feurig-rot

Edelsteine: Achat, Blutjaspis, Granat, Rote Koralle, Rubin

Element (Tattwa): Erde

Aromen (Ätherische Öle): Zeder, Gewürznelke

2. Chakra:

Svadhisthana = Milz- oder Sakralchakra

Sva = eigener

Sthan = Platz

Es hat seinen Sitz in der Höhe des Kreuzbeines und des letzten Lendenwirbels und öffnet sich oberhalb der Genitalien nach vorne. Auch dieses Chakra ist noch stark mit dem tierischen Bewußtsein verbunden. Bei einseitiger Entwicklung bzw. Blockierung kommt es vor allem zu Störungen im Sexualbereich (unterdrückte oder übersteigerte Triebhaftigkeit) und Störungen im sinnlichen Empfinden. Es ist der Sitz der negativen Eigenschaften wie Haß, Zorn, Verachtung, Grausamkeit, Stolz, Zweifel, Leidenschaft, Eifersucht, Trägheit usw.

Es steuert die Verwirklichung des Karmas über das Unterbewußtsein und ist mit den Keimdrüsen energetisch verbunden. Durch die negativen Eigenschaften pendelt die Kundalinikraft ständig zwischen Muladhara und Svadhistana-Zentrum hin und her und verhindert eine weitere Entwicklung des Menschen.

Farbe: Orange

Edelsteine: Karneol, Mondstein

Element: Wasser

Aromen: Ylang Ylang, Sandelholz

3. Chakra:

Manipura = Nabelchakra, Solarplexus
Magen- auch Leberchakra
Mani = Juwel
Pura = Platz, Stadt

Es befindet sich an der Innenseite der Wirbelsäule hinter dem Nabel mit der Öffnung nach vorne. In diesem Chakra werden die negativen Eigenschaften in positive umgekehrt. Mit diesem Chakra nehmen wir die Schwingungen anderer Menschen wahr und reagieren auf diese entsprechend. (z. B. Zusammenziehen bei schlechter Schwingungsqualität). Dieses Chakra ist energetisch mit der Bauchspeicheldrüse verbunden. Bei einseitiger Entwicklung bewegt sich alles um die Kontrolle der äußeren Welt. Man übt Macht aus, ist ruhelos und unzufrieden. Oft fehlt das Selbstwertgefühl, und Loslassen fällt ungemein schwer. Unerwünschte Gefühle werden unterdrückt und Emotionen gestaut, die dann fallweise unkontrolliert hervorbrechen können. Durch dieses Chakra fließen kosmische Energien, die uns göttliche und schöne Gefühle vermitteln. In ihm werden, durch das Element des Feuers, die tierischen Ebenen gereinigt und überwunden.

Farbe: Gelb, goldgelb

Edelsteine: Tigerauge, Bernstein, Zitrin

Element: Feuer

Aromen: Lavendel, Rosmarin, Bergamotte

4.Chakra:

Anahata = Herzchakra
Ana = endlos
Hat = Grenze

Es befindet sich in der Mitte der Brust, in der Höhe des Herzens. Es ist das Gefühlszentrum und der Sitz der Liebe, des Dienens, Verzeihens und des Mitgefühls. Die Öffnung ist nach vorne. Ist dieses Chakra entwickelt, kann man **alles** verzeihen. Bei Fehlfunktion will man für seine „Liebe" Bestätigung und Anerkennung, oder man ist nicht fähig sich zu öffnen und Liebe anzunehmen und ist leicht verletzbar. Die Thymusdrüse ist energetisch mit dem Herzzentrum verbunden.

Farbe: Grün, rosa, gold (auch himmelblau, gelb-orangerot)

Edelsteine: Smaragd, grüne Jade, Malachit, Rosenquarz, Turmalin

Element: Luft

Aroma: Rosenöl

5. Chakra:

Vishuddha = Kehlkopf-, Hals-, Mondchakra

Vish = Gift

Shuddhi = rein

Das 5. Chakra entspringt der Halswirbelsäule, öffnet sich nach vorne zwischen Halsgrube und Kehlkopf und ist für die Entgiftung und Reinigung zuständig. Es ist außerdem das Zentrum der Kreativität, der Geduld und der Sprache. Das gesprochene Wort wird über das Kehlkopfzentrum reguliert.

Körperliche Wunden können verheilen. Jene Wunden hingegen, die durch Worte verursacht werden, bleiben im Unterbewußtsein bestehen und verheilen nicht.

Wenn Sie zornig oder wütend sind, sagen Sie nichts, sondern trinken Sie ein Glas mit kühlem Wasser. Es leitet Giftstoffe (auch seelische) aus und wird Sie beruhigen.

Schlucken Sie negative Emotionen keineswegs, sonst bekommen Sie Magenschmerzen. Man sollte sie hochkommen lassen, aber dann im Halszentrum reinigen. Daher ist es wichtig, dieses Zentrum zu kontrollieren. Eine gute Übung dafür ist der Schulterstand, denn dabei wird das Kinn zur Brust gepreßt und Druck auf Vishuddha ausgeübt.

In diesem Chakra wird kontrolliert, gereinigt und aktiviert, was von den niedrigeren Chakras hochsteigt bzw. von außen auf den Menschen einwirkt. Es sorgt für den Ausgleich zwischen körperlichem und geistigem Wachstum. Alles was an Negativem ungefiltert über Ihre Zunge

fließt, schafft neues Karma. Bei Fehlfunktion bzw. Blockierung fällt es schwer, die Gefühle zu reflektieren, wodurch der Mensch häufig unbedacht handelt.
Dann fehlt das Vertrauen zur inneren Stimme (Intuition). Manchmal tritt auch „Stottern" auf. Die energetische Zuordnung ist die Schilddrüse.

Farbe: Hellblau (auch silbrig, grünlich-blau und blau-violett)

Edelsteine: Türkis, Aquamarin, Chalcedon

Element: Äther

Aromen: Salbei, Eukalyptus

6. Chakra:

Ajna = Stirnchakra, Drittes Auge, Befehlschakra, Auge der Weisheit

Ajna = Befehl

Ajna befindet sich einen Fingerbreit über der Nasenwurzel, öffnet sich nach vorne zwischen den Augen in der Mitte der Stirn. Es ist jenes Zentrum, durch das man sich selbst und anderen Befehle erteilt und Macht ausübt (Vorsicht Karma)!

Es ist der Sitz des inneren Lichtes; über dieses Zentrum können wir tief in unsere Seele eintauchen und den göttlichen Funken in uns erkennen. Ist dieses Chakra in uns entwickelt, können wir unsere Gefühle und Emotionen kontrollieren. Dadurch besitzen wir Selbstkontrolle und echtes Selbstvertrauen.

Dieses Zentrum stellt die Grenze zwischen menschlichem und göttlichem Bewußtsein dar. Ist es blockiert, oder weist es eine Fehlfunktion auf, kommt es häufig zur sogenannten Kopflastigkeit. Es überwiegt Intellekt und Vernunft, alles wird über den Verstand geregelt. Intuition und Spiritualität werden als Phantasterei abgelehnt. Es ist energetisch mit der Hypophyse (Hirnanhangdrüse) verbunden.

Farbe: Indigoblau (auch weiß bis violett)

Edelsteine: Lapislazuli, indigoblauer Saphir, Sodalith

Element: ------

Aromen: Minze, Jasmin

7. Chakra:

Sahasrara = Scheitelchakra, Kronenzentrum

Sahasrar = tausend, unendlich

Es liegt am höchsten Punkt über der Fontanelle, öffnet sich nach oben und stellt die Wurzeln dar, mit denen wir göttliche Nahrung in uns aufnehmen können. Über dieses Chakra erreichen wir die Verbindung zum göttlichen Bewußtsein, es ist das Tor zu Gott. Blockaden gibt es in diesem Chakra praktisch nicht mehr. Es kann mehr oder weniger entwickelt bzw. verwirklicht sein. Ist es wenig entwickelt bzw. noch geschlossen, kann die Einheit mit dem Göttlichen nicht gefühlt werden. Auch wenn alle anderen Zentren entwickelt wären, sind Ängste vorhanden, und es bleiben auch Blockaden in den anderen Chakras übrig. Man fühlt eine gewisse Sinnlosigkeit des Seins. Öffnet man sich nicht dem göttlichen Funken, bleibt man in der Begrenzung seines „Ichs" hängen.

Dieses Zentrum ist energetisch mit der Epiphyse (Zirbeldrüse) verbunden.

Farbe: Weiß, violett, auch gold

Edelsteine: Bergkristall, Amethyst

Element: ------

Aromen: Olibanum, Lotus

Pendeltabelle:

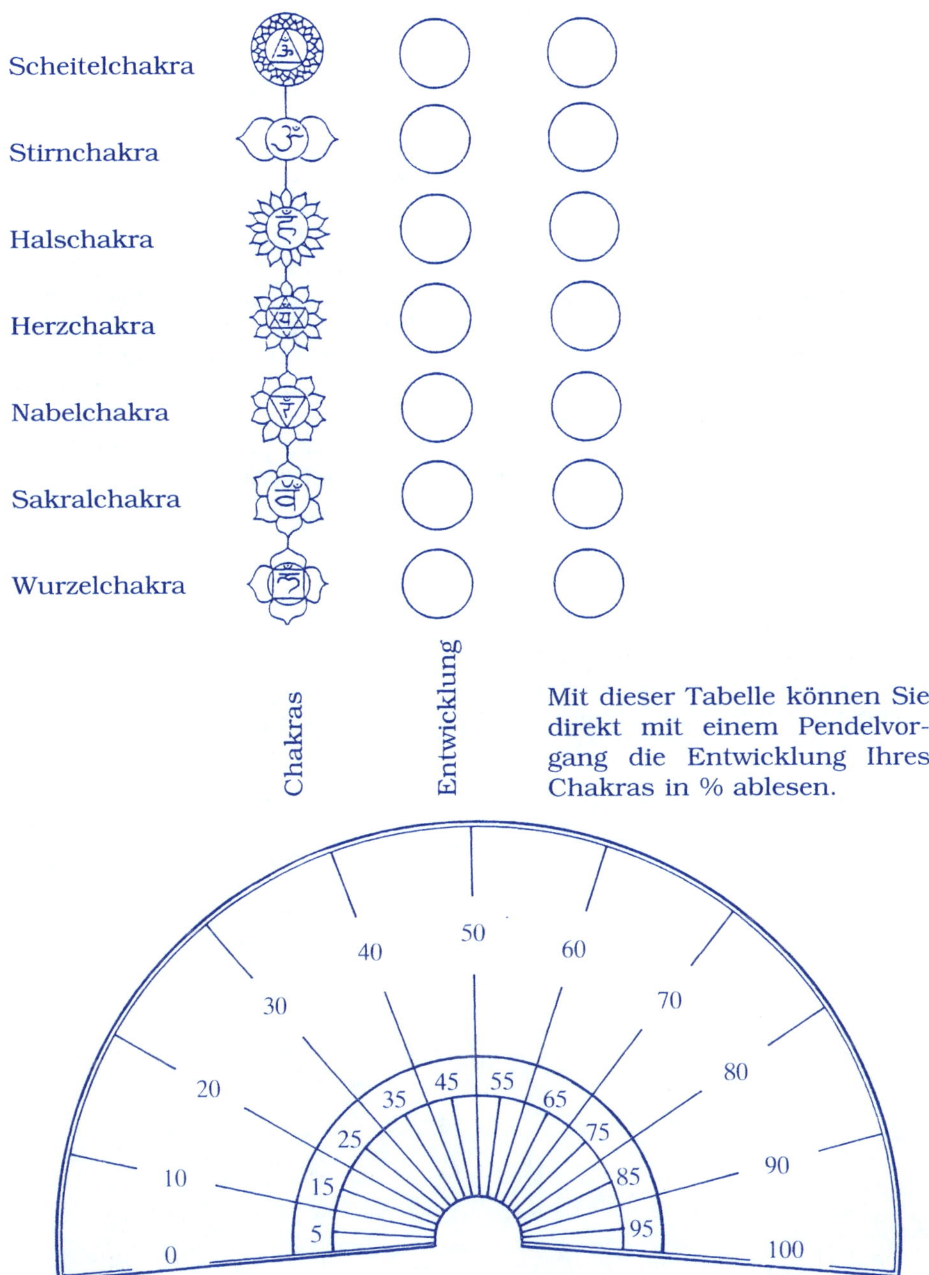

Mit dieser Tabelle können Sie direkt mit einem Pendelvorgang die Entwicklung Ihres Chakras in % ablesen.

Mit Hilfe der Prozent-Tabelle kann die Entwicklung jedes einzelnen Chakras ermittelt werden. Genauso können Sie damit Blockaden feststellen. (Arbeitsdiagramm Seite 165.)

Blockaden entstehen vorwiegend durch Fehlverhalten bzw. Verletzung der geistigen Gesetze. Die Chakras können aber auch über Besetzungen (siehe Seite 55) blockiert werden. Diese Blockaden können einerseits durch Gebete, also rein geistig, andererseits durch Übungen, eventuell auch durch Edelsteine oder Farben, bzw. auch mit Aromen entfernt werden. Verwendet man allerdings solche Hilfsmittel, muß immer darauf geachtet werden, daß die Zentren nicht überladen oder weiter geöffnet werden, als es der momentanen Entwicklung entspricht. **Werden Chakras überladen oder über die ethische und geistige Entwicklung hinaus geöffnet,** kann es zu **schweren Bewußtseinsstörungen** kommen. Daher ist auch dafür das **Bittgebet die beste Methode,** um die Chakras in Harmonie zu bringen und sie entsprechend ihrer Entwicklung zu öffnen. Um ein Weiterkommen zu fördern, sind sowohl körperliche, als auch ethische und geistige Übungen notwendig.

Weiterführende Literatur:

Die verborgenen Kräfte im Menschen
Paramhans Swami Maheshwarananda
Österreichisch-Indische Yoga-Vedanta Gesellschaft
Eigenverlag Schikanedergasse 12/13 A-1040 Wien

DIE 5 TIBETER

Übungen zur Harmonisierung der Chakras:

1. Übung:

Diese Übung wird durchgeführt, um die Energien im Körper auszugleichen. Stellen Sie sich aufrecht hin, strecken Sie die Arme seitlich aus, mit den Handflächen nach unten, und drehen Sie sich von links nach rechts (im Uhrzeigersinn). Drehen Sie sich nur so lange, bis Sie schwindlig sind, im Laufe der Zeit können Sie die Anzahl der Drehungen auf maximal 21 Drehungen erhöhen. Häufigeres Drehen kann wieder Blokkierungen hervorrufen.

2. Übung:

Sie legen sich mit dem Rücken auf den Boden, strecken die Arme parallel neben dem Körper aus, schließen die Finger und legen die Handflächen flach auf den Boden. Nun wird der Kopf einatmend gehoben und mit dem Kinn zur Brust gezogen, gleichzeitig heben Sie die gestreckten Beine in die senkrechte Stellung. Mit dem Ausatmen senken Sie langsam Kopf und Beine wieder zu Boden und entspannen alle Muskeln im Liegen.

Achtung! Nicht überanstrengen, die Anzahl der Übungsfolgen langsam steigern.

3. Übung:

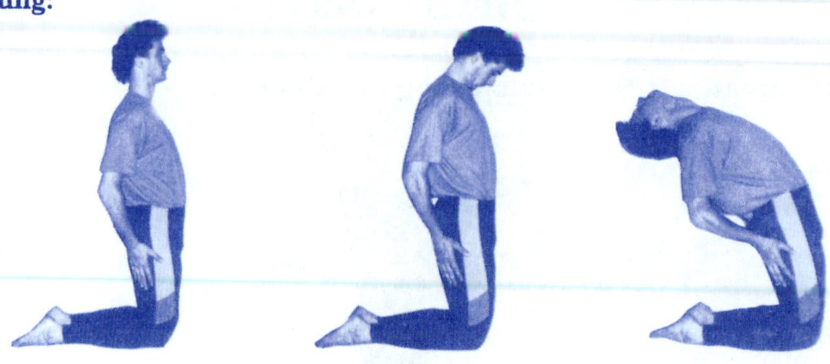

Schließen Sie diese Übung direkt an die zweite an.

Sie knien mit aufrechtem Körper auf dem Boden, die Handflächen werden seitlich an den Oberschenkeln angelegt, die Daumen zeigen nach vorne.

Sie neigen jetzt den Kopf weit vor und ziehen das Kinn zur Brust, wobei Sie tief ausatmen.

Anschließend legen Sie den Kopf weit in den Nacken und beugen die Wirbelsäule gleichzeitig nach hinten, wobei Sie ganz einatmen.

4. Übung:

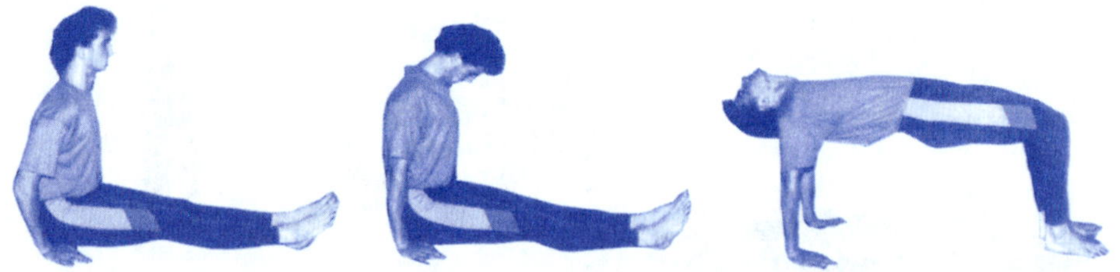

Setzen Sie sich mit ausgestreckten Beinen auf den Boden, und senken Sie tief ausatmend den Kopf zur Brust.

Anschließend beugen Sie den Kopf so weit wie möglich nach hinten und heben gleichzeitig das Becken hoch, bis es mit der Brust eine Linie ergibt. Dabei atmen Sie tief ein.

Spannen Sie jetzt kurz alle Muskeln des Körpers an. Kehren Sie nun ausatmend in die Ausgangsposition zurück, und entspannen Sie wieder alle Muskeln.

5. Übung:

Stützen Sie die Hände am Boden ab, die Zehen sind aufgestellt, der Körper hängt durch. Tief ausatmend beugen Sie den Kopf nach hinten und spannen kurz alle Muskeln an. Nun wird das Becken einatmend gehoben und gleichzeitig der Kopf zur Brust gezogen bis der Körper in einer verkehrten V-Stellung (Λ) steht. Wieder kurz alle Muskeln anspannen und anschließend ausatmend zur Ausgangsstellung zurückkehren.

Allgemeines:

Jede Übung sollte 21mal durchgeführt werden. Je nach Kondition wird dies anfangs nicht möglich sein, vor allem bei der 1. Übung stellt sich meist schon nach wenigen Drehungen ein starkes Schwindelgefühl ein. Beginnen Sie daher, alle Übungen dreimal auszuführen und steigern Sie die Anzahl je nach Möglichkeit langsam bis 21. Die Übungszeit ist am besten morgens oder abends. Bei allen Übungen ist es wichtig, so tief wie möglich zu atmen. Schon nach kurzer Zeit werden Sie die wohltuende Wirkung dieser Übungen feststellen. Die endokrinen Drüsen werden angeregt, der Energiefluß wird normalisiert, dadurch erhält der Körper Vitalität – Gesundheit stellt sich ein.

Weiterführende Literatur:

Die Fünf „Tibeter“
Peter Kelder
Verlag: Integral

6. KAPITEL

NATURHEILMITTEL

WICHTIGE HINWEISE:

Es soll hier ausdrücklich darauf hingewiesen werden, daß die folgenden Ausführungen keineswegs die fundierte Diagnose eines erfahrenen Arztes ersetzen können. Im Gegenteil, man sollte die Hinweise als mögliche Zusatztherapie betrachten und jeweils mit dem Arzt besprechen. Bei mancher Krankheit kann die alleinige Selbstbehandlung äußerst gefährlich sein. Man ziehe also immer einen Arzt zu Rate. Ich persönlich halte mich an einen anthroposophischen Arzt bzw. einen guten Homöopathen.

Aus der genauen Diagnose kann auf das entsprechende **Fehlverhalten** in unserem Leben geschlossen werden. Ich weise hier ausdrücklich nochmals darauf hin, daß jede Krankheit, jeder Schmerz und jedes unangenehme Ereignis auf eine Disharmonie zwischen Persönlichkeit (kleines Ich) und Seelenbereich (höheres Selbst) zurückzuführen ist.

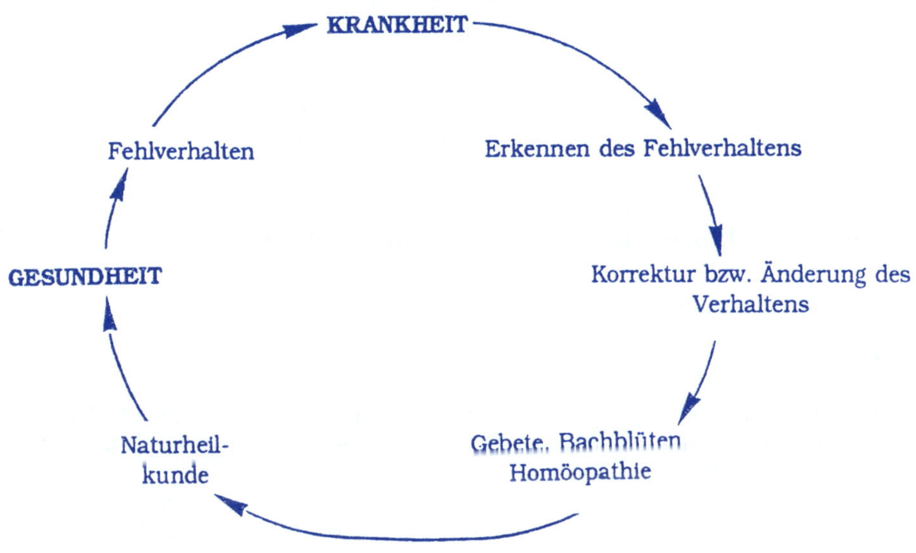

Siehe auch Kapitel „Karma" Seite 32, „Spiegelgesetz" Seite 34 und „Bachblüten" Seite 40.

Heilungsgrundsatz nach Dr. Bach:

„Kümmere Dich nicht um die Krankheit, sondern **ändere** Dein **Verhalten**, Deine **Lebenseinstellung.**"

Sieht man eine Krankheit im rein materiellen Bereich, kann folgendes Schema angewendet werden:

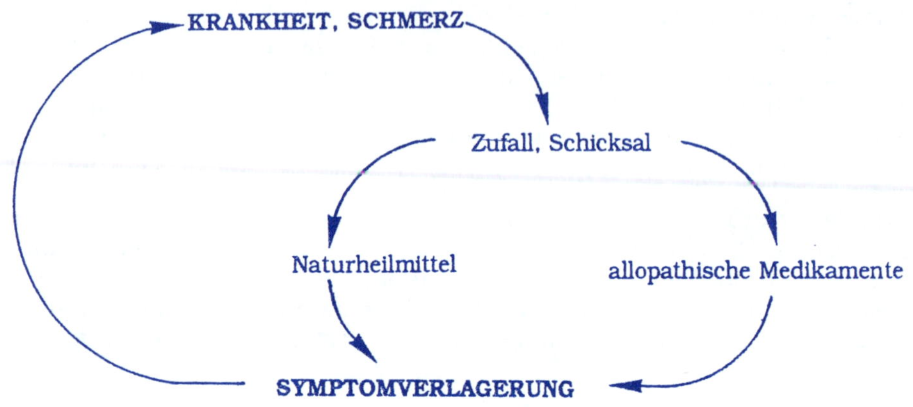

Daraus ist ersichtlich, daß letztendlich eine **„Heilung“** nur dann erfolgen kann, wenn auch gleichzeitig unser **Verhalten** geändert wird!

Gesundheit kann folgendermaßen erreicht werden:

1. Durch den Willen, zum Göttlichen zurückzukehren.
2. Durch stetige Anstrengung, alles Schlechte in uns zu überwinden.
3. Durch das Bestreben, Mängel in unserem Charakter zu entdecken, und die Fähigkeit, Konflikte zwischen Gemüt und Seele (Geist) zu beheben.
4. Durch die Beseitigung aller Mängel, durch die Entwicklung der entgegengesetzten Tugenden.
5. Durch vollwertige Ernährung (möglichst ohne Fleisch!) aus biologischer, chemiefreier Herstellung.

Der Arzt der Zukunft wird sich daher nicht nur mit der Behandlung von Symptomen beschäftigen können. Er muß jegliche medizinische Therapie als begleitende Maßnahme anwenden und Hilfestellung geben, um die Harmonie zwischen Körper und höherem Selbst wiederherzustellen.

Weiterführende Literatur:

Die Kindersprechstunde / Ein medizinisch-pädagogischer Ratgeber
Dr. med. Wolfgang Goebel und Dr. med. Michaela Glöckler
Verlag: Urachhaus

Krankheit als Weg / Deutung und Bedeutung der Krankheitsbilder
Thorwald Dethlefsen und Rüdiger Dahlke
Verlag: C. Bertelsmann

Heile deinen Körper / Seelisch-geistige Gründe für körperliche Krankheit
Louise L. Hay
Verlag: Alf Lüchow

Entschlüsselte Organsprache
Henry G. Tietze
Verlag: Knaur TB

Die heilende Kraft der Emotionen und
Der Körper lügt nicht
Dr. John Diamond
Verlag für angewandte Kinesologie

WICHTIG:

ÄRZTLICHE RATSCHLÄGE SIND AUSSCHLIESSLICH ÄRZTEN VORBEHALTEN. JEGLICHES „THERAPIEREN UND DIAGNOSTIZIEREN" EINES NICHTARZTES IST IN ÖSTERREICH VERBOTEN UND FÄLLT UNTER DEN PARAGRAPHEN „KURPFUSCHEREI".

SCHÜSSLER - SALZE

Diese Heilmethode wurde von Dr. Schüßler (1821–1898) aus der Biochemie durch 25-jährige Beobachtung an Kranken entwickelt. Sie besteht aus 12 Hauptmitteln, wobei Dr. Schüßler allerdings gegen Ende seiner Praxis nur mehr 11 anwendete. Auf Grund unserer Umweltsituation reichen diese 11 Mittel aber nicht mehr aus, um alle Mineralmängel auszugleichen.

Das System wurde daher wieder auf die ursprünglichen 12, plus zusätzlich 12 Ergänzungssalze, erweitert (siehe Pendeltabelle Seite 93).

Dr. Schüßler begründete seine Heilmethode folgendermaßen:

1. Alle Krankheiten entstehen durch einen Mangel an bestimmten lebensnotwendigen Mineralstoffen in den Zellen.

2. Durch Zuführung der fehlenden Mineralstoffe wird der Mangel in den Zellen ausgeglichen.

3. Die Ergänzung der fehlenden Stoffe muß in einer solchen Verdünnung erfolgen, daß die Aufnahme der Mittel unmittelbar durch die Schleimhäute des Mundes erfolgen kann.

   Daher muß die Einnahme solcher Mittel, wie übrigens bei allen homöopathischen Medikamenten, so erfolgen, daß sie möglichst lange im Mundraum verbleiben. Werden sie rasch geschluckt (z. B. mit Wasser), ist die Wirksamkeit stark vermindert.

   Die Verdünnung wird erreicht, indem man die Ausgangsstoffe „potenziert". Dabei wird 1 Teil Ursubstanz mit 9 Teilen eines Arzneimittelträgers z. B. Milchzucker ausgiebig verrieben oder mit Alkohol verschüttelt. Dies ist die 1. Verdünnungsstufe und wird mit D 1 bezeichnet. Davon wird wieder 1 Teil genommen und mit 9 Teilen Trägersubstanz in gleicher Weise verarbeitet; das ergibt die Verdünnung D 2 (entspricht bereits einer Verdünnung von 1:100) usw.

   Man muß, um mit dieser Methode Wirksamkeit zu erlangen, in die Größenordnung der Zellmembrane kommen, damit die Zelle direkt Information erhält und den Stoff aufnehmen kann.

Die von Dr. Schüßler empfohlene Verdünnung ist in der Pendeltabelle angeführt. Man kann die Schüßlersalze dann von einem Arzt verschreiben lassen und aus einer Apotheke beziehen.

Außerdem erhält man Schüßlersalze als sog. Nahrungsergänzungsmittel in Reformhäusern. Diese werden meist aus Mineralquellen gewonnen und weisen ähnliche Verdünnungen auf wie die aus den Apotheken stammenden. Die Verdünnung (z. B. D 6) darf allerdings laut Gesetz nicht angegeben werden. Außerdem sind zusätzlich noch andere Mineralsalze darin enthalten.

Beispiele: (Auszug aus „Biochemie-Lexikon")

Betrachtet man z. B. den Fließschnupfen, bemerkt man, daß es sich hierbei um eine salzige Ausscheidung handelt. Führt man zusätzlich Kochsalz zu, verstärkt sich die Ausscheidung, das heißt, die Krankheit erfährt eine Verschlimmerung. Wird statt dessen Natrium chloratum D6 (= Na. muriaticum) eingenommen, also Kochsalz in homöopathischer Form, wird der Schnupfen sehr rasch wieder abklingen.

Wie ist dies nun möglich? Hier geschieht ein Paradoxon. Der Körper scheidet Kochsalz aus, obwohl in den Zellen ein Mangel besteht. Durch Zufuhr normalen Kochsalzes scheidet der Körper dieses sofort vermehrt aus. Wird das Kochsalz aber in der 6. Dezimalverdünnung verabreicht, erfolgt eine Zellinformation direkt durch die Zellmembrane hindurch. Die Zellen können jetzt ihren Fehlbedarf aus der Nahrung abdecken.

In einem 2. Beispiel wird dieser Vorgang nochmals aufgezeigt:

Im Blut wird Eisenmangel oder Eisenüberschuß festgestellt.

In beiden Fällen kann es zu einem Entzündungsgeschehen im Körper kommen. Eine Zellanalyse, z. B. in Form einer Haaranalyse, zeigt aber eindeutig in beiden Fällen einen Eisenmangel in den Zellen.

Sie haben ihre Fähigkeit verloren, Eisen aus der Nahrung in genügender Menge aufzunehmen. Führt man nun Eisen in grobstofflicher Form zu (z. B. in Form chemischer Präparate), wird nur die Eisenausscheidung verstärkt.

Erst wenn durch Verabreichung eines stark verdünnten, homöopathischen Eisen-Präparates, z. B. Ferrum phosphoricum D 12, eine Zellinformation erfolgt, kann der Bedarf aus stark eisenhaltigen Mitteln oder der Nahrung abgedeckt werden.

Auch in der Schwangerschaft sollte unbedingt, wenn Eisenmangel festgestellt wird oder auch prophylaktisch, Ferrum phos. D 12 zusätzlich eingenommen werden. Alle diese Salze und auch die homöopathischen Mittel haben keinerlei negative Nebenwirkungen, solange die Potenzierung unter D 13 bleibt. Bei höherer Potenzierung kann ein Eingriff ins Karma erfolgen.

Praxis:

Wenn Sie sich mit Schüßler-Salzen beschäftigen wollen, empfiehlt es sich, eines der guten Bücher anzuschaffen:

Biochemie-Lexikon nach Dr. Schüßler
Dr. Kirchmann
Verlag R. Mertens, 2000 Hamburg 52

Dr. Schüßler's Biochemie, eine Volksheilweise
Dr. H. G. Jaedicke
Alwin Fröhlich Verlag

Damit haben Sie, wenn Sie die 12 Salze zu Hause stehen haben, eine wunderbare Hausapotheke, mit der Sie jeden Krankheitsverlauf abkürzen können.

Mittels Pendel:

Frage: Werden Schüßler-Salze benötigt?

Wenn ja, Pendel im Kreis anschwingen und durch die 2. Frage: „Welches Salz wird benötigt?" abfragen. Der Pendel schwingt dann auf das jeweilige Salz. **Kontrollfrage nicht vergessen!**

Pendeln Sie dann so lange weiter, bis Sie alle notwendigen Salze herausgefunden haben. Dann fehlt noch die Frage, wie oft am Tage und in welcher Menge die Einnahme erfolgen soll.

Als 2. Möglichkeit kann noch folgendermaßen vorgegangen werden:

1. Frage: „Werden Salze benötigt?".
   bei ja
2. Frage: „Wieviele Salze werden benötigt?"

Z. B. kommt die Zahl 4 heraus. Dann wird in der Folge einfach 4mal gependelt und die jeweiligen Salze in schon beschriebener Vorgangsweise ermittelt und durch die jeweilige Kontrollfrage: „Ist das Ergebnis richtig?" überprüft.

Schüßler-Salze

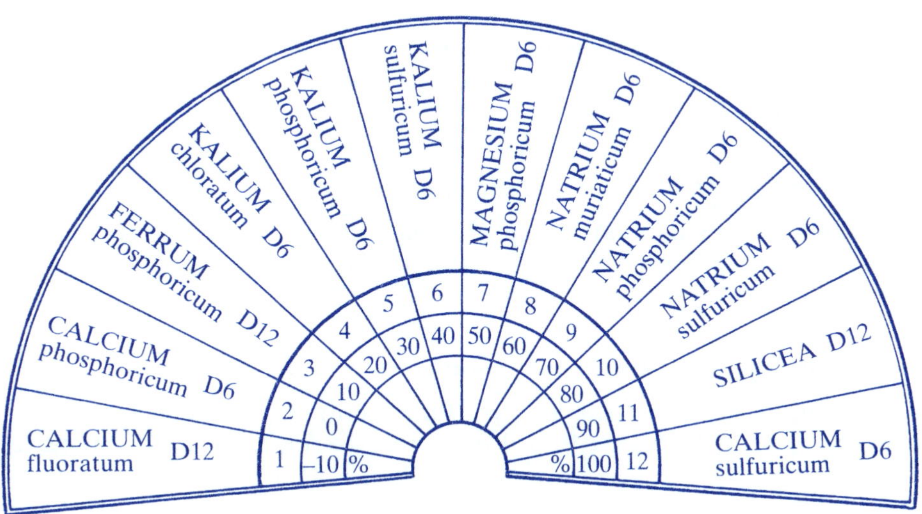

Ergänzungs-Salze

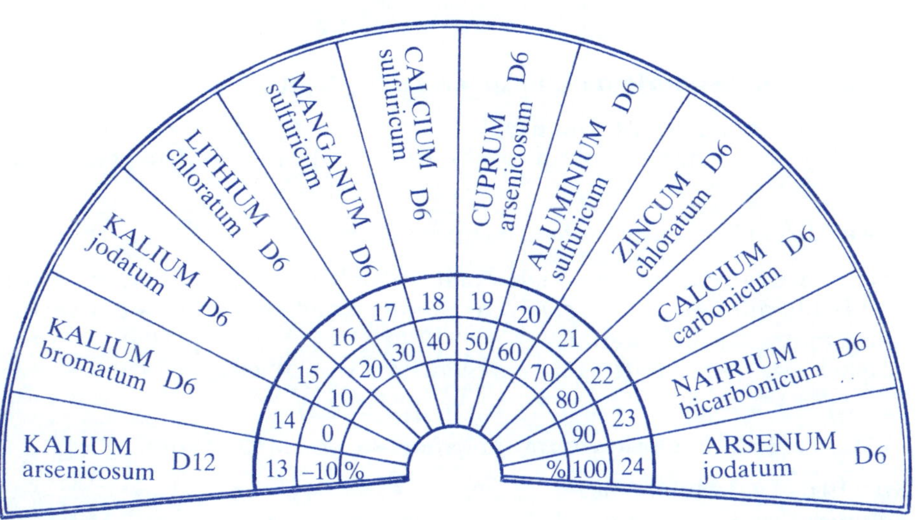

Kurze Beschreibung der einzelnen Salze:

1. **Calcium fluoratum** (Flußspat)

Knochen-, Zahn-. und Elastizitätsmittel
Wirkt auf Knochenhaut, Zahnschmelz und Gewebe mit elastischen Fasern.

2. **Calcium phosphoricum** (phosphorsaurer Kalk)

Blutbildend, knochenbildend (auch bei schlechter Zahnung), gegen Übersäuerung, eiweißbindend.
Kinder-, Frauen- und Nervenmittel.

3. **Ferrum phosphoricum** (phosphorsaures Eisen)

Entzündungsmittel im 1. Stadium (Hitze, Schmerz, Rötung). Unterstützung bei jeder fieberhaften Krankheit. Bei Eisenmangel in der Schwangerschaft.

4. **Kalium chloratum** (Chlorkalium)

Ausscheidungs- und Drüsensalz
Entzündungsmittel im 2. Stadium (wenn akute Erscheinungen abklingen, aber die Krankheit sich festzusetzen droht). Blutung dick, zäh, dunkel (wirkt blutverdünnend).

5. **Kalium phosphoricum** (phosphorsaures Kalium)

Nerven-, Herz- und Gehirnmittel
Fäulnisverhütend, Nervennahrung, blutbildend und blutdrucksteigernd.

6. **Kalium sulfuricum:** (schwefelsaures Kalium)

Bei allen Krankheiten, die sich nach innen zu schlagen drohen. Haut- und Schleimhautentzündungen im Stadium der Abschuppung, Entzündungsmittel im 3. Stadium.
Muskelsalz, Sauerstoffträger, anregend auf die Leber.

7. **Magnesium phosphoricum** (phosphorsaures Magnesium)

Knochen- und Muskelmittel
Schmerz- und Krampfmittel. Gegen Koliken, Neuralgien und Krampfbeschwerden aller Art.

8. **Natrium muriaticum** (auch Natrium chloratum, Kochsalz)

Bei allen salzig schmeckenden Ausscheidungen, Fließschnupfen (glasklar). Blutbildend, gegen kalte Hände und Füße, entgiftend.
Für Muskel, Bänder und alle „wäßrigen Gewebe“.

9. **Natrium phosphoricum** (phosphorsaures Natrium)

Neutralisiert Säure, daher gegen Säureüberschuß. Gegen Steinbildung, Mitesser, Stockschnupfen, Harnsäureüberschuß im Blut und Gewebe, Gicht.

Achtung: Hier empfiehlt sich, Säurebildner in der Nahrung wegzulassen (Fleisch, Ei, Käse, Fisch, gehärtete Fette, Kaffee, Süßigkeiten und Alkohol). (Siehe auch Kapitel Ernährung, Seite 119.)

10. **Natrium sulfuricum** (schwefelsaures Natrium, Glaubersalz)

Leber- und Gallemittel, Durchfallmittel. Bei allen gelben bis grünlichgelben Ausscheidungen, bitterem Geschmack auf der Zunge (bräunlichgrünem Zungenbelag).

11. **Silicea** (Kieselsäure)

Bei konstitutioneller Unterernährung, Bindegewebsschwäche, stinkendem Kopf- und Fußschweiß, Fisteln, Absonderungen scharf und übelriechend, für Haare, Knochen, Bandscheiben. Als Gewebemittel, Nervenmittel (Hysterie),

12 Calcium sulfuricum:

Bei Bindegewebseiterungen, Absonderungen gelblich-grün bis blutig und dickeitrig, klebrigen Ausschlägen.
Gegen alle Eiterungen, Fistel, Abszesse, Furunkel und Karbunkel, Nasen-und Zahnfleischbluten chronisch.

Ergänzungssalze:

13. **Kalium arsenicosum:**

Nerven-, Krampf- und Hautmittel. Bei Psoriasis und anderen schwer zu beeinflussenden Hautleiden, chronischer Nierenentzündung.

14. **Kalium bromatum:**

Ausgesprochenes Beruhigungsmittel. Gegen nervöse Störungen aller Art. Hirnreizungen, Asthma, Multiple Sklerose.

15. **Kalium jodatum:**

Hauptanwendung bei Schilddrüsenstörungen, erhöhtem Blutdruck, Kropf. Weiters bei Hirnhaut- und Rückenmarksentzündungen, Verkalkung.

16. **Lithium chloratum:**

Gegen harnsaure Diathese (Gicht, Rheuma), Nieren- und Blasenleiden. ACHTUNG, nur in seltenen Gaben anwenden.

17. **Manganum sulfuricum:**

Wichtiges Blutmittel (+ Ferr. phos.). Bei anämischen Zuständen, Entzündungen der Atmungsorgane und des Verdauungstraktes, Leiden von Leber, Galle, Nieren und Blase. Nervenstärkend.

18. **Calcium sulfuratum:**

Gegen alle hartnäckigen Eiterungen an Haut und Schleimhaut, Drüsen, Lunge und Knochen. Gegen Hornhautgeschwüre und -eiterungen.

Die weiteren Ergänzungsmittel siehe Fachliteratur.

Ein weiteres empfehlenswertes Mittel ist **JSOSAL** von der Fa. **JSO** (siehe auch JSO-Komplexheilmittel Seite 109).

Jsosal ist potenziertes Meersalz in D 3 und enthält alle lebenswichtigen Mineralstoffe (insgesamt ca. 33) in ähnlicher Zusammensetzung, wie das menschliche Serum. Vorbeugend gegen Mineralstoffmangel, sowie gegen Hautleiden, Katarrhe usw.

AROMA-THERAPIE:

(Phytotherapie)

ÄTHERISCHE ÖLE: (flüchtige aromatische Essenzen)

Gewinnung: Destillation, Auspressen, Einschneiden von Pflanzenteilen. Herauslösen mit Lösungsmittel (diese Öle sollten möglichst nicht verwendet werden).

Qualität der Öle: Achten Sie darauf, daß Sie nur Öle erster Qualität verwenden. Gute Öle sind üblicherweise teuer, da die Ausbeute meist sehr gering ist (z. B. Ysop - aus 100 kg frischen Zweigen erhält man ca. 15 dag Öl. Oder Thymian - aus 100 kg erhält man ca. 65 dag Öl).

Ein Öl, das mit hochgiftigem Lösungsmittel herausgelöst wird (größerer Ertrag), enthält nicht nur Spuren des Lösungsmittels, sondern ist schwingungsmäßig in einem völlig anderen Spektrum als ein ätherisches Öl, das durch Wasserdampfdestillation gewonnen wird. Vollkommen unwirksam sind chemisch erzeugte Öle (Kunstöle), sie weisen meist nur einen ähnlichen Geruch auf.

Prüfen Sie daher ein Öl, bevor Sie es kaufen, mit dem Pendel auf dessen Schwingungsqualität. Meiner Erfahrung nach sind die Öle der Fa. KART aus Le Mont / Lausanne, schwingungsmäßig sehr gut.

Auch die aus dem anthroposophischen Betrieb stammenden Öle (Ch. Perret-Gentil, 1049 Bioley-Orjulaz) sind sehr gut, aber schwer erhältlich.

Die Fa. Primavera verkauft ebenfalls gute Öle. Vor allem jene, die mit „extra“ bezeichnet sind, da sie aus biologischem Anbau oder Wildsammlung stammen.

Die Qualität der ätherischen Öle ist bei allen Anwendungsarten von entscheidender Bedeutung.

Wirkungsweise:

1. Über den Duft:

Ätherische Öle wirken sehr stark über unsere Riechorgane auf das Gehirn, darüber hinaus auch auf den Äther- und Seelenkörper.

Sie beeinflussen Emotionen, Kreativität und können die Lebensfreude erhöhen.

Dadurch können die ätherischen Öle auch auf den Krankheitsverlauf sehr positiv einwirken.

Zusätzlich wirken viele Öle desinfizierend. Durch das Verdunsten werden die Wirkstoffe in der Raumluft verteilt, eine Übertragung von Krankheitserregern über die Luft dadurch vermindert.

Anwendung: In die Schale einer Duftlampe wird Wasser gefüllt und je nach Intensität 3–10 Tropfen eines oder mehrerer zusammengemischter Öle eingetropft.

Mittels eines Teelichtes (Kerze) wird die Flüssigkeit dann verdunstet. Verwenden Sie vordringlich Kerzenlicht (eventuell aus Bienenwachs), da dies zusätzlich negative Ionen erzeugt und damit das Raumklima verbessert.

2. Innere Anwendung:

Eine vorzügliche Anwendung sind sogenannte Gewürzöle, die zum Zubereiten von Speisen verwendet werden. Sie können dort ihre wohltuende Wirkung über das Essen entfalten.

Achtung – nicht überdosieren – es reichen wenige Tropfen!

Direkte Einnahme:

WICHTIG! Bei Einnahme mehrerer ätherischer Öle gleichzeitig darf die tägliche GESAMTMENGE 6 Tropfen nicht überschreiten! Verwenden Sie vor allem nur solche Öle, die auch zum Genuß geeignet sind!

Achtung: Öle nicht unverdünnt einnehmen, sie können zu Reizungen und fallweiser Allergie führen. Mischen Sie die Öle mit Bienenhonig gut durch, bevor Sie diesen mit einer Flüssigkeit verdünnen. Auch Schlagobers (Sahne) eignet sich vorzüglich zum Mischen.

3. Äußere Anwendung:

a) großflächig nicht unverdünnt anwenden.

b) Als Vorsichtsmaßnahme, um Allergien vorzubeugen, empfiehlt es sich, **einen** Tropfen reinen Öles in die Armbeuge einwirken zu lassen, dabei darf sich innerhalb von 48 Std. keine Rötung ergeben.

ACHTUNG: Kleine Kinder ausschließlich über Duftlampe behandeln!

Vorgangsweise beim Auswählen von ätherischen Ölen und deren Mischungen:

1. Möglichkeit:

Für einen bestimmten Anwendungszweck kann über die folgende Pendeltabelle ein Öl oder eine Ölmischung ausgependelt werden.

1. Dürfen Öle angewendet werden?

   Wenn ja, dann

2. innerlich? (ja/nein)

3. äußerlich? (ja/nein)

4. Wieviele Öle sollen gemischt werden?

5. Welche Öle? (Pendel im Kreis anwerfen, die Zahl auf der der Pendel einschwingt, mit der Kontrollfrage überprüfen.)

6. Mischungsverhältnis:
   Wieviele Teile vom jeweilig ausgependelten Öl sollen verwendet werden?
   Öle anschließend mischen oder mischen lassen.

7. Anwendung: Wieviele Tropfen pro Tag sollen verabreicht werden? Unverdünnt? Verdünnt? Welche Verdünnung? usw.

Werfen Sie den Pendel im Kreis an und notieren Sie sich die Öle entsprechend den Pendelschwingungen. Stellen Sie immer zusätzlich die folgende Kontrollfrage: „Soll dieses Öl verwendet werden?"

2. Möglichkeit:

1. Frage: „Dürfen ätherische Öle angewendet werden?" Wenn ja,

2. suchen Sie aus den folgenden Indikationstafeln (Seite 102 und 103) jene Öle heraus, die für den jeweiligen Anwendungsfall in Frage kommen.

3. fragen Sie die herausgesuchten Öle einzeln mittels Pendel ab: „Soll dieses Öl verwendet werden?"

4. alle ausgependelten Öle wie vorher ab Punkt 6 weiterbearbeiten (Mischungsverhältnis usw.).

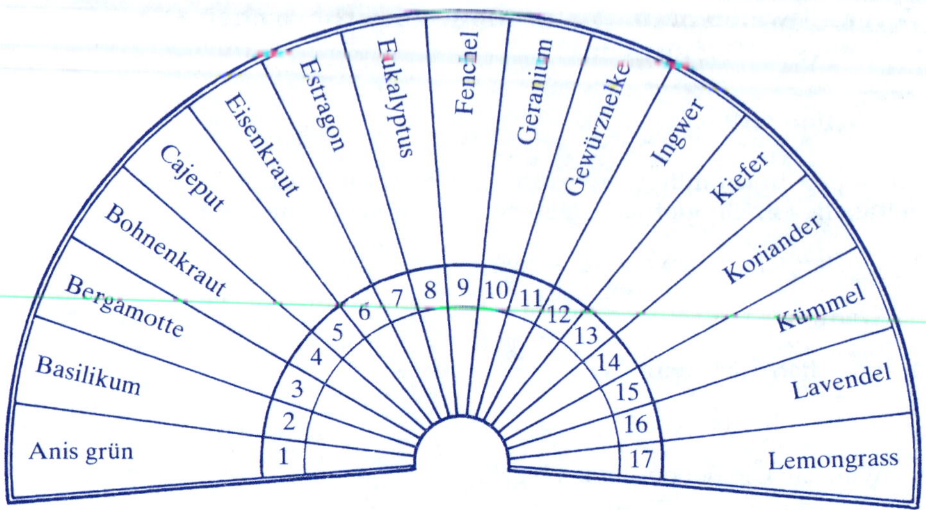

Ätherische Öle

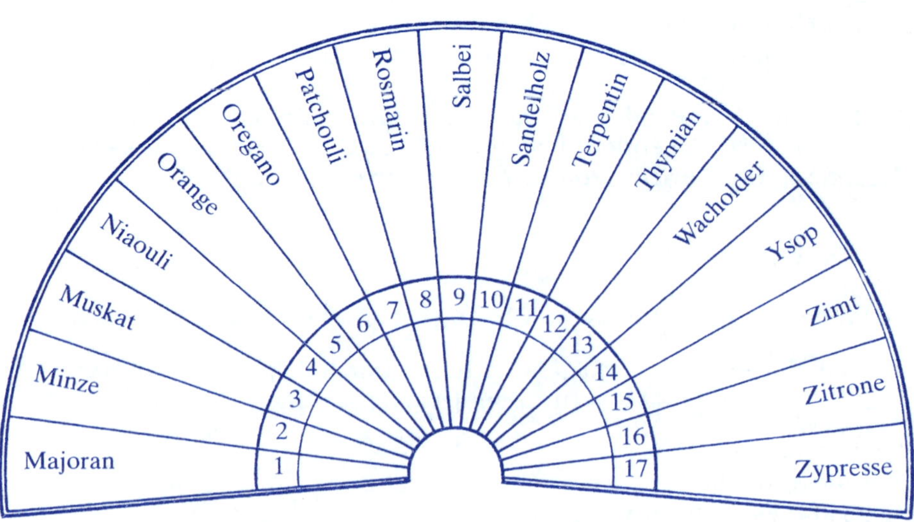

Weiterführende Literatur:

Aroma-Therapie
Dr. Jean Valnet
Verlag: Heyne TB

Heilpflanzen im Dienste Ihrer Gesundheit - BREVIER
Verlag: P. Kart 1052 – Le Mont / Lausanne Schweiz
(Erhältlich in Geschäften, die Kart-Öle führen.)

Duftführer
Dr. med. Beate Rieder und Fred Wollner
Druck: S. Melzer Ges.m.b.H., 1070 Wien, Tel. 0222 / 93 82 44

Aromatherapie von A – Z
Patricia Davis
Verlag: Knaur TB

AROMATHERAPIE

ANWENDUNGSBEREICHE DER ÄTHERISCHEN ÖLE:

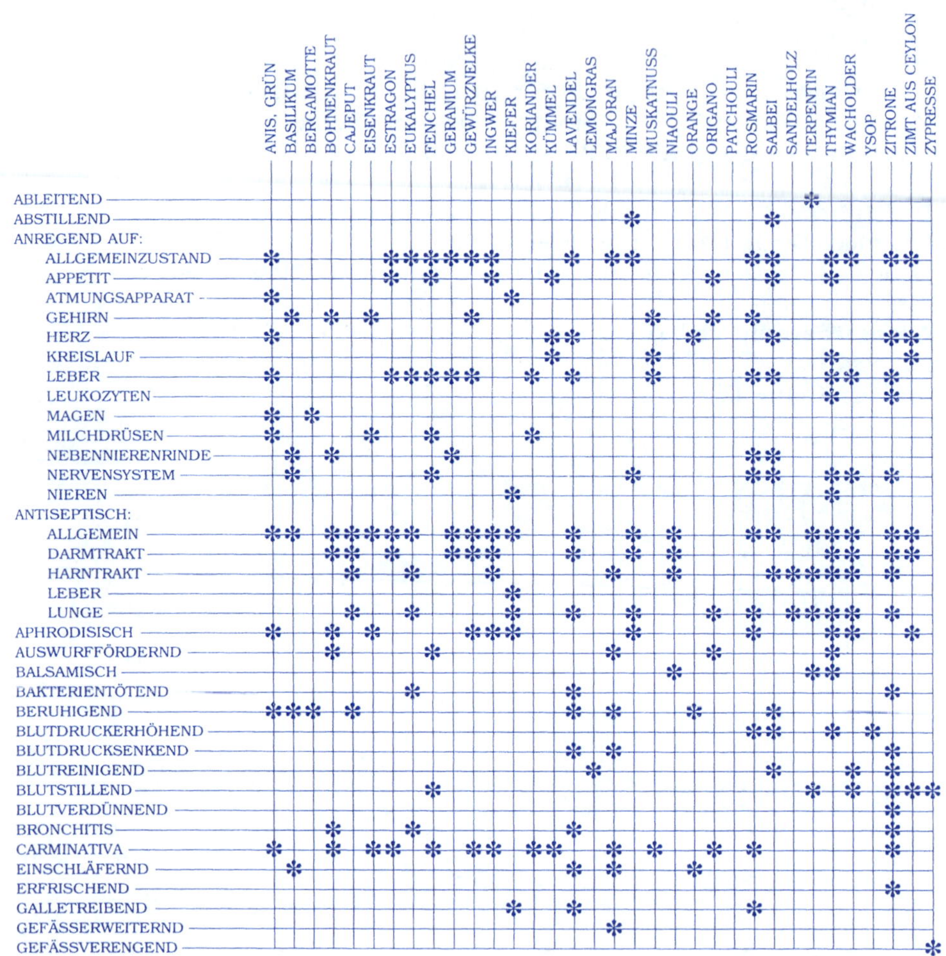

	ANIS, GRÜN	BASILIKUM	BERGAMOTTE	BOHNENKRAUT	CAJEPUT	EISENKRAUT	ESTRAGON	EUKALYPTUS	FENCHEL	GERANIUM	GEWÜRZNELKE	INGWER	KIEFER	KORIANDER	KÜMMEL	LAVENDEL	LEMONGRAS
ABLEITEND																	
ABSTILLEND																	
ANREGEND AUF:																	
ALLGEMEINZUSTAND	*						*	*	*	*	*	*				*	
APPETIT							*		*			*			*		
ATMUNGSAPPARAT	*												*				
GEHIRN		*		*		*					*						
HERZ	*														*	*	
KREISLAUF															*		
LEBER	*						*	*	*	*	*			*		*	
LEUKOZYTEN																	
MAGEN	*		*														
MILCHDRÜSEN	*					*			*					*			
NEBENNIERENRINDE		*		*						*							
NERVENSYSTEM		*							*								
NIEREN													*				
ANTISEPTISCH:																	
ALLGEMEIN	*	*		*	*	*	*	*		*	*	*	*			*	
DARMTRAKT				*	*		*			*	*	*				*	
HARNTRAKT					*			*				*					
LEBER													*				
LUNGE					*			*					*			*	
APHRODISISCH	*			*		*					*	*	*				
AUSWURFFÖRDERND				*					*								
BALSAMISCH																	
BAKTERIENTÖTEND								*								*	
BERUHIGEND	*	*	*		*											*	
BLUTDRUCKERHÖHEND																	
BLUTDRUCKSENKEND																*	
BLUTREINIGEND																	*
BLUTSTILLEND									*								
BLUTVERDÜNNEND																	
BRONCHITIS				*				*								*	
CARMINATIVA	*			*		*	*		*		*	*		*	*		
EINSCHLÄFERND		*														*	
ERFRISCHEND																	
GALLETREIBEND													*			*	
GEFÄSSERWEITERND																	
GEFÄSSVERENGEND																	

	MAJORAN	MINZE	MUSKATNUSS	NIAOULI	ORANGE	ORIGANO	PATCHOULI	ROSMARIN	SALBEI	SANDELHOLZ	TERPENTIN	THYMIAN	WACHOLDER	YSOP	ZITRONE	ZIMT AUS CEYLON	ZYPRESSE
ABLEITEND											*						
ABSTILLEND		*							*								
ANREGEND AUF:																	
ALLGEMEINZUSTAND	*	*						*	*			*	*		*	*	
APPETIT						*			*			*					
ATMUNGSAPPARAT																	
GEHIRN			*			*		*									
HERZ					*				*						*	*	
KREISLAUF			*									*				*	
LEBER			*					*	*			*	*		*		
LEUKOZYTEN												*			*		
MAGEN																	
MILCHDRÜSEN																	
NEBENNIERENRINDE								*	*								
NERVENSYSTEM		*						*	*			*	*		*		
NIEREN												*					
ANTISEPTISCH:																	
ALLGEMEIN		*		*				*	*		*	*	*		*	*	
DARMTRAKT		*		*								*	*		*	*	
HARNTRAKT	*			*					*	*	*	*	*		*		
LEBER																	
LUNGE		*				*		*		*	*	*	*		*		
APHRODISISCH		*						*				*	*			*	
AUSWURFFÖRDERND	*					*						*					
BALSAMISCH				*							*	*					
BAKTERIENTÖTEND															*		
BERUHIGEND	*				*				*								
BLUTDRUCKERHÖHEND								*	*			*		*			
BLUTDRUCKSENKEND	*														*		
BLUTREINIGEND									*				*		*		
BLUTSTILLEND											*		*		*	*	*
BLUTVERDÜNNEND															*		
BRONCHITIS															*		
CARMINATIVA	*		*			*		*							*		
EINSCHLÄFERND	*				*												
ERFRISCHEND															*		
GALLETREIBEND								*									
GEFÄSSERWEITERND	*																
GEFÄSSVERENGEND																	*

ANWENDUNGSBEREICHE DER ÄTHERISCHEN ÖLE:

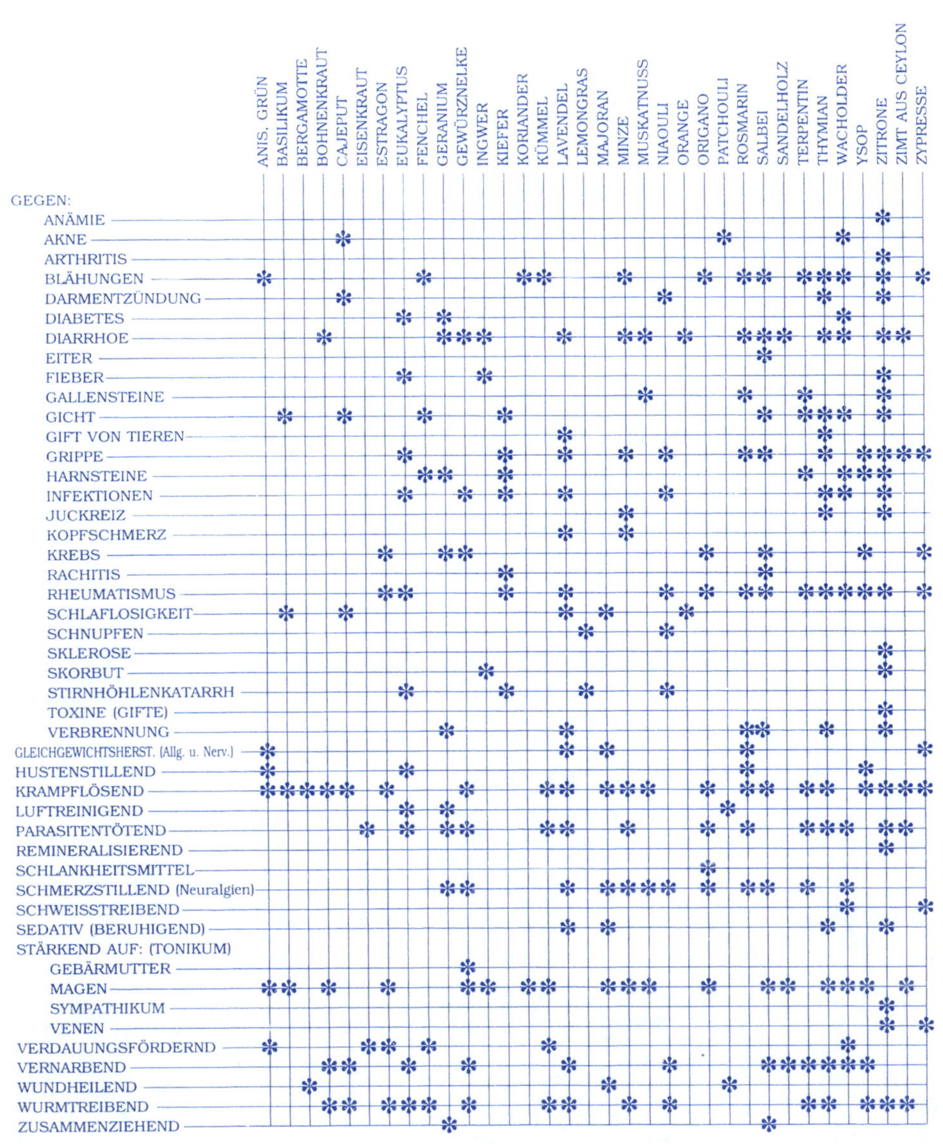

	ANIS. GRÜN	BASILIKUM	BERGAMOTTE	BOHNENKRAUT	CAJEPUT	EISENKRAUT	ESTRAGON	EUKALYPTUS	FENCHEL	GERANIUM	GEWÜRZNELKE	INGWER	KIEFER	KORIANDER	KÜMMEL	LAVENDEL	LEMONGRAS	MAJORAN	MINZE	MUSKATNUSS	NIAOULI	ORANGE	ORIGANO	PATCHOULI	ROSMARIN	SALBEI	SANDELHOLZ	TERPENTIN	THYMIAN	WACHOLDER	YSOP	ZITRONE	ZIMT AUS CEYLON	ZYPRESSE
GEGEN:																																		
ANÄMIE																																*		
AKNE					*																			*						*				
ARTHRITIS																																*		
BLÄHUNGEN	*								*					*	*				*				*		*	*		*	*	*		*		*
DARMENTZÜNDUNG					*																*								*			*		
DIABETES								*		*																				*				
DIARRHOE				*						*	*	*				*			*	*		*			*	*	*		*	*		*	*	
EITER																										*								
FIEBER								*				*																				*		
GALLENSTEINE																				*					*			*				*		
GICHT		*			*				*				*													*		*	*	*		*		
GIFT VON TIEREN																*													*					
GRIPPE								*					*			*			*		*				*	*			*		*	*	*	*
HARNSTEINE									*	*			*															*		*	*	*		
INFEKTIONEN								*			*		*			*					*								*	*		*		
JUCKREIZ																			*										*			*		
KOPFSCHMERZ																*			*															
KREBS							*			*	*												*			*					*			*
RACHITIS													*													*								
RHEUMATISMUS							*	*					*			*					*		*		*	*		*	*	*	*	*		*
SCHLAFLOSIGKEIT		*			*											*		*				*												
SCHNUPFEN																	*				*													
SKLEROSE																																*		
SKORBUT												*																				*		
STIRNHÖHLENKATARRH								*					*				*				*													
TOXINE (GIFTE)																																*		
VERBRENNUNG										*						*									*	*			*			*		
GLEICHGEWICHTSHERST. (Allg. u. Nerv.)	*															*		*							*									*
HUSTENSTILLEND	*							*																	*						*			
KRAMPFLÖSEND	*	*	*	*	*		*				*				*	*		*	*	*			*		*	*		*	*		*	*	*	*
LUFTREINIGEND								*		*														*										
PARASITENTÖTEND						*		*		*	*				*	*			*				*		*			*	*	*		*	*	
REMINERALISIEREND																																*		
SCHLANKHEITSMITTEL																							*											
SCHMERZSTILLEND (Neuralgien)										*	*					*		*	*	*	*		*		*	*		*		*				
SCHWEISSTREIBEND																														*				*
SEDATIV (BERUHIGEND)																*		*											*			*		
STÄRKEND AUF: (TONIKUM)																																		
GEBÄRMUTTER											*																							
MAGEN	*	*		*			*				*	*		*	*			*	*	*			*			*	*		*	*	*		*	
SYMPATHIKUM																																*		
VENEN																																*		*
VERDAUUNGSFÖRDERND	*					*	*		*						*															*				
VERNARBEND				*	*			*			*					*					*					*	*	*	*	*	*			
WUNDHEILEND			*															*						*										
WURMTREIBEND				*	*		*	*	*		*				*	*			*		*							*	*		*	*	*	
ZUSAMMENZIEHEND										*																*								

ALPENKRÄUTERTROPFEN nach Dr. KRULETZ:

Diese Tropfen üben eine wunderbare Wirkung auf uns aus. Sie können bei entsprechenden Krankheiten zur Unterstützung, als auch bei Organschwächen vorbeugend eingesetzt werden.

Die folgende Pendeltabelle kann auf zweierlei Arten verwendet werden:

1. Zur Ermittlung von Organschwächen:
   Den Pendel im Kreis anschwingen.
   Frage: „In welchem Bereich liegt eine Schwäche vor?"

2. Zur Ermittlung einer energetischen Blockade:
   Den Pendel im Kreis anschwingen.
   Frage: „Wo besteht eine energetische Blockade?"

Die nächste Frage lautet: „Kann durch die Einnahme von Kruletz-Tropfen die Störung verbessert oder behoben werden?" Wenn ja, kann folgendermaßen vorgegangen werden:

1. Frage: „Soll ich Kruletz-Tropfen anwenden?" Wenn ja,

2. Frage: „Welches Mittel benötige ich?"

Jetzt kann entweder die auf den Fläschchen angegebene Dosierung verwendet werden, oder man erpendelt die Anzahl der anzuwendenden Tropfen, so wie es in vorangegangenen Kapiteln schon mehrmals angeführt wurde.

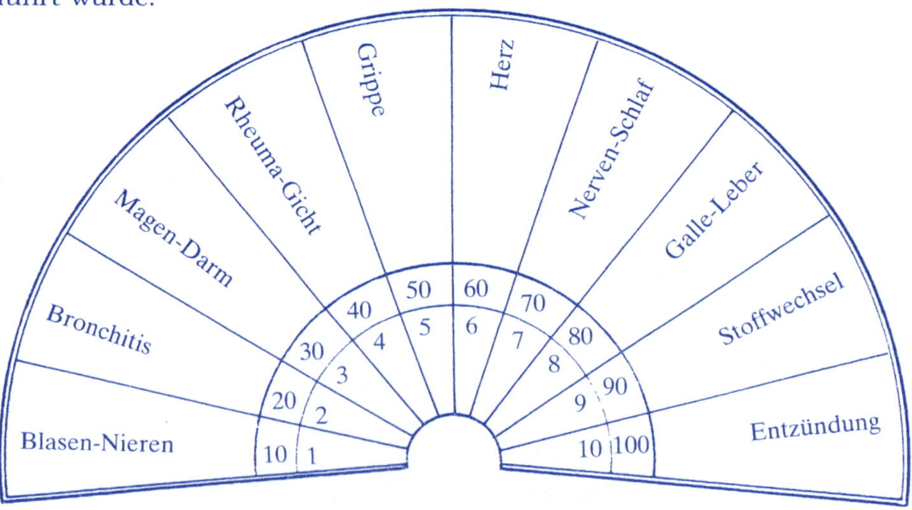

Kurzbeschreibung der Mittel:

Alpenkräutertropfen nach *Dr. Kruletz*

Produktname	Indikationen/Dosierungen
Blasen- und Nierentropfen 50 ml	werden verwendet bei mangelhafter Harnflut und zur Ausscheidung harnpflichtiger Stoffe (Harnsäureentgiftung und Steinbildung) sowie bei Blasen-, Harnleiter-, Nieren- und Prostataentzündungen.
Bronchitistropfen 50 ml	sind als gutes auswurfförderndes Mittel bei allen Erkältungskrankheiten der Atmungsorgane, wie Bronchitis, Lungenkatarrh, Husten, Kehlkopfentzündung und Schnupfen, anwendbar. Auch bei Bronchialasthma.
Entzündungstropfen 50 ml	Sie beseitigen durch Entquellung eine Schleimhautentzündung und bekämpfen die anormale Bakterienflora. Anwendbar bei Hals-, Nasen-, Rachen- und Darmentzündungen. Eine regenerative Wirkung geht von den in den Tropfen enthaltenen Kräutern aus, indem sie die Entgiftung des Lymphsystems fördern.
Galle-Leber-Tropfen 50 ml	verwendet man bei mangelhafter Sekretbildung in der Leber und in der Bauchspeicheldrüse, bei Leberfunktionsstörungen, Gallenstörungen, Steinleiden und Gelbsucht. Sie wirken galleabflußfördernd sowie krampflösend auf die Gallenwege.
Grippetropfen 50 ml	wirken befreiend bei Grippe mit starkem Zerschlagenheitsgefühl, Kopfschmerz, bei Schleimhautschwäche und Entzündungen des Nasenbereiches (Nebenhöhlen), des Mundes und Rachens sowie der Lunge und der Bronchien.
Herztropfen 50 ml	Anwendung erfolgt bei Herz- und Kreislaufstörungen, Nervosität des Herzens, bei Wetterfühligkeit und Unregelmäßigkeit des Blutdruckes. Sie wirken durchblutungsfördernd im Bereich der Arterien und Venen, ebenso wird die Herzleistung gefördert.

Produktname	Indikationen/Dosierungen
Magen- und Darmtropfen 50 ml	bessern die Sekretbildung in Mund und Magen. Anzuwenden bei Magenbeschwerden, Übelkeit und Völlegefühl, Gastritis und Sodbrennen.
Nerven-Schlaftropfen 50 ml	sind anzuwenden bei Störungen im Zusammenspiel der vegetativen Nerven, bei Übererregung und Verkrampfung, bei Nervenschwäche und Schlaflosigkeit.
Rheuma-Gichttropfen 50 ml	fördern die Ausschwemmung von Rheumagiften, sie wirken entzündungswidrig und schmerzlindernd und werden bei Rheuma, Gicht und Neuralgien angewendet.
Stoffwechseltropfen 50 ml	Anwendung erfolgt bei Stoffwechselstörungen und Verfall des Hautsystems. Sie werden bei Stuhlträgheit und Übergewicht gegeben, ebenso dienen sie der Blutreinigung.

Zur weiteren Beratung steht Ihnen die St. Peter Apotheke gerne zur Verfügung.

BAYER drucke

Erhältlich sind die Kruletz-Tropfen ausschließlich
in der St. Peter Apotheke
Völkermarkterstraße 134, A-9020 Klagenfurt.
Direktwahl bei Bestellung: Telefon 0463 / 311 28

Originalkopie mit freundlicher Genehmigung der St. Peter Apotheke.

HOMÖOPATHIE:

Begründer der Homöopathie war Dr. Samuel Hahnemann (1755–1843).

Das Grundgesetz der Homöopathie lautet:

„Similia similibus curantur"
„Ähnliches wird mit Ähnlichem geheilt."

Dies bedeutet:

Eine Krankheit wird am besten durch jenes Mittel geheilt, das im gesunden Körper ähnliche Zustände hervorruft wie die Krankheitssymptome. Dr. Hahnemann beobachtete, daß nach Verabreichung solcher Mittel kurzzeitig eine Verschlimmerung auftrat (auch Erstverschlimmerung genannt), dann aber, durch Aktivierung der Selbstheilkräfte, eine Heilung erfolgte.

Diese Entdeckung (übrigens lehrte schon Paracelsus ähnliches), basierte ursprünglich aber auf Arzneimittelgaben, die im toxischen Bereich angesiedelt waren.

In späterer Folge verdünnte er einen Tropfen der Urtinktur (z. B. alkoholischer Auszug einer Pflanze) mit 99 Tropfen Alkohol und schüttelte diese Flüssigkeit ausgiebig (ca. 100mal). Hahnemann beobachtete nun, daß die Wirksamkeit der so hergestellten Arznei eher zunahm und gleichzeitig an Giftigkeit verlor. Anschließend wiederholte er den Vorgang, indem er einen Tropfen aus der verschüttelten Arznei wieder mit 99 Teilen Alkohol wie vorher weiterverarbeitete. Die Verdünnung war also bereits **1 : 10 000.** Dieser Potenzierungsvorgang wird mit einem **„C"** bezeichnet (centum = 100).

1 : 100 = C 1

1 : 10 000 = C 2

Hahnemann bemerkte, daß die Wirksamkeit mit jedem Potenzierungsvorgang zunahm, und gleichzeitig sich die Erstverschlimmerung reduzierte.

Das heißt, eine Erstverschlimmerung tritt vor allem dann auf, wenn eine zu starke Dosierung verabreicht wird.

Später setzte sich, vor allem in Deutschland, die **Dezimalverdünnung** durch.

1 : 10 = D 1

1 : 100 = D 2 usw.

Dr. Hahnemann entwickelte in späteren Jahren noch die sogenannte **LM**-Verdünnung (römische Ziffern L = 50, M = 1 000), also eine Verdünnungsstufe von

1 : 50 000 = LM 1

1 : 2 500 000 000 = LM 2 usw.

Bei diesen Arzneimitteln zeigte sich ein wesentlich weicheres Wirkungsspektrum, die Erstverschlimmerung wurde dabei wesentlich geringer.

Einige Beispiele:

* Die Tollkirsche ruft als Giftwirkung ähnliche Symptome hervor, wie die einer schweren Grippe.

  Wird die Urtinktur der Tollkirsche aber stark verdünnt (potenziert), entsteht ein Heilmittel gegen Grippe (z. B. Belladonna D 6). Die Symptome müssen aber tatsächlich ähnlich sein, sonst ist ein anderes Mittel auszusuchen!

* Bei Schlangenbiß wirkt Schlangengift (Lachesis) in starker Verdünnung als Gegenmittel, da die Ausscheidung des Giftes gefördert wird. Je höher die Potenzierung, desto mehr. (Achtung, bei Schlangenbiß den Arzt konsultieren.)

* Ein Insektenbiß oder Bienenstich (auch bei Zeckenbiß) wird mit potenziertem Bienengift (Apis mellificia D 30) behandelt. (Auch hier bei Reaktionen den Arzt aufsuchen.)

Der Potenzierungsvorgang kann auch als Verreibung mit Milchzucker durchgeführt werden.

Vorgangsweise bei der Erpendelung homöopathischer Heilmittel:

1. Möglichkeit:

Suchen Sie sich aus der Fachliteratur für den jeweiligen Krankheitsverlauf (Diagnose eines Arztes) die zugehörigen Mittel heraus.

Aus der Liste der herausgesuchten Heilmittel erpendeln Sie anschließend das passende Medikament und die optimale Potenzierung.

Nun müssen Sie noch auspendeln, wie oft am Tag oder pro Woche das Mittel in welcher Menge eingenommen werden soll. Dabei ist zu beachten, daß tiefe Potenzen eher körperliche Wirkung aufweisen, mittlere Potenzen auf den Ätherleib und Hochpotenzen auf den Seelen- bzw. Geistkörper wirken.

Je höher die Potenzierung gewählt wird, desto seltener muß daher das Mittel eingenommen werden.

Faustregel:	**D 1 - D 12**	**3 x eine Gabe pro Tag**
	D 30	**1 - 2 x eine Gabe pro Woche**
	D 200	**1 x eine Gabe pro Monat**

Achtung: Hochpotenzen können karmische Folgen nach sich ziehen. Ab den Potenzierungen **C 6, D 12** und **LM 3** verläßt man den substanziellen Bereich. Ab **C 12, D 24** und **LM 4** ist kein einziges Molekül der Ursubstanz mehr feststellbar!

2. Möglichkeit:

Verwendung des Homöopathischen Pendelbuchs

Das medizinische Pendelbuch
Dr. med. Georg Jakob
Turmverlag, Bietigheim

Gehen Sie nach den Anweisungen dieses Buches vor.

3. Möglichkeit:

Sie schaffen sich eine homöopathische Hausapotheke an und erpendeln aus dieser Ihr Heilmittel.

Vorgangsweise siehe Bachblüten Seite 40.

WARNUNG:

Da jede Krankheit als Lernprozeß zu betrachten ist (siehe Seite 32, 40, 62, 87 u. 88), muß vor Einnahme sog. Hochpotenzen gewarnt werden. Es kann durch die Anwendung solcher Mittel zu Spontanheilungen kommen. Dabei wird unter Umständen eine notwendige Erfahrung unterbunden, es erfolgt ein Eingriff in den

karmischen Ablauf!

Stellen Sie daher immer die Frage, ob eine Hochpotenz eingenommen werden DARF!

Als unbedenklich sind Potenzierungen bis inklusive **C 6** und **D 12** zu betrachten. Bei **LM**-Potenzierungen zählt man die **LM 3** bereits zu einer Hochpotenz. Da diese aber nicht so drastisch wirken wie **C**- und **D**-Potenzen und daher auch keine Spontanheilung zu erwarten ist, sind **LM**-Potenzen bis **LM 5** unbedenklich (bis **LM 10** wenig bedenklich).

Für diese Betrachtung ist außerdem noch die Entwicklungsebene (siehe Seite 36), in der sich ein Mensch befindet, für die Anwendung von Hochpotenzen zu berücksichtigen.

Daher die wichtige Frage:

„Darf eine Hochpotenz angewendet werden?“

Weiterführende Literatur:

Homöopathie Anleitung zur Selbstbehandlung
Dr. med. Helmuth Bartmann
Verlag: Perlen-Reihe, Wien

Homöopathie Band 4 Organotropie
Prim. Dr. med. Mathias Dorcsi
Karl F. Haug Verlag, Heidelberg

Heilmittel-Fiebel zur Anthroposophischen Medizin
Dr. med. Henning Schramm
Novalis Verlag, Schaffhausen

JSO-KOMPLEX-HEILWEISE:

Begründer der Komplex-Heilweise war Theodor **Krauß.** Sie ist aus der allgemeinen **Homöopathie** herausentwickelt worden.

Herstellungsverfahren:

1. Aus einer reinen Pflanzenmischung wird mit destilliertem Wasser eine gesättigte Lösung (saturiertes Mazerat) hergestellt.

2. Gleichzeitig wird aus den gleichen Pflanzen ein alkoholischer Auszug angesetzt.

3. Anschließend werden beide Auszüge 1000 : 1 verdünnt und dann vermischt. Dieses Gemisch wird als Urtinktur bezeichnet.

4. Die daraus hergestellten Globuli (Kügelchen), sowie die Fluida (Flüssigkeiten) sind nochmals 10 : 1 verdünnt (somit D 1). Diese Medikamente stellen die Grundstärke dar.

5. Höhere Verdünnungen werden, wie bei allen homöopathischen Mitteln, durch Potenzieren hergestellt. Übliche JSO-Mittel: Grundstärke, D 6 und D 10 .

Mischungsverfahren:

Die Pflanzenmischungen werden so zusammengestellt, daß sie immer auf Organgruppen wirken, basierend auf der Idee, daß eine Krankheit immer den ganzen Organismus betrifft.

Jedes JKH-Mittel ist daher eine Zusammensetzung, die Einfluß auf eine Gruppe von Organen nimmt, die anatomisch und histologisch miteinander verbunden sind. Sie wirken sowohl auf die Tätigkeit, als auch auf die Regelung der Organe und damit, vor allem konstitutionell, auch auf den Gesamtorganismus.

Mit Hilfe der folgenden Pendeltabelle können Sie alle JSO-Komplex-Mittel auspendeln:

Fragen:

1. Soll ein JSO-Mittel angewendet werden? Wenn ja,
2. Welches Mittel?
3. Welche Potenzierung?
4. Wieviele Globuli (Tropfen), wie oft am Tag?

Die Kontrollfrage nicht vergessen! (Vorgangsweise siehe auch Schüßlersalze, Seite 90.)

JSO-Komplexheilmittel

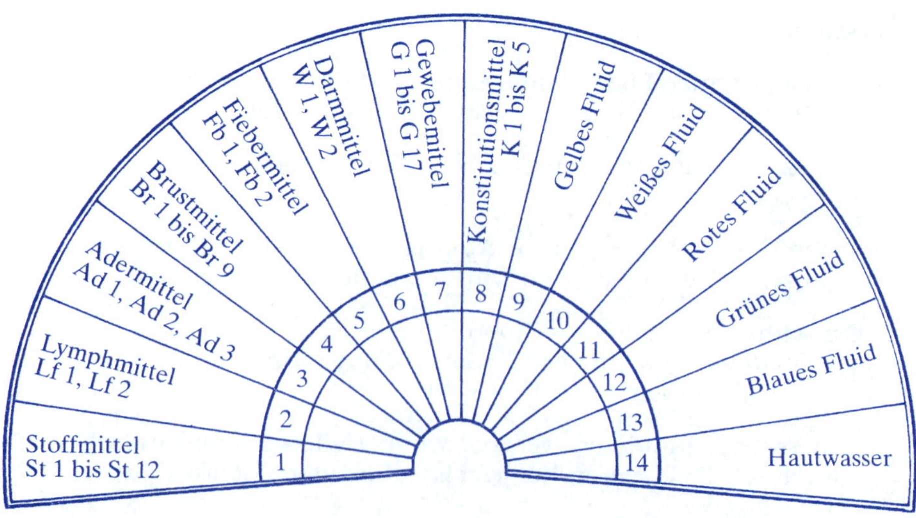

Kurzbeschreibung der einzelnen Mittel:

Stoffmittel 1: St 1

Magen, Schleimhäute und Drüsen. Entgiftungsmittel!
Gegen Alkohol- und Tabaksucht, Grauen Star (+ St 2).

Stoffmittel 2: St 2

Harnorgane, Harnleiter, Blase, Harnröhre (bes. Katarrhe), Leber, Gallenblase, Harn- und Gallensteine, regelt die Magensäure, gegen Sodbrennen.

Stoffmittel 3: St 3

Rückenmarksnerven, Darmschleimhäute. Hautmittel! Gegen Neurasthenie, chronische Ausschläge (+ Ad 3), und gegen chronischen Durchfall.

Stoffmittel 4: St 4

Harnsystem. Nierenmittel. Bei chron. Harnröhren- und Blasenkatarrhen, Wucherungen der Schleimhäute, gegen Gallensteine.

Stoffmittel 5: St 5

Leber, Galle, motor. Nerven, Rückenmark, Muskel. Gegen Magen- und Darmstörungen (chron.) mit Leberreizungen, akute und chron. Hautleiden. **Zur Harnsäureausscheidung.**

Stoffmittel 6: St 6

Niere, Blase. Gegen **Verkalkung** (Gewebskalkausscheidung), Nierensteine, Gicht, Sklerose und Verätzungen des Magens.

Stoffmittel 7: St 7

(Zusammensetzung aus St 1 + Ad 1) Magen, Drüsen, Schleimhäute.
Gegen alle akuten Entzündungen und Katarrhe.

Stoffmittel 8: St 8

(St 1 + Ad 3) Lymphatischer Stoffwechsel und dessen Organe: Magen, Drüsen, Schleimhäute und Darm. Zur Blutneubildung und Regeneration (Rekonvaleszenz). Gegen Blutarmut, Mangel an roten und weißen Blutkörperchen.

Stoffmittel 9: St 9

(St 5 + Fb 1) Lymphatischer Stoffwechsel und dessen Organe, bes. für Leber, Gallenblase und -gänge, Milz, Kleinhirn, Sympathikus und Rückenmark und dessen Nerven.
Gegen akute, fiebrige Hautausschläge.

Stoffmittel 10: St 10

Kleinhirn und sympathische Nerven, gegen alle Arten von Krämpfen und Koliken, bei Epilepsie, Veitstanz. Gegen Neuralgien, Nervenschmerzen, Migräne, Leberleiden, weiters gegen Hysterie und spiritistische und hypnotische Beeinflussung.

Stoffmittel 11: St 11

Wirkt vor allem auf den Nervus vagus. Gegen Übelkeit, Erbrechen, Würgen und **Seekrankheit.**

Stoffmittel 12: St 12

Augenmittel. Bes. Hornhaut! Gegen Entzündungen, Katarrhe und Trübungen, Schwefel-, Jod- und Quecksilberschäden im Auge, grauen Star.

Lymphmittel 1: Lf 1

Gegen Stauungen in den Drüsen, Entzündungen und Geschwüre, Haut, Talg- und Schweißdrüsen, Mandel- und Leistendrüsen, Kropf und Mumps, Infektionen, Lupus, Polypen, Weißfluß.
Zur Ausscheidung von Fremd- und Belastungsstoffen, bes. der Harnsäure, des Kalkes und der Phosphate bei Gicht, Rheuma oder Steinleiden.

Lymphmittel 2: Lf 2

(Lf 1 + St 1 + Ad 3) Wirkung auf Lymph- und Blutbildung, auf Magen, Dünndarm, Dickdarm, Bauchspeicheldrüse, Lymphdrüsen und Lymphgefäße.
Anwendung bei Blutarmut, Bleichsucht, Anämie, Skrofulose, Drüsenleiden und Geschwülsten, Rekonvaleszenz und chronischen Ausschlägen und Flechten.

Adermittel 1: Ad 1

Schlagadermittel! Wirksam auf **linke Herzseite.** Gefäß- und Lungenmittel, blutreiche Schleimhäute (Mund, Nase, Darm usw.). Gegen Katarrhe.

Ad 1 in Grundstärke erhöht Blutdruck und Pulsschlag, verstärkt die Monatsblutung. Anwendung bei schlecht durchblutetem Gewebe.

Ad 1 in D 6 oder D 10 senkt den Blutdruck und Pulsschlag, gegen zu starke Monatsblutung. **Blutstillend bei arteriellen** Verletzungen (hellrotes, hervorschießendes Blut).

Adermittel 2: Ad 2

Venenmittel! Wirksam auf die **rechte Herzseite.** Gegen Embolien, Hämorrhoiden, Venenknoten und Krampfadern.

Blutstillend bei **venösen** Verletzungen (dunkles, klebriges Blut). Bei **Herzleiden Ad 1 + Ad 2** in D 6 oder D 10 in seltenen Gaben (Ad 2 auch äußerlich als Salbe anwendbar).

Adermittel 3: Ad 3

Blutheilmittel! Gegen Rückenmarkserkrankungen, Anämie, unterstützt Leber und Milz, zur Bildung roter Blutkörperchen, bei verletzten Nerven und gegen chronische Hautausschläge.

Darmmittel 1: W 1

Wirksam auf gesamten Darmbereich, gegen Verstopfung und jede Art von Parasiten und Würmern. Wirkt außerdem auf die Darmschleimbildung und Peristaltik. Ferner bei allen ansteckenden Krankheiten anwendbar.

Darmmittel 2: W 2

Wie **W 1**, wirkt jedoch besser bei chronisch auftretenden Parasiten- und Wurmzuständen.

Kur gegen Parasiten:

Bei Vollmond beginnend, 3 Wochen lang 3 x 5 Globuli W 2 in Grundstärke und 3 x 5 Tropfen Gelbes Fluid täglich. (Mit Arzt besprechen!)

Diese Beispiele zeigen Ihnen die umfassende Wirkungsweise der JSO-Heilmittel. Eine weitere Aufzählung der Mittel erscheint mir nicht sinnvoll. Sollten Sie sich mit der wunderbaren JSO-Heilweise mehr beschäftigen wollen, empfehle ich Ihnen folgendes Buch anzuschaffen:

Die Grundgesetze der Jso-Komplex-Heilweise
Theodor Krauß
Johannes Sonntag-Verlagsbuchhandlung GmbH, Regensburg

DIE ORGANE UND IHRE MERIDIANE:

IM TAGESRHYTHMUS:

Aus der chinesischen Meridianlehre wissen wir, daß ein Energieumlauf im Tagesrhythmus erfolgt. Zu festliegenden Zeiten werden bestimmte Gefäße durch den Energieumlauf in den Organen besonders aktiviert.

Jeder dieser Meridiane, der für die Energieversorgung aller Körperschichten verantwortlich zeichnet, ist einem Hauptorgan zugeordnet. Bei Störungen innerhalb eines Meridians wird das zugehörige Organ energetisch blockiert, wodurch es eine Unterfunktion aufweist. Umgekehrt ist es möglich, daß bei Störungen in einem Organ die Meridianenergie blockiert wird. Diese anfangs energetischen Probleme manifestieren sich, wenn sie lange genug wirksam sein können, in späterer Folge als Krankheit.

Die Entstehung solcher Störungen ist im Fehlverhalten unsererseits zu suchen (falsche Ernährung, negative Emotionen, Störfelder, Giftstoffe, falsches Verhalten und Denken usw.).

Der Energiekreislauf ist in Form der sog. **Organuhr** grafisch dargestellt. Die **Optimalzeit** des jeweiligen Meridians zeigt uns, zu welcher Stunde ein Meridian und sein Organ am stärksten von der Lebensenergie durchflutet werden. In dieser Zeit der größten Aktivität und Sensibilität ist das jeweilige Organ am leichtesten und besten zu beeinflussen.

Der Endpunkt eines Meridians berührt jeweils den Anfangspunkt des Folgemeridians und ermöglicht so einen ununterbrochenen, zeitlich verschobenen Energiefluß durch den gesamten Körper. Da sämtliche Meridiane im wesentlichen senkrecht durch den Körper verlaufen, fließt die Energie im 2 x 2-Stunden-Rhythmus, einmal aufwärts (YIN) und anschließend abwärts (YANG).

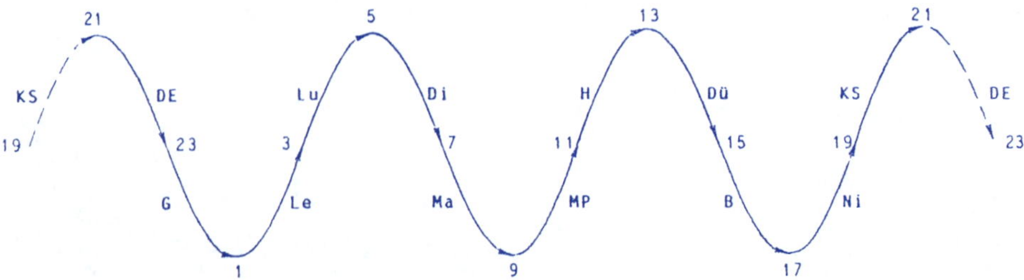

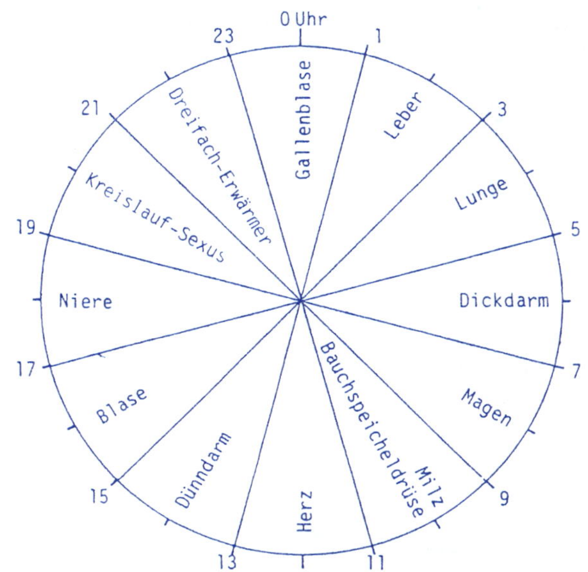

DIE ORGAN-FUNKTIONEN IM TAGES-VERLAUF

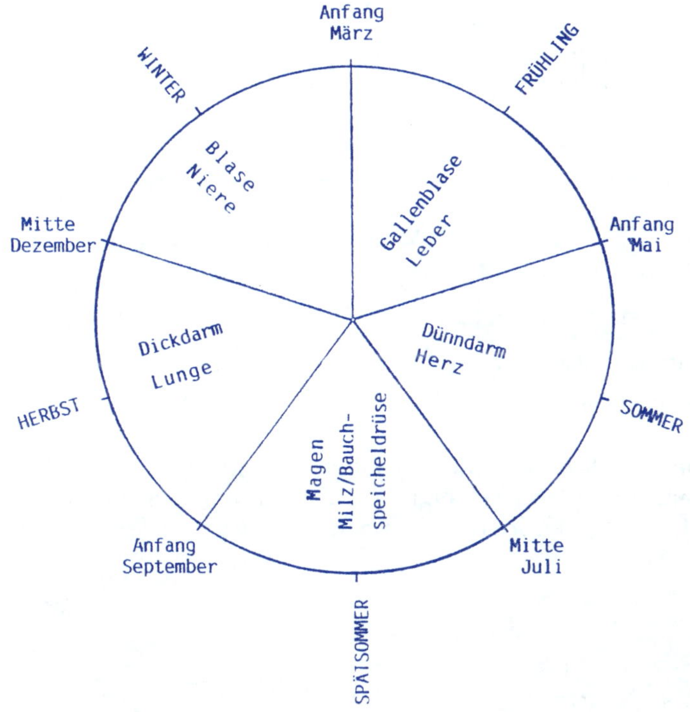

DIE ORGAN-FUNKTIONEN IM JAHRES-VERLAUF

Auch im Jahresverlauf unterliegen die Organe einem bestimmten Rhythmus, der in der grafischen Darstellung auf der vorigen Seite dargestellt ist. Berücksichtigen Sie daher, z. B. bei Entschlackungskuren, die besonderen Organaktivitäten der Ausscheidungsorgane.

PENDELTABELLE DER MERIDIANE:

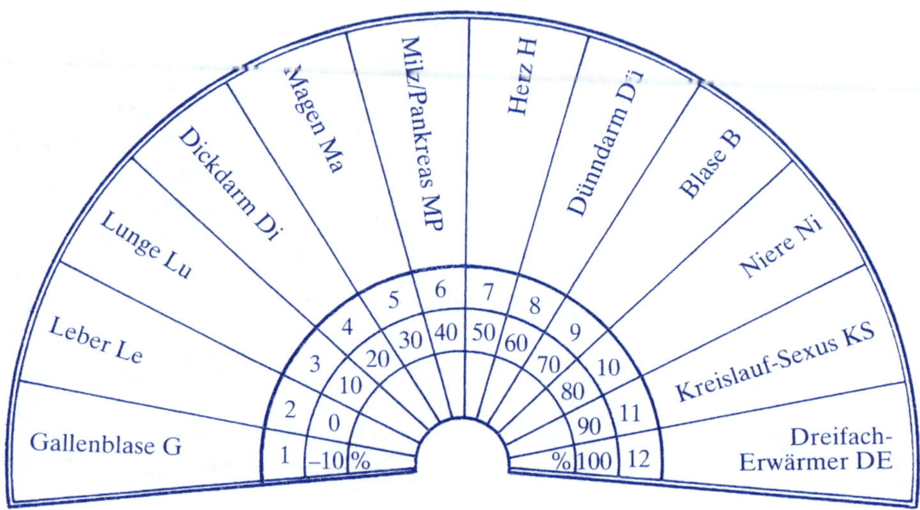

Mit dieser Tabelle können Sie Energieblockaden der Meridiane und Organe erpendeln:

1. Sind Blockierungen vorhanden?
2. Wieviele Meridiane sind betroffen?
3. Über links beginnend: Welche?
4. Zu wieviel Prozent? usw.

Durch Änderung der Denkmuster, der Ernährung und eventuell durch unterstützende Präparate (Tee, Kruletztropfen, homöopathische Mittel usw.), bzw. durch Übungen können Störungen behoben werden.

Die emotionale Zuordnung der Organe:

	Negative Emotionen:	**Positive Emotionen:**
Gallenblase:	Wut, Jähzorn, Schreien, Gift und Galle spucken, Aggression	Liebe, Versöhnung, Verehrung
Leber:	Unglück, mangelndes Vertrauen, Giftigkeit	Glück, Frohsinn, Liebe
Dünndarm:	Kummer, Traurigkeit, Leid, Existenzangst	Freude
Herz:	Zorn, Ärger, Lieblosigkeit	Liebe, Vergebung, Verzeihen
Magen:	Neid, Geiz, Enttäuschung, Bitterkeit, Gier	Zufriedenheit, Gelassenheit
Milz/Bauchspeicheldrüse:	Angst vor der Zukunft, ungenießbar, sauer, Aggression	Vertrauen, Liebe
Dickdarm:	Schuldgefühl, Weinen, Klagen, Kummer, Geiz, Verdrängung	Selbstwertgefühl, Loslassen, Verantwortung übernehmen
Lunge:	Verachtung, Hohn, Hochmut, Stolz, Intoleranz, Vorurteil	Demut, Toleranz, Bescheidenheit
Blase:	Ruhelosigkeit, Ungeduld, Angst, Depression, Festhalten an Altem, Druck ausüben	Friede, Ausgeglichenheit, von Altem loslassen
Niere:	Unschlüssigkeit (auch sexuell) eigene Probleme auf andere projizieren.	Sicherheit (auch sexuell) Selbsterkenntnis

Zusammenfassung:

Im Jahresverlauf bzw. zu bestimmten Stunden am Tag ist jeweils ein Organ besonders aktiv. In dieser Zeit wirkt die Einnahme eines unterstützenden Präparates besonders gut. Am wenigsten aktiv sind Organe im Tagesverlauf etwa 12 Stunden verschoben (vis-à-vis in der Tabelle), auch zu dieser Zeit ist eine Unterstützung besonders angebracht. In den Zwischenzeiten ist die Einnahme von Präparaten weniger wirksam!

Treten z. B. gesundheitliche Störungen täglich zur gleichen Stunde auf, ist es möglich, daß dies mit einer Organschwäche oder Energieblockade eines bestimmten Organes zusammenhängt. (Siehe Organfunktion im Tagesverlauf.)

Bei Vorhandensein negativer Emotionen (siehe vorige Seite) ist immer ein Organ bzw. ein Meridian betroffen. Anfangs meist nur als Energieblokkade, wirkt sich bei Beharrlichkeit in negativen Emotionen, dies später meist in Form von Krankheiten, aus. (Siehe auch Seite 32 und 39.)

Mit Hilfe der angeführten **positiven Emotionen** können Energieblockaden oder -schwächen aufgehoben und eine Gesundung herbeigeführt werden.

Fallbeispiel:

Eine Bekannte klagte, daß sie täglich zwischen 1 und 2 Uhr nachts aufwache. Laut Organuhr ist dies die Zeit der Leber (Lebermeridian). Durch Analyse Ihres Verhaltens und Änderung desselben, sowie die zusätzliche Einnahme von Kruletz-Tropfen (Galle-Leber, siehe Seite 104) konnte diese Störung behoben werden.

Mit folgendem Spruch können Sie Ihre Energien weitgehendst im Gleichgewicht halten:

Meine Lebensenergie ist hoch. Ich bin voll LIEBE.

Wiederholen Sie diesen Satz möglichst oft am Tag.

Weiterführende Literatur:

Ernährung – Energie – Gesundheit und
Streßabbau – Regeneration – Gesundheit
Linny Binder
Eigendruck, erhältlich: Hernalser-Hauptstraße 118, A-1170 Wien

Lehrbuch der Akupunktur
B. D. Schrecke und G. J. Wertsch
WBV Biologisch-Medizinische VerlagsgesellschaftmbH. & Co KG

VITAMINE:

Vitamine sind aus geistiger Sicht keine chemischen Stoffe, sondern Informationsträger höherer Ordnung.

Fehlen Informationen, kann dies zu Mangelkrankheiten führen. (Siehe auch Schüßlersalze, Seite 90.)

Vitamine sind chemisch nur schwer erfaßbar. Das erkennt man aus der Tatsache, daß es für ein- und dieselbe Vitaminwirkung vollkommen verschiedene Substanzen gibt. Zum Beispiel für Vitamin C, Ascorbinsäure und Methyl-Nornarkotin.

Durch die verschiedensten Lebensumstände und Verhaltensweisen kommt es beim Menschen häufig zu geringfügigen Vitamin- und Mineralstoffmängeln, die aber durch eine vollwertige Ernährungsweise leicht ausgleichbar sind. Bei herkömmlicher Ernährung mit viel Fleisch-, Zucker- und Auszugsprodukten ist auf Grund von Übersäuerung, mangelnden Inhaltsstoffen, Umweltgiften und toxischen Belastungen ein dauernder Vitaminmangel sehr häufig. Fehlen mehr als 20 % einzelner oder mehrerer Vitamine, ist dies in jedem Fall gesundheitlich bedenklich!

Um festzustellen wieviele Vitamine fehlen und in welchem Ausmaß, können Sie mit der folgenden Pendeltabelle (siehe auch Seite 181) arbeiten:

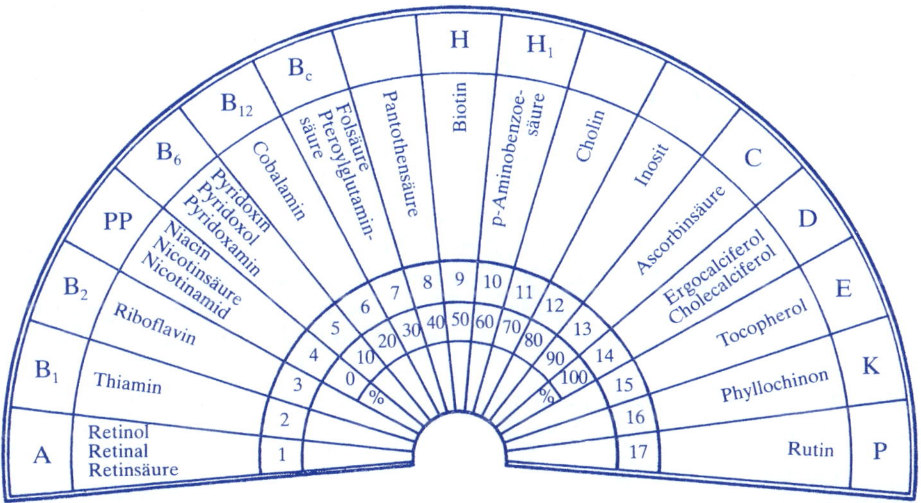

Vorgangsweise:

1. Frage: Fehlen Vitamine? Wenn ja, dann
2. Frage: Wieviele Vitamine fehlen mit mehr als 20 %?

3. Anschließend können Sie über links beginnend die einzelnen Vitamine erpendeln.
4. Frage: Soll der Vitaminmangel durch die Einnahme eines Präparates ergänzt werden?

Anschließend können Sie in der schon gewohnten Weise Nahrungsmittel, Präparate usw. auspendeln.

Kurzbeschreibung der einzelnen Vitamine:
(Funktionen und Vorkommen)

Die Reihung der Lebensmittel wurde so vorgenommen, daß jene mit dem höchsten Vitamingehalt an erster und jene mit dem geringsten an letzter Stelle stehen, wobei aber in jedem angeführten Lebensmittel das entsprechende Vitamin besonders enthalten ist.

Auf die Angabe von Produkten getöteter Tiere wurde aus ethischen und gesundheitlichen Gründen verzichtet.

Vitamin A:

Wirksamste Substanz: Beta-Carotin. Zur Immunabwehr, gegen Viren und Bakterien, zur Ausscheidung von chem. Giftstoffen und NO_2, für Gehör und Sehkraft.
Kohlgemüse, Spinat, Topinambur, Karotten, Salat, Obst und Milchprodukte.

Vitamin B_1:

Nervennahrung, für Gehirn, Herz, Leber, Milz und rote Blutkörperchen. Bei schlechtem Gedächtnis, Gereiztheit, Depression, mangelndem Schwung, Schlaflosigkeit, schlechter Konzentrationsfähigkeit, Angstzuständen, Neurosen, Geisteskrankheiten und gegen Insektenstiche.
Hefe (Flocken, Extrakt), Weizenkeime, Sonnenblumenkerne, Nüsse und Vollkorn.

Vitamin B_2:

Für Aufbau der Gewebe, für die Zellatmung, Blutbildung, für sauerstofftransportierende Enzyme und Entgiftung, wichtig in der Schwangerschaft.
Kokos, Hefe, Milchprodukte, Nüsse und grüne Gemüse.

Niacin: (PP-Faktor)

Gegen Schreckhaftigkeit, Depression, Gelenksbeschwerden (Pellagra), Halluzinationen, Delirium, Hautausschläge, Schlaflosigkeit, Gereiztheit, Kopfschmerzen, Arthritis, Altersschwäche, Konzentrationsschwäche, Übermüdung, für Haut, Zunge, Darm, Nervensystem, verringert Cholesterin und Triglyzeride, hilft radioaktive Stoffe auszuscheiden.
Sonnenblumenkerne, ungeschälter Reis, Vollkornprodukte (außer Mais und Hirse!).

Vitamin B_6:

Für alle biochemischen Vorgänge (Kohlehydrat- und Eiweißverarbeitung). B_6-Mangel tritt oft bei Anwendung der Antibabypille auf und kann tiefe Depressionen auslösen. In der Schwangerschaft gegen Ödeme (Flüssigkeit im Gewebe), Übelkeit und Erbrechen. Gegen Nervenleiden (Neuropathie), Krämpfe, Schwellungen und Einschlafen von Händen und Füßen. Gegen Sepsis (Blutvergiftung), Beschwerden vor der Periode, Spannungen, Gereiztheit, Akne und Gewichtszunahme. Bei Unfruchtbarkeit, Gallen- und Nierensteinen und gegen Bindehautentzündung
Sonnenblumenkerne, Vollkorn, Nüsse, Banane, Avocado.

Vitamin B_{12}:

Für das Nervensystem, den Zellaufbau und das Zellwachstum und zur Bildung roter Blutkörperchen.
Gegen Anämie, Müdigkeit, Schwäche, unsicheren Gang, Benommenheit, Prickeln in den Beinen, Atembeschwerden, Gewichtsverlust, Gedächtnisschwund, Senilität, Psychosen, Unfruchtbarkeit, Rötung der Zunge, Unterleibsbeschwerden und Brustschmerzen. Erhöhter Bedarf bei Einnahme der Antibabypille.
Grünalge (Spirulina, 2,5 g decken bereits den Tagesbedarf eines Erwachsenen!), Hefe, Meeresalgen (Wakame, Kombu, Nori usw.) Sauerkraut und milchsaure Lebensmittel, Milchprodukte.

Folsäure: (Vitamin **Bc**)

Für zentrales Nervensystem. Störungen in Körper und Gehirn. Gegen Muskelkrämpfe und -schwäche in den Beinen, Ermüdung, Vergeßlichkeit, Konzentrationsschwäche, Schlaflosigkeit, Schwindelgefühl, Depression, Kopfschmerzen, Verstopfungen und Durchfall. Erhöhter Bedarf in der Schwangerschaft, beim Stillen und bei Einnahme der Pille und bei Sulfonamiden, Antimalariamitteln oder krampflösenden Mitteln. Außerdem bei Alkoholgenuß.
Eier, Petersilie, grüne Gemüse.

Pantothensäure:

Antistreßmittel! Gegen Kolitis, Allergie. Wichtig für die Nebennieren. Gegen Aufnahme und zur Ausscheidung radioaktiver Stoffe. Gegen Zähneknirschen (Bruxomanie).
Hefe, Vollkorn, Nüsse und Milchprodukte.

Biotin: (Vitamin **H**)

Für gesunde Haut und Haare, zum Abbau der Milchsäure. Der Bedarf wird hauptsächlich durch Darmbakterien gedeckt, Sulfonamide und Antibiotika töten diese ab, daher tritt bei Einnahme dieser Medikamente zwangsläufig Mangel auf! Gegen Verbrennungen.
Hefe, Obst und Gemüse, Getreide und Nüsse

Cholin:

Für Gehirn und Nerven. Gegen Leberverfettung und Epilepsie. Durch Anregung des Parasympathikus vorbeugend gegen Gicht.
Eier, Hefe, Gemüse und Getreide.

Inosit: (myo-Inosit)

Für Zellwände und Herzmuskel, besonders wichtig für Säuglinge. Für Lunge, Blut. Gegen Fettleber, zu viel Cholesterin, und multiple Sklerose. Für Diabetiker.
Hefe, Hafer, Gerste, Vollkorn, Früchte und Gemüse.

Vitamin C:

Gegen Erkältung, Asthma und Allergie, Depression, Parodontose und Entzündungen. Zur Wundheilung, gegen Blutgerinnsel, Melanome, Krebs, weiters gegen Umweltgifte, Schwermetalle, Insektizide, Ozon, Nitrat und Nitrit. Senkt Cholesterinspiegel. Besonders häufig tritt Vitamin-C-Mangel bei Rauchern auf.
Hagebutte, Hibiscusblüte, Sanddorn, Roter Paprika (frisch), grüner Paprika, schwarze Johannisbeere, Kohl, Zitrusfrüchte, Holunder, Äpfel.

Vitamin D:

Verhindert Rachitis, Knochenschwund und Knochenerweichung. Regelt den Calcium- und Phosphathaushalt.
Wird durch Sonnenbestrahlung in der Haut gebildet, daher ist eine Zufuhr durch Präparate nur selten notwendig. Bei gestillten Säuglingen tritt praktisch kein Vitamin-D-Mangel auf (immer vom Arzt untersuchen lassen!).
Eier, Käse, Butter und Milch. Auf den sehr hohen Vitamin-D-Gehalt im Lebertran sollte nur im äußersten Notfall zurückgegriffen werden, da die Tiere vom Aussterben bedroht sind.

Vitamin E:

Vitamin der Verjüngung. Zur Wundheilung. Gegen Gürtelrose, Bläschenausschlag, Brustdrüsenentzündung, Thrombosen, Arterienverengung- und verschlackung, Herzschmerzen. Senkt Cholesterinspiegel. Gegen Umweltgifte (Ozon)!
Weizenkeimöl, kaltgepreßte Öle, Sonnenblumenkerne, Mandeln, Nüsse und Vollkorn.

Vitamin K:

Gegen Blutungen und Thrombosen. Für die Gesundheit der Knochen. Vitamin-K-Mangel tritt selten und fast nur bei fettfreier Ernährung auf.
Kohl, Salat, Spinat, Hagebutte, Karotten und Milchprodukte.

Vitamin P und **F:**

Sind vitaminähnliche Stoffe (Vitaminoide) und werden heute Bioflavonoide bzw. **essentielle Fettsäuren** genannt.

Weiterführende Literatur:

Das Buch der Vitamine
Winfried Günther
Verlag: Bruno Martin

Gesund durch Vitamine
Sharon Faelten
Verlag: Orac Pietsch

ZAHNSTATUS:

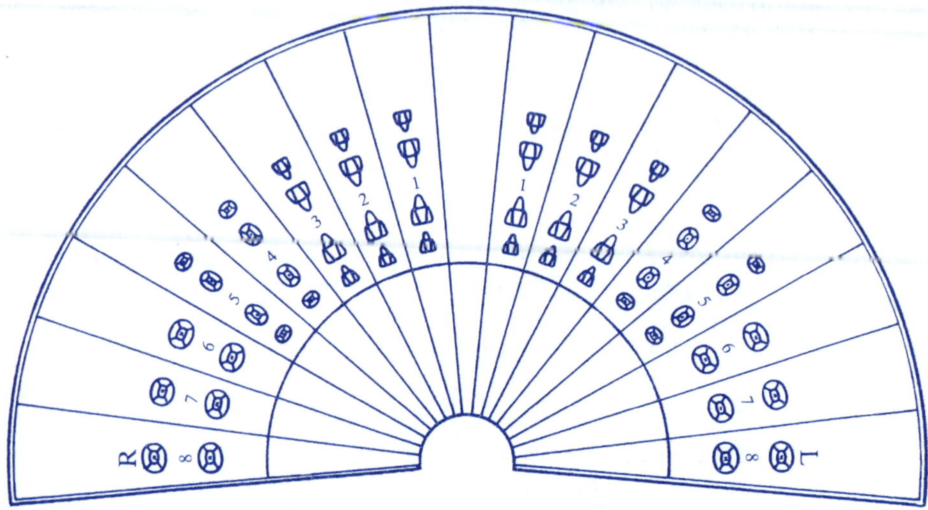

Mit dieser Tabelle können Sie Zahnschäden und Herde erpendeln. Sollten Sie einen Zahnschaden als Pendelergebnis erhalten, sollten Sie einen Zahnarzt aufsuchen, der Ihr Ergebnis kontrollieren und einen allfälligen Schaden beheben kann.

Ähnlich können Sie bei Herden vorgehen. Bei einem solchen Ergebnis wird meist ein Röntgenbild erforderlich sein.

Nicht immer muß aber ein Zahn tatsächlich defekt sein oder einen Herd aufweisen. Selbst dann nicht, wenn bei einem Zahn Schmerzen auftreten. Es besteht die Möglichkeit, daß auf Grund einer Organschwäche oder Energieblockade des entsprechenden Meridians ein Zahnschmerz ausgelöst wird.

Fallbeispiele:

1. Eine gute Bekannte hatte starke Schmerzen am oberen rechten Schneidezahn. Weder die Untersuchung Ihres Zahnarztes, noch eine Röntgenaufnahme brachte ein Ergebnis.

   In diesem Fall war eine Blockade im Gouverneurs-Gefäß (Meridian) die Ursache der Schmerzen im Zahn.

   Abhilfe brachte das Tragen eines Malachits (grüner Halbedelstein), der die Energie wieder zum Fließen brachte.

2. Ich hatte plötzlich Schmerzen im Bereich der Zähne 4 und 5, rechts oben.

   Die Pendelergebnisse lauteten:

   Magenreizung, wobei zwei Faktoren maßgeblich beteiligt waren:

   1. ein Ereignis „lag mir im Magen“,
   2. ein Ernährungsfehler.

   Die Behebung der Zahnschmerzen erfolgte durch die Bewußtmachung und persönliche Lösung des Problems und die Einnahme von Magen-Darm-Tropfen nach Dr. Kruletz.

Die Meridiane im Zahnbereich:

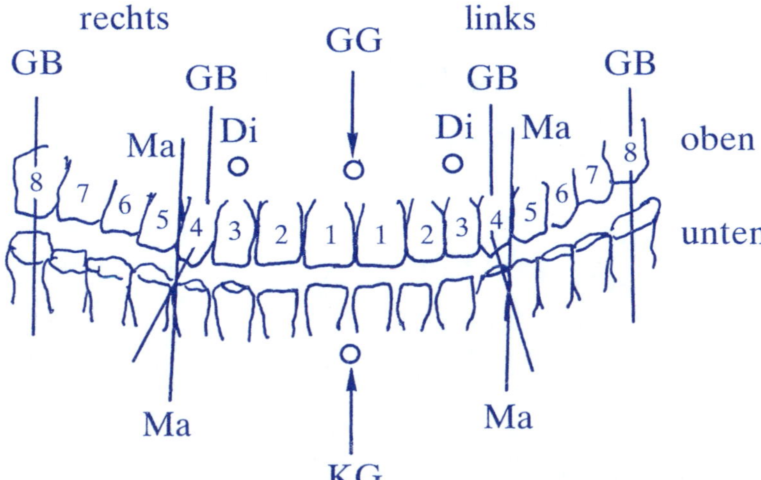

GG ... Gouverneur-Gefäß KG ... Konzeptions-Gefäß

Beide Meridiane kommen nicht in der Organuhr zur Wirkung, haben aber eine wichtige Funktion im Gleichgewicht zwischen den Energien YIN (KG) und YANG (GG).

Vorgangsweise beim Pendeln:

1. Ist ein Zahnschaden (Herd) vorhanden? Wenn ja, dann
2. Bei welchem Zahn oben (anschließend unten)?
3. Ist ein Meridian oder Organ für die Beschwerden verantwortlich?

Weitere Vorgangsweise siehe Kapitel Spiegelgesetz, Seite 34.

Weiterführende Literatur, siehe Kapitel Meridiane, Seite 118.

7. KAPITEL

ERNÄHRUNG

ERNÄHRUNG:

Die folgenden Ausführungen sollen als Anregung dienen, die Nahrung aus höherer Sicht und nicht von Inhaltsstoffen allein her zu beurteilen. Natürlich kann sich niemand mit einer noch so ausgewogenen Diät „ins Himmelreich hineinessen“ oder eine Garantie für seine Gesundheit bekommen, solange die geistigen Gesetze nicht berücksichtigt werden. Trotz allem ist die Ernährung ein wesentlicher Teil in unserem Leben, um die Gesundheit zu erhalten und höhere Erkenntnisse zu erlangen!

Meinen größten Entwicklungssprung in diesem Leben habe ich nach einer konsequenten Ernährungsumstellung gemacht. Nicht nur, daß viele körperliche Beschwerden nach kurzer Zeit einfach verschwanden, änderte sich meine Sicht der Dinge so einschneidend, daß diese Änderung in alle Bereiche meines Lebens hineinreichte.

Mein Fühlen, Denken, Empfinden verfeinerten sich.

Ein wichtiger Faktor zur Erhaltung unserer Gesundheit und zur Erlangung höherer Erkenntnisse (Öffnung des geistigen Tores) und Sensibilisierung aller Sinne ist also die richtige Ernährung. (Die Pendelergebnisse werden nach einer gewissen Zeit der Ernährungsumstellung ebenfalls besser.) Auch hier ist das Gesetz der Affinität wirksam; je feinstofflicher die Lebensmittel, desto höher wird unsere Schwingung.

Daher ist auch die Unterscheidung zwischen Lebens- und Nahrungsmittel angebracht.

Nahrungsmittel ist alles, was uns als Nahrung dient. Aber nur Lebensmittel erhalten unsere Gesundheit und geistig-spirituelle Aktivität.

Lebendiges erzeugt Leben,

Totes erzeugt Tod und Fäulnis.

Die niedrige, animalische Schwingung getöteter Tiere z. B. zieht uns in die Welt des Materiellen.

Gleiches gilt entsprechend auch für Auszugsprodukte, chemisch hergestellte Nahrung, insbesondere für aus Erdöl gewonnene und berauschende Produkte.

Teile und (be)herrsche, lautet eine luziferische Regel:

Durch Teilen verliert man die Gesamtheit.

Dies gilt auch für die Nahrungsmittel und Medikamente. Wollen wir ganz bleiben oder wieder werden, müssen wir das Ganze, Lebendige der Nahrung zu uns nehmen!

Beim Fleischessen ist außerdem noch zu beachten, daß wir sowohl die Todesangst der Tiere mitessen, als auch deren Karma mittragen müssen. Mit jedem Stück Fleisch, das wir kaufen, beteiligen wir uns am Leid der Tiere, machen uns schuldig. Allein in den USA werden **täglich 14 Millionen** Tiere für Nahrungsmittel getötet. Das sind 5 Milliarden jährlich (Fische nicht mitgezählt!). Dann gibt es noch die schrecklichen und sinnlosen Tierversuche. Wir dürfen uns wirklich nicht wundern, daß, nach dem Gesetz des Karmas, dieses verursachte Leid auf die Menschheit zurückfällt (siehe auch Kapitel „Tierseelen“, Seite 61).

Das Wort „Versuch“ beinhaltet zur Hälfte Scheitern und nur zur Hälfte Gelingen (ich probier es einmal, es ist ja egal usw. ...). Anstatt „das Beste zu geben“, versucht man etwas, womit wieder einmal die eigene Verantwortung auf den Versuch abgeschoben werden kann. Je mehr etwas „versucht“ wird, desto schwächer wird die dafür eingesetzte Energie (siehe Muskeltest, Seite 135). Gibt man sein Bestes, setzt man alle zur Verfügung stehenden Kräfte ein.

Sie sollten daher immer stets Ihr Bestes geben!

Was sollen wir nun essen?

Vorausschickend muß noch folgendes erwähnt werden:

Es kann keine für jeden Menschen gleich richtige Ernährungsvorschrift geben. Allein vom Altersunterschied her ergeben sich verschiedene Richtlinien, ebenso können bestimmte Stoffwechselkrankheiten zu einer besonderen Diät zwingen. Letztendlich begünstigen gewisse Nahrungsmittel eine spirituelle Entwicklung, während andere sie hemmen. Honig z. B. lockert das Gefüge zwischen Seelenleib und physischem Körper und ist daher für kleine Kinder meist sehr ungünstig, wenn nicht sogar gefährlich (Rachitisgefahr!), für ältere Menschen kann Honig ein wahres Lebenselexier und Medizin sein. (Aber nicht zuviel davon – Zahnschäden!)

Übersicht:

Getreide:

Es zählt zu den Grundnahrungsmitteln fast aller Völker. Jede Mahlzeit sollte aus ca. 50 % Vollgetreide (ganz oder möglichst frisch gemahlen) bestehen. Getreide weist ein ausgewogenes Kohlehydrat–Eiweißverhältnis auf und beinhaltet alle wichtigen Mineralstoffe und Vitamine, vor allem den Vitamin-B-Komplex.

Die 4 wichtigsten Getreidesorten für den Mitteleuropäer sind: Weizen (Dinkel, Grünkern), Roggen, Gerste und Hafer. Außerdem noch Reis, Hirse, Mais und Buchweizen (botanisch kein Getreide).

Gemüse:

Diese können in 4 Klassen eingeteilt werden, wobei die erste die empfehlenswerteste ist und die vierte eher selten Verwendung finden sollte. (Aufstellung der Gemüsesorten siehe Seite 131).

Obst:

Am ausgewogensten ist das Kernobst (Apfel, Birne, Mispel, Quitte, Weißdorn, Eberesche), dann die Beeren (Erdbeere, Himbeere, Brombeere, Heidelbeere), dann die Hagebutte als wertvoller Vitamin-C-Spender und zuletzt das Steinobst (Kirsche, Marille, Pfirsich, Zwetschke).

Nüsse und Samen:

Sie sind wertvolle Vitamin- und Mineralstoffspender. (Sonnenblumenkerne sind besonders wertvoll.)

Milchprodukte:

Verwenden Sie diese mäßig und möglichst rechtsdrehend gesäuert: Kefir, Sanoghurt, Acidophilus. Außerdem noch Schlagobers und Sauerrahm.

Fette:

Sehr wichtig sind kaltgepreßte Öle wegen der hochungesättigten Fettsäuren. Außerdem können noch Butter und nichtgehärtetes Kokosfett verwendet werden.

Achtung: Herkömmlich erzeugte Fette und Öle werden durch Extraktion (Lösung mit Benzinen!) unter hoher Temperatureinwirkung hergestellt, die Schwingungsqualität ist durch dieses Herstellungsverfahren äußerst schlecht.

Besonders bedenklich sind Kunstfette, da sie absolut nichts Lebendiges mehr an sich haben.

Süßungsmittel:

Dazu zählen Honig, getrockneter Zuckerrohrsaft (Sucanat, Rapadura, Ursüße – diese wirken auf das rhythmische System), Rübennaturzucker wirkt auf das Nerven-Sinnensystem. Weiters sind Ahornsirup und besonders Trockenfrüchte empfehlenswert.

Allgemeine Hinweise:

Achten Sie darauf, daß möglichst alle Lebensmittel aus **biologischem Anbau** stammen. Wir sind mitverantwortlich für die Zerstörung und Vergiftung unserer Umwelt, wenn wir gespritzte und mit Kunstdünger behandelte Nahrungsmittel kaufen, die außerdem gesundheitlich bedenklich sind.

Achtung: Kohlehydrate (Getreide) sollten nie mit Eiweiß (z. B. Milchprodukte) gemeinsam gekocht werden! Dies führt zu schwer verdaulichen Eiweißverbindungen. Die Folgen davon sind Blähungen und fallweise Darmentzündungen. Kochen Sie besonders für Babys und kleine Kinder Getreide immer mit Wasser. Anschließend kann die Speise mit etwas flüssigem Schlagobers abgerundet werden. (Nicht mehr erhitzen!)

Weiterführende Literatur:

Vernünftige Ernährung
Helmut Voitl – Elisabeth Guggenberger
Verlag: Orac Pietsch

Ernährungslehre
Rudolf Hauschka
Verlag: Vittorio Klostermann, Frankfurt am Main

Bio-Kost für mein Kind
Helma Danner
Verlag: Econ Ratgeber

LEBENDIGES GEMÜSE:

1. Klasse:

Sehr empfehlenswert!

Endivie
Vogerlsalat (Rapunzel)
Gartenkresse
Gartenmelde
Grünkohl
Karotte
Kohl
Weißkraut
Zwiebel } nicht gemeinsam verwenden,
Knoblauch } nicht zum Meditieren
Kohlrübe
Kürbis
Zucchini

Mangold
Speiserübe
Pastinak (Wurzel)
Portulak (Blattgemüse)
Rettich
Grünspargel
Kohlrübe
Broccoli
Karfiol
Kopfsalat
Schwarzwurzel
Zeller

2. Klasse:

Empfehlenswert!

Chicorée
Chinakohl
Lauch
Topinambur
Kohlsprossen

Fenchelgemüse
Rote Rübe
Wassermelone
Zuckermelone

3. Klasse:

Wenig empfehlenswert!

Spinat
Artischocke
Blaukraut
Gelber Spargel
Gurken
Erbsen
Sojabohnen

4. Klasse:

Nicht empfehlenswert!

Kartoffel
Tomaten
Melanzane
Paprika
Rhabarber
Bohnen
Linsen

Gefährliche Genußmittel:

TABAK:

Das Rauchen führt zur geistigen Isolation und ermöglicht dem Raucher, sich von der Umwelt abzuschließen. Durch den isolierenden Rauchmantel verliert der Raucher das Einfühlungsvermögen für seine Umwelt. Weiters erfolgt eine Abstumpfung des gesamten vegetativen Nervensystems.

ALLE **EMPFINDUNGEN** werden **REDUZIERT!**

Das Rauchen greift zunächst das rhythmische System an (Atem- und Herzrhythmus).

Das Blut braucht mehr Sauerstoff, als die Atmung hergeben kann – es kommt zu einer Art Atemnot, die unbewußte Angstzustände erzeugt. Diese sind besonders gefährlich, da sie durch die Vorstellung nicht korrigiert werden können!

Der Raucher zerstört seine Gesundheit und verletzt die geistigen Gesetze!

Das Rauchen **VERHINDERT** die **geistige Entwicklung!**

ALKOHOL:

Durch den Alkoholgenuß steht der Mensch unter dem Zwang eines Äußeren, er verschafft sich sozusagen ein materielles Ich und wird bei gewohnheitsmäßigem Trinken Sklave des Alkohols.

Physiologische Schäden, geistige Verwirrung, Entfesselung von Leidenschaften und Störungen der Blutprozesse sind die Folgen. Durch die ungeordnete Tätigkeit des Blutes und den Säuregehalt des Alkohols erfolgt eine Ablagerung von Harnsäure im Kopf (Katzenjammer), in den Gelenken und Muskeln (Rheuma, Arthrosen usw.).

Jeglicher Alkoholgenuß führt zu einem RÜCKSCHRITT, besonders bei geistig Strebenden.

DROGEN:

Die Folgen, besonders von harten Drogen, sind allgemein bekannt und werden daher hier nicht weiter behandelt.

Weiterführende Literatur:

Genuß aus dem Gift?
W. Chr. Simonis
Verlag Freies Geistesleben

PENDELHINWEISE:

Die Erpendelung von Nahrungsmitteln erfolgt am besten mit der

JA-NEIN-Frage.

Fragenkatalog:

❋ Ist dieses Nahrungsmittel gut für mich?

❋ Enthält es irgendwelche Giftstoffe?

❋ Ist es in Ordnung?

❋ Ist es frei von Giftstoffen oder anderen Belastungen?

❋ Ist dieses Nahrungsmittel gut für mein Kind?

❋ Ist es auf biologisch einwandfreiem Boden gewachsen?

❋ Soll ich jetzt fasten?

❋ Schadet mir diese Nahrung?

❋ Ist dieses Nahrungsmittel ein Lebensmittel?

❋ Ist dieses Lebensmittel gut für meine geistige Entwicklung?

❋ Ist es gut für meine Gesundheit? usw.

8. KAPITEL

ALTERNATIVEN ZUR PENDELTECHNIK

ALTERNATIVE METHODEN ZUR PENDELTECHNIK:

Wünschelrute:

Ähnlich wie mit dem Pendel kann man auch mit der Rute „**Ja-Nein**-Fragen" stellen. Prozenttabellen sind mit der Rute ebenfalls abfragbar; allerdings sind die in diesem Buch gezeichneten Pendeltabellen für die Rute weniger geeignet.

Die Tabellen sollten dann besser linear ausgeführt sein.

Beispiel: **% 10 20 30 40 50 60 70 80 90 100 %**

Münze:

Anstelle eines Pendels kann auch ein einfaches **Münzorakel** geworfen werden, wobei einer Seite der Münze das **Ja** und der anderen Seite das **Nein** zugeordnet wird. Für die Verwendung von Pendeltabellen ist diese Methode aber nur wenig geeignet, ebenso wie die folgende.

Würfel:

Bei dieser Methode ordnet man den geraden Zahlen das **Ja** und den ungeraden das **Nein** zu.

Thymustest (Muskeltest):

Mit einem einfachen Test, der für jeden leicht erlernbar ist, können sowohl **Ja-Nein**-Fragen beantwortet werden als auch Zuträglichkeiten ausgetestet werden.

Die Thymusdrüse überwacht und reguliert ständig unsere **Lebensenergie** und den **Energiestrom** in den Meridianen. Außerdem produziert und programmiert sie die Lymphozyten, sie steuert die Immunabwehr und ist damit auch für die Resistenz gegen Krebs zuständig. Sie stellt ein wichtiges Bindeglied zwischen Geist und Körper dar.

Damit wird die Testmethode leicht erklärbar:

Durch äußere oder innere negative Faktoren wird der Thymus geschwächt, dadurch wird der Energiestrom zu den Meridianen unterbrochen oder zumindest geschwächt, wodurch sämtliche Muskeln im Körper ebenfalls geschwächt werden. Bei intaktem Energiestrom testen die Muskeln stark.

Beispiel: Nimmt man einen chemisch behandelten Apfel in die Hand, reagiert jeder Muskel sofort mit einer Schwächung. Umgekehrt bleiben Sie bei einem biologischen Apfel stark. Dieser Kraftunterschied kann natürlich auch über Meßgeräte nachgewiesen werden.

Ausführung:

Nachteil dieser Methode ist, daß Sie, wenn kein Meßgerät zur Verfügung steht, eine Testperson benötigen.

Die Testperson steht Ihnen gegenüber und streckt z. B. den linken Arm waagrecht aus. Sie legen Ihre linke Hand auf die rechte Schulter (zur Stabilisierung) der Testperson und die rechte Hand auf den ausgestreckten Arm oberhalb des Handgelenks.

Sie informieren jetzt die Testperson, daß Sie anschließend den Arm hinunterdrücken werden, wobei so fest wie möglich dagegen gedrückt werden soll. Jetzt drücken Sie fest, aber **nicht ruckartig,** den Arm hinunter, gerade so fest, daß Sie das Sperren des Armes fühlen. Der Arm sollte in einem Bewegungsradius von etwa 5 cm einrasten, der Druck wird etwa 3 sec. gehalten.

Testen Sie zuerst 2- bis 3mal ohne Testobjekt, anschließend nimmt die Testperson das Testobjekt (z. B. Zucker) in die andere, herunterhängende Hand. Nun wird neuerlich getestet. Auf Grund der Veränderung der Kraft der Testperson kann eine Zuträglichkeit oder Ablehnung ausgetestet werden.

Auch diese Methode bedarf der Übung!

Weiterführende Literatur:

Der Körper lügt nicht und
Die heilende Kraft der Emotionen
Dr. John Diamond

Befreite Bahnen und
EDU-KINESTETIK für Kinder
Dr. Paul Dennison
Alle 4 Bücher: Verlag für angewandte Kinesiologie

9. KAPITEL

TABELLEN, DIAGRAMME,
ZUSAMMENFASSUNG DER GEBETE

Pendeldiagramme für eigene Erfordernisse

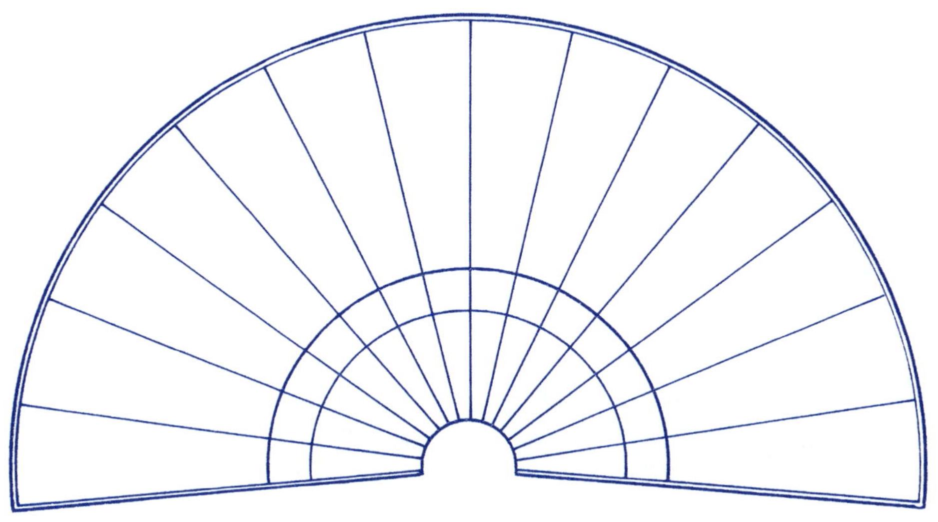

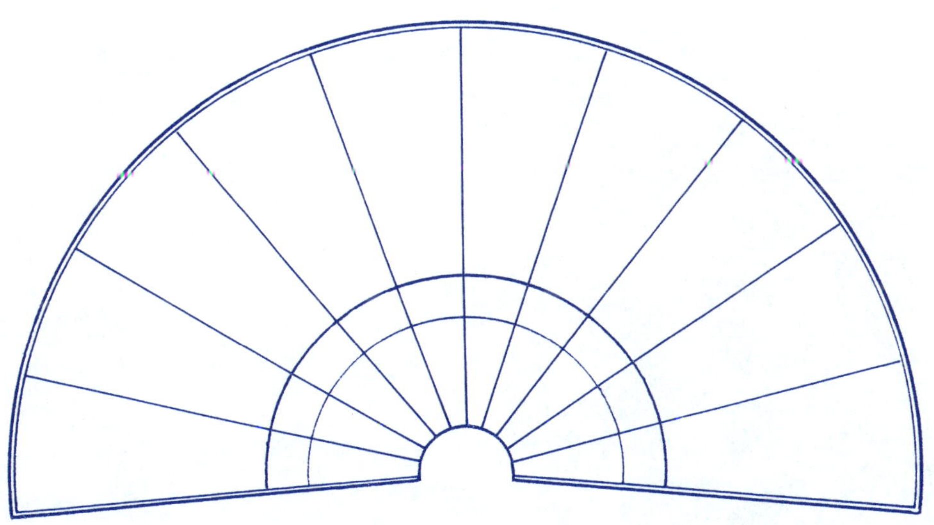

1. Pendeltabelle für %

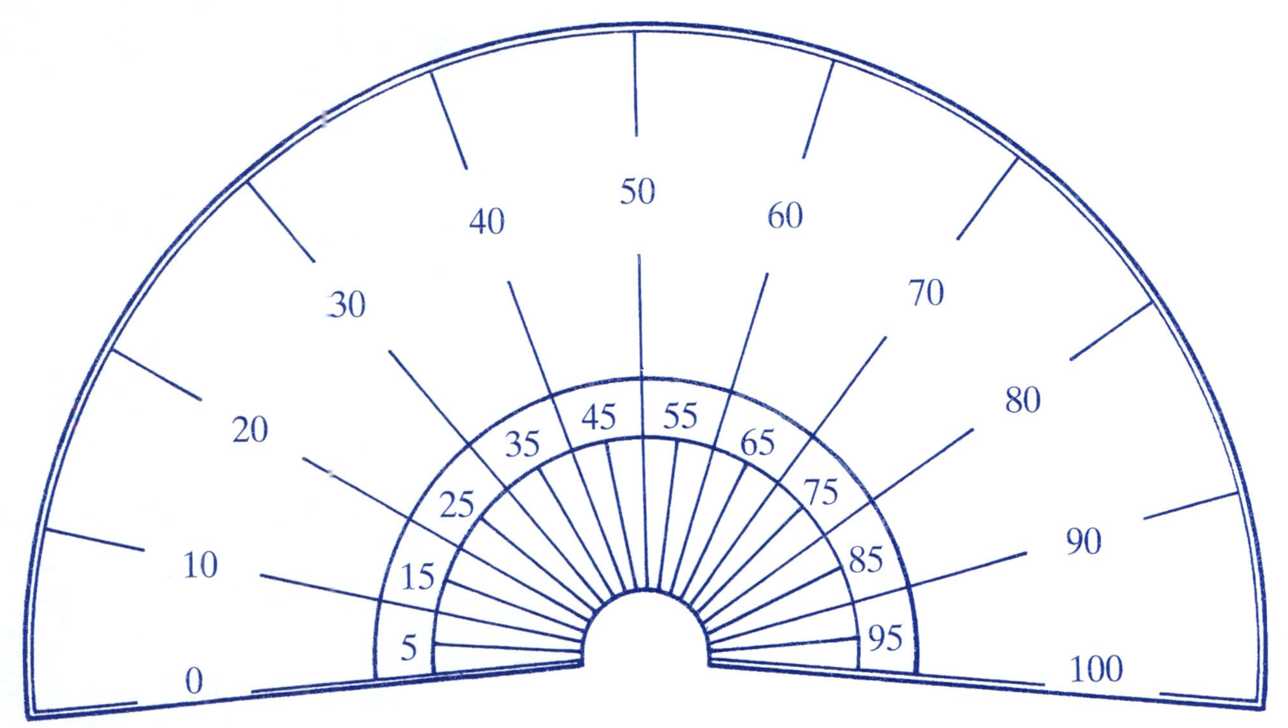

2. Pendeltabelle für %

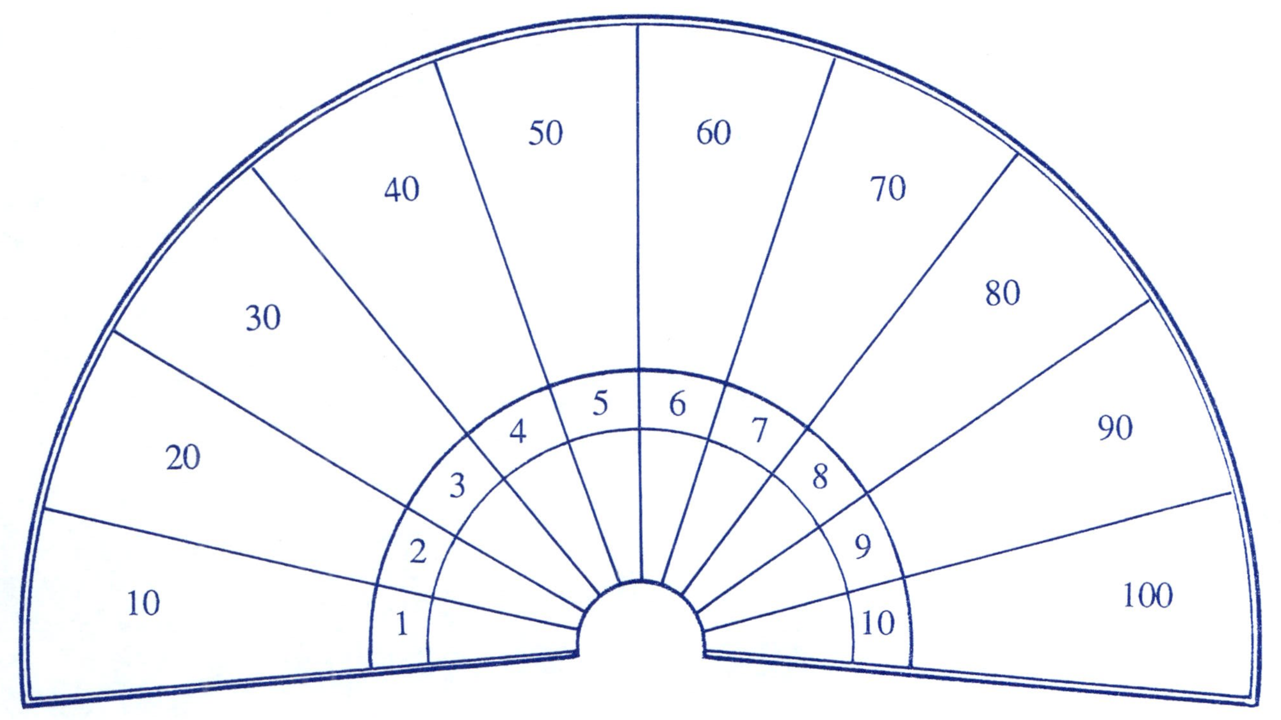

Pendeltabelle für die geistige Entwicklung

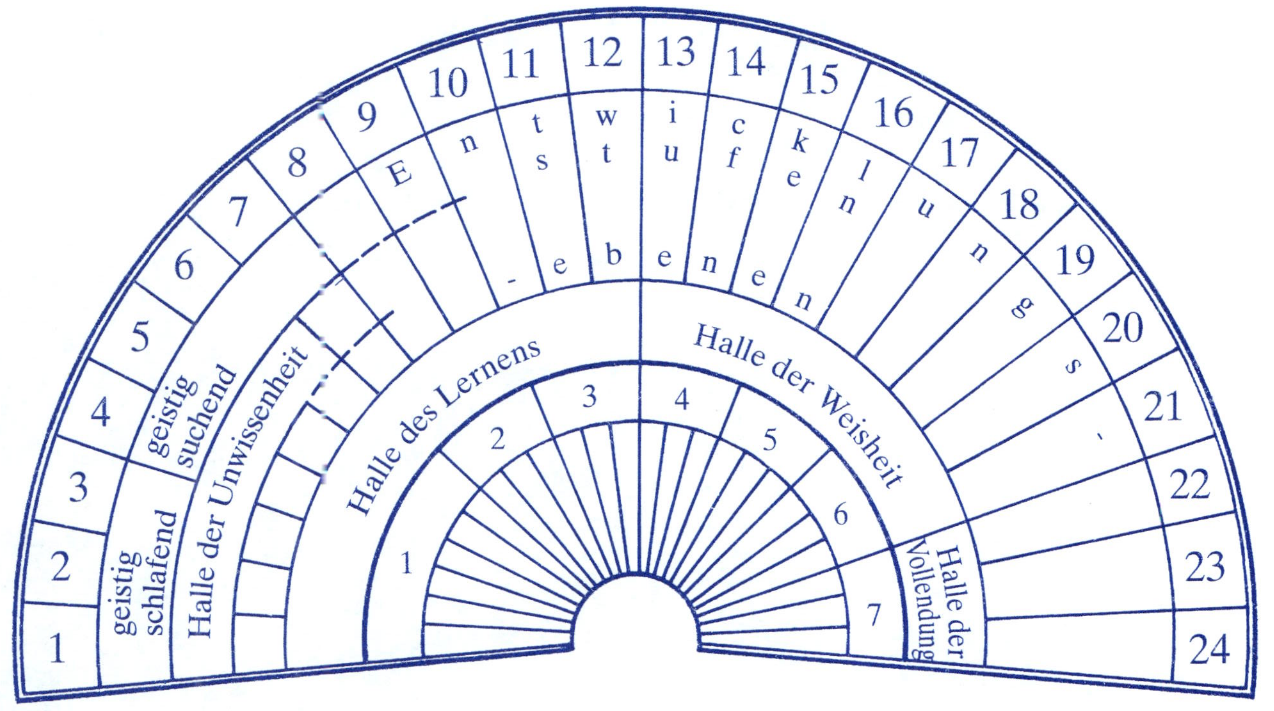

Seelenspiegel

Datum: ....

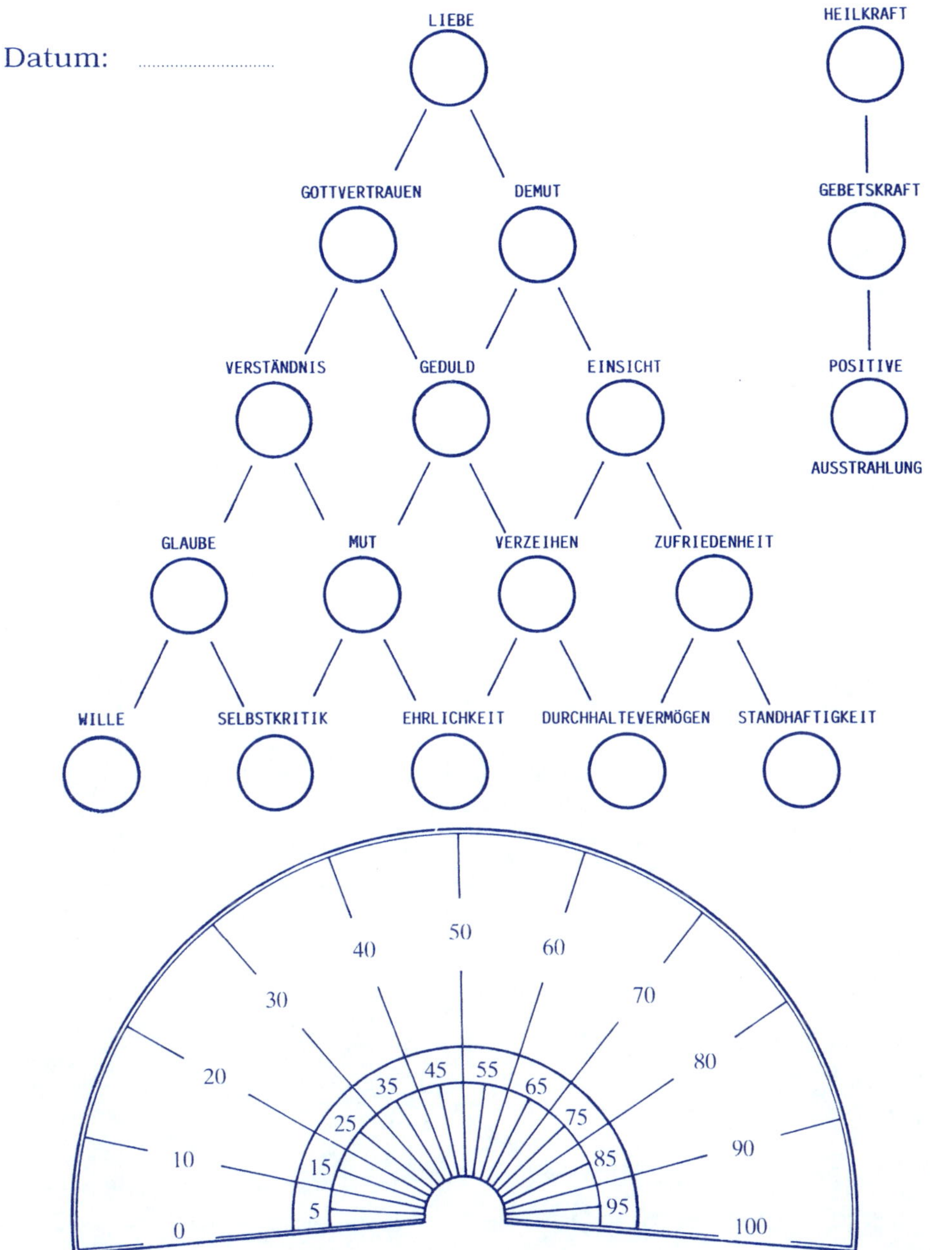

Bachblüten

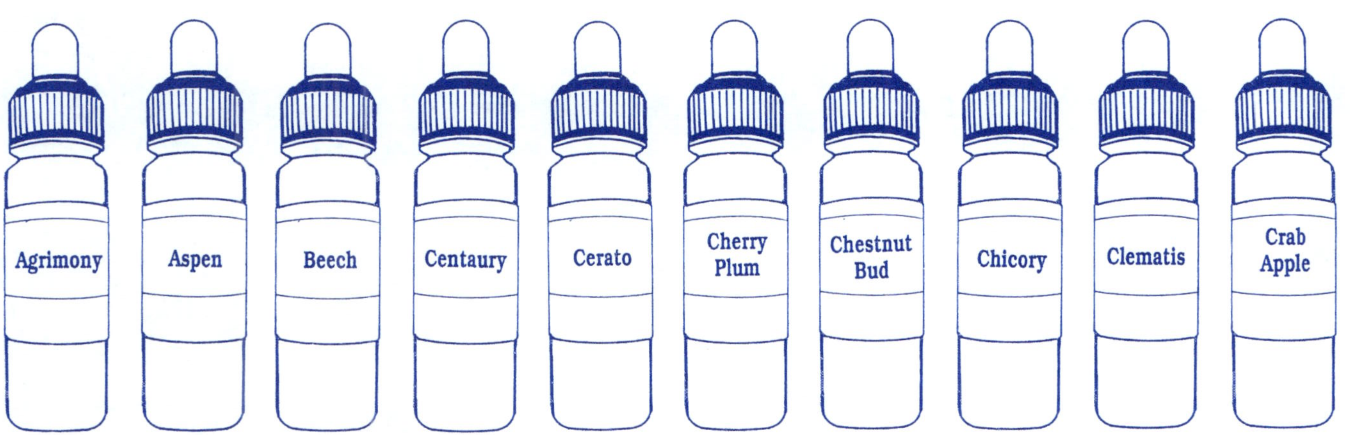
Agrimony
Aspen
Beech
Centaury
Cerato
Cherry Plum
Chestnut Bud
Chicory
Clematis
Crab Apple

Bachblüten

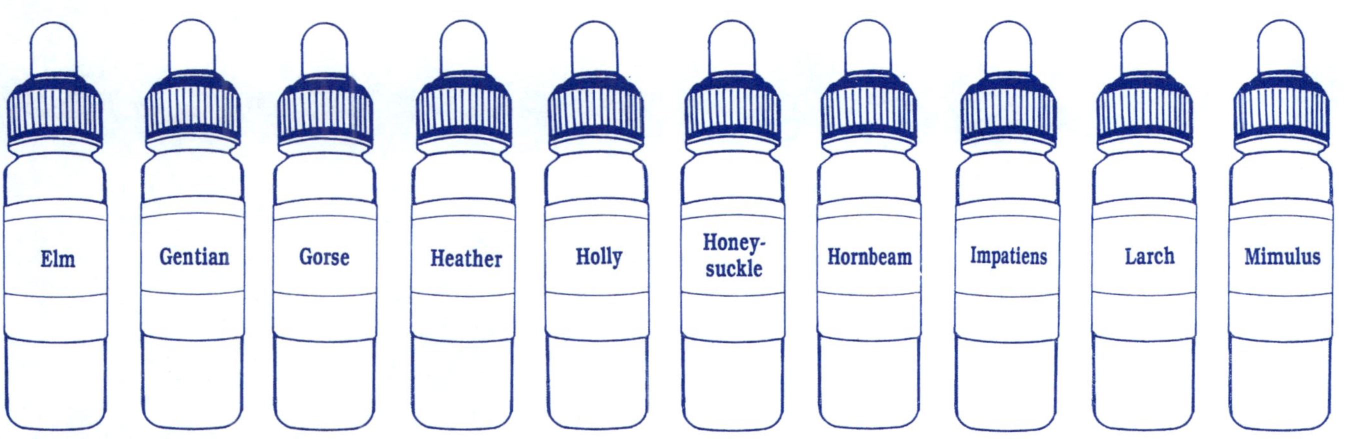
Elm
Gentian
Gorse
Heather
Holly
Honey-
suckle
Hornbeam
Impatiens
Larch
Mimulus

Bachblüten

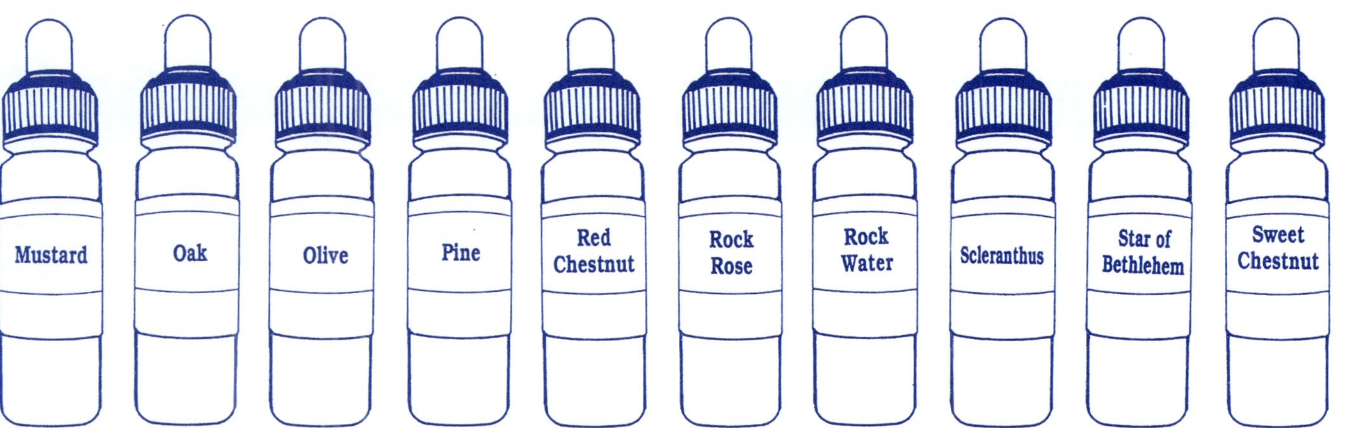
Mustard
Oak
Olive
Pine
Red Chestnut
Rock Rose
Rock Water
Scleranthus
Star of Bethlehem
Sweet Chestnut

Bachblüten

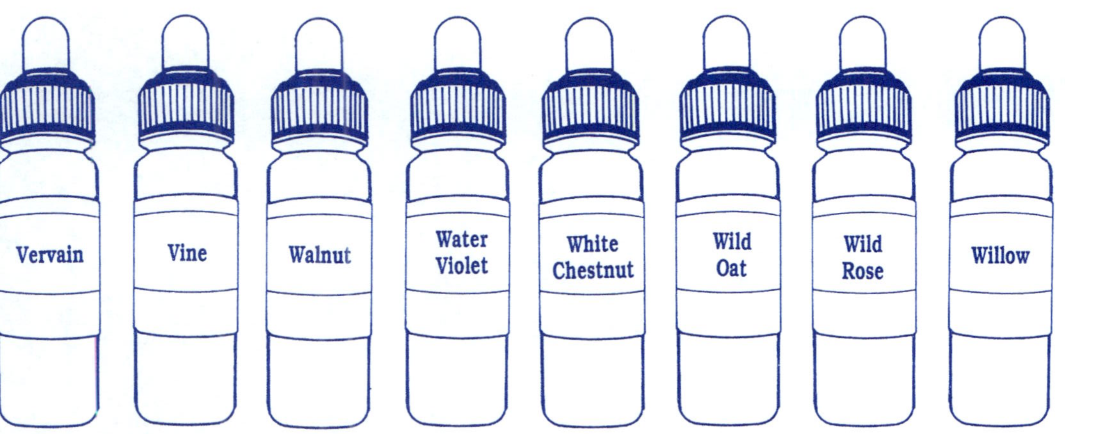

Vervain
Vine
Walnut
Water Violet
White Chestnut
Wild Oat
Wild Rose
Willow

Rescue Remedy

1. Pendeltabelle für geistige Beeinflussungen

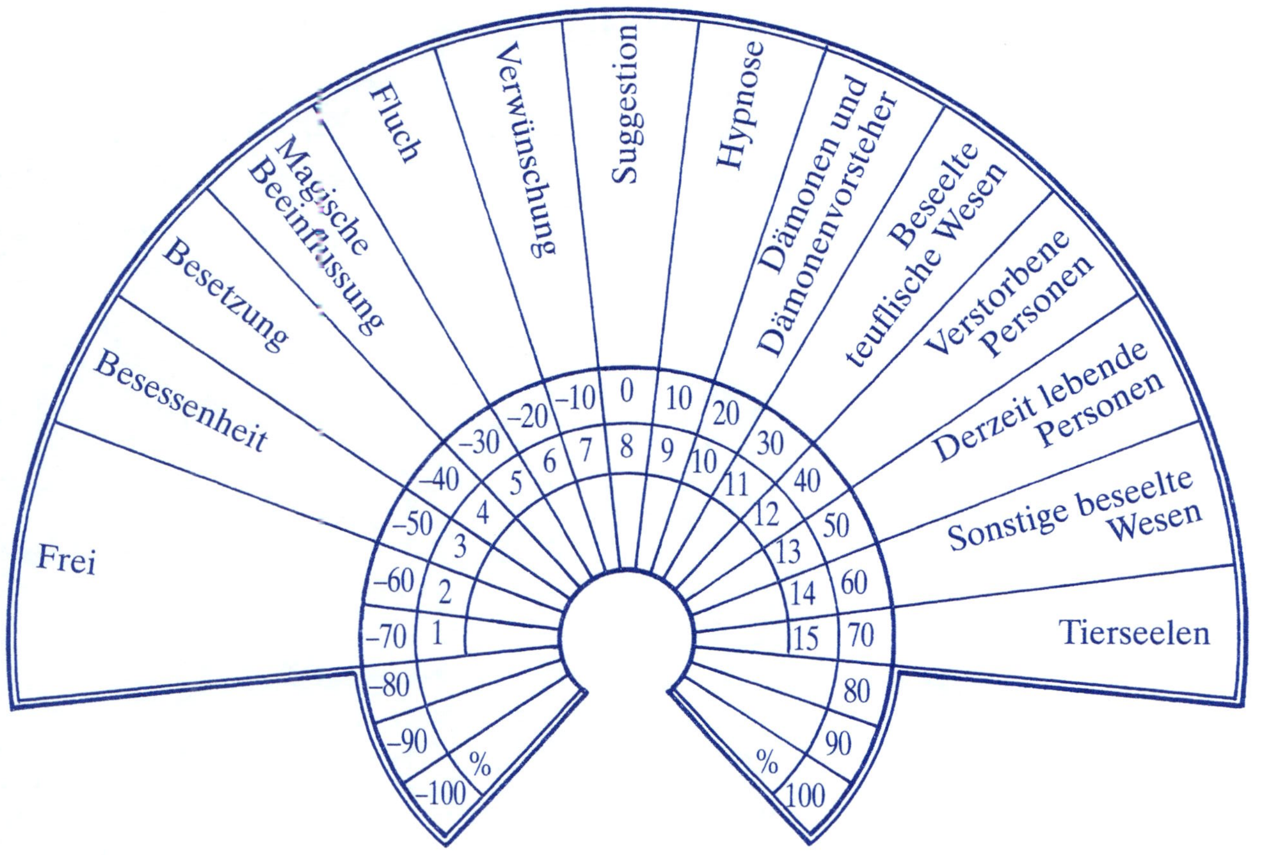

2. Pendeltabelle für geistige Beeinflussungen

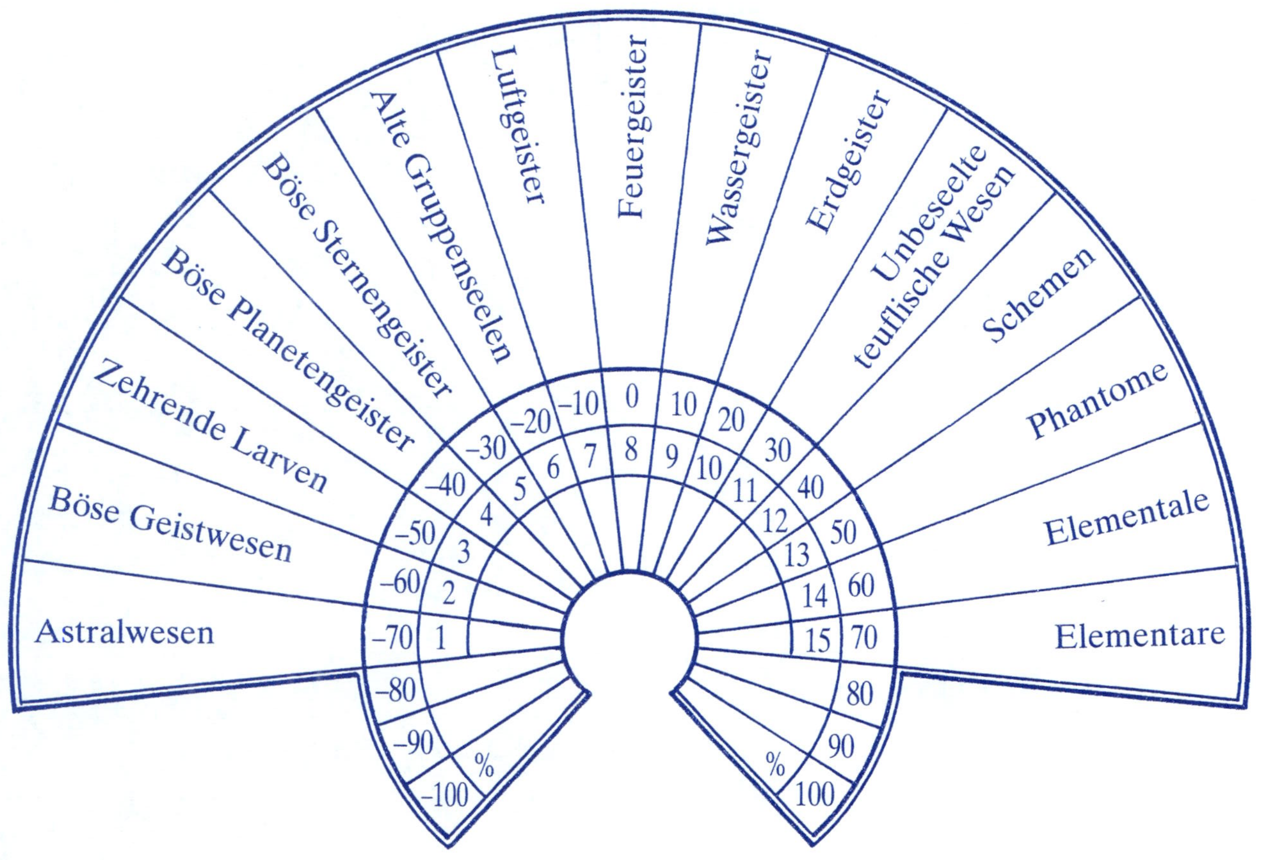

GEBETE

Allgemeines Befreiungsgebet:

Lieber, gütiger, barmherziger, himmlischer Vater, im Namen Jesus Christus bitte ich Dich für ...... und für jene Personen und Wesen, die auf .... Hypnosen, Suggestionen, Flüche, Verwünschungen und magische Beeinflussungen ausüben, ***lasse*** *in alle Bestandteile, Zellen und Organe von Körper, Seele und Geist, sowie in die Seele und den Geist der verstorbenen Personen, teuflischen und anderen beseelten Wesen, die sich (hier im Haus, in der Wohnung usw.) ...... aufhalten oder von der Ursprungsseele ausgehend an .... hängen, oder Hypnosen und andersartige Beeinflussungen ausüben,* ***Deine göttlichen Kräfte einströmen,*** *damit alle Beteiligten aus der derzeitigen in die erste Gesundheitsphase zurückgeführt, die eigenen Abwehrkräfte wieder aktiv werden und zur Entgiftung von Körper, Seele und Geist beitragen.*

Bitte reinige diese in Deinem göttlichen Licht und löse alle Blockierungen, besonders die der vierten Phase, in Deinem göttlichen Lichte auf. Außerdem bitte ich Dich, ***sei allen*** *verstorbenen Personen, allen teuflischen und anderen beseelten Wesen, allen Tier- und Pflanzenseelen und allen niederen Geistwesen, die direkt oder über eine Ursprungsseele oder Seelen von Verstorbenen oder lebende Menschen, Tier- und Pflanzenseelen an Körper, Seele und Geist, an den Zentren, Organen, Zellen und Zellkernen und allen Gestirnen hängen oder Flüche, Verwünschungen und Suggestionen über lebende oder verstorbene Personen wirksam werden lassen,* ***gnädig und barmherzig,*** *erlöse sie von allem Übel, lasse ihnen einen Strahl Deiner göttlichen Gnade zukommen und durchströme sie mit Deiner unendlichen Liebe, damit alle beseelten teuflischen Wesen in ihrer Entwicklung zu Dir fortschreiten und alle beseelten Wesen in ihre Sphären eingehen können und löse alle niederen Geistwesen in Deinem göttlichen Licht auf.*

Bitte löse alle Bänder von Hypnosen, Suggestionen, Flüchen, Verwünschungen und magischen Beeinflussungen in Deinem göttlichen Lichte auf und ermögliche allen Beteiligten Harmonie, Frieden und Gesundheit.

Amen.

Gesundheitsgebet 1:

Lieber, gütiger, barmherziger, himmlischer Vater, im Namen Jesu Christi bitte ich Dich für ...., lösche und neutralisiere in Körper, Seele und Geist die negativen Schwingungsmuster aller Viren, Bakterien, Pilze und sonstigen Parasiten.

Löse alle negativen Elementale und Störfelder innerhalb und außerhalb von Körper, Seele und Geist, sowie die Gruppenseelen der negativen Viren, Bakterien, Pilze und sonstigen Parasiten in Deinem göttlichen Licht auf, damit sie keinerlei Schaden mehr anrichten können.

Durchdringe alle Bestandteile und Systeme von Körper, Seele und Geist mit Deinem göttlichen Licht und Deiner unendlichen Liebe, damit Deine göttliche Ordnung sowie Gesundheit in allen Bereichen und Ebenen wiederhergestellt wird und alle Blockierungen aufgehoben werden.

Amen.

Gesundheitsgebet II:

Lieber gütiger, barmherziger, himmlischer Vater, im Namen Jesu Christi bitte ich Dich für ..., lasse in alle Ganglien, das Immunsystem, den Sympathikus und Parasympathikus und alle Atomgruppen und Bestandteile von Körper, Seele und Geist, sowie in alle Meridiane Dein göttliches Licht und Deine Liebe einströmen, reinige alle Meridiane, damit diese durchlässig werden und normalisiere alle Energieströme, damit der Körper voll seine Aufgabe erfüllen kann und in Harmonie mit Seele und Geist zusammenarbeitet.

Bringe bitte auch alle Makrophagen, das Immunsystem und alle Bestandteile des Blutes und der Lymphe in die erste Gesundheitsphase. Korrigiere außerdem alle Fehlprogrammierungen und Fehlinformationen der DNS und RNS, hilf, alle Schock- und Konfliktsituationen zu verarbeiten und löse alle daraus entstehenden Herde in Deinem göttlichen Licht auf, damit die göttliche Ordnung in Körper, Seele und Geist erhalten, bzw. wiederhergestellt wird.

Lasse auch in alle Chakras und Nebenchakras Deine göttlichen Kräfte einströmen, damit diese sich für die Ein- und Ausatmung entsprechend ihrer Entwicklung öffnen und sich damit die entsprechende Energie, Schwingung und Rotation einstellt.

Amen.

Befreiungsgebet für Verstorbene:

Lieber, gütiger, barmherziger, himmlischer Vater, im Namen Jesus Christus bitte ich Dich für

- *die verstorbenen Personen, die sich (im Raum, Haus, in der Wohnung) .... aufhalten,*
- *.............. die (der) am .... verstorben ist (sind),*

lasse Deine göttlichen Kräfte in ihren (den) Geist und ihre (die) Seele einströmen, damit sie aus der derzeitigen in die erste Gesundheitsphase zurückgeführt, die eigenen Abwehrkräfte wieder aktiv werden und zur Entgiftung von Seele und Geist beitragen. Bitte reinige diese in Deinem göttlichen Licht und löse alle Blockierungen, besonders die der vierten Phase, in Deinem göttlichen Licht auf.

Außerdem bitte ich Dich, ***sei allen*** *verstorbenen Personen, allen teuflischen und anderen beseelten Wesen, allen Tier- und Pflanzenseelen und allen niederen Geistwesen, die direkt oder über eine Ursprungsseele oder Seelen von Verstorbenen oder lebende Menschen, Tier- und Pflanzenseelen an Körper, Seele und Geist, an den Zentren, Organen, Zellen und Zellkernen und allen Gestirnen hängen oder Flüche, Verwünschungen und Suggestionen über lebende oder verstorbene Personen wirksam werden lassen,* ***gnädig und barmherzig,*** *erlöse sie von allem Übel, lasse ihnen einen Strahl Deiner göttlichen Gnade zukommen, und durchströme sie mit Deiner unendlichen Liebe, damit alle beseelten teuflischen Wesen in ihrer Entwicklung zu Dir fortschreiten und alle anderen beseelten Wesen in ihre Sphären eingehen können und löse alle niederen Geistwesen in Deinem göttlichen Licht auf.*

Amen.

Befreiungsgebet für teuflische Wesen:

Lieber, gütiger, barmherziger, himmlischer Vater im Namen Jesus Christus bitte ich Dich für alle teuflischen Wesen, die sich (im Raum, Haus, in der Wohnung usw.) aufhalten oder von der Ursprungsseele ausgehend an .... hängen, oder Hypnosen und andersartige Beeinflussungen ausüben, erlöse sie von allem Übel, lasse ihnen einen Strahl Deiner göttlichen Gnade zukommen und durchströme sie mit Deiner unendlichen Liebe, damit sie in ihrer Entwicklung zu Dir fortschreiten können und löse alle niederen Geistwesen in Deinem göttlichen Licht auf.

Amen.

Tischgebet:

Lieber, gütiger, barmherziger, himmlischer Vater im Namen Jesus Christus bitte(n) ich (wir) Dich, löse alle Geistwesen, die in diesen Speisen und Getränken in Form von strahlenden Materialien und Giftstoffen gebunden sind oder widerrechtlich freigesetzt werden und alle Viren und Bakterien und deren Gruppenseelen in Deinem göttlichen Licht auf, damit sie keinerlei Schaden mehr anrichten können.

Durchströme und lade diese Speisen und Getränke mit Deinem göttlichen Licht und Deiner unendlichen Liebe, damit dadurch Friede, Harmonie und Gesundheit bei mir (uns) einkehrt und ermögliche mir (uns), alle begleitenden Elementarwesen in die Geistsphäre anzuheben.

Herr, ich (wir) bitte(n) Dich, sei mein (unser) Gast. *Amen.*

Gebet zur Auflösung bzw. Verminderung radioaktiver Strahlung:

Lieber, gütiger, barmherziger, himmlischer Vater, im Namen Jesus Christus bitte(n) ich (wir) Dich, löse alle Geistwesen, die in diesem Material (Haus, Feld usw.....) in Form von strahlenden Bestandteilen und Giftstoffen gebunden sind, oder widerrechtlich freigesetzt werden, in Deinem göttlichen Licht auf, damit sie keinerlei Schaden an Menschen, Tieren und Pflanzen anrichten können. *Amen.*

Gebet für die Umwelt:

Lieber, gütiger, barmherziger, himmlischer Vater, im Namen Jesus Christus bitte ich Dich, löse alle Geistwesen, die in der Atmosphäre, in allen Böden und Gewässern, Wäldern, im Pflanzen-, Tier- und Mineralreich in Form von strahlenden Materialien und Giftstoffen gebunden sind oder widerrechtlich freigesetzt werden und alle Viren und Bakterien und deren Gruppenseelen, in Deinem göttlichen Licht auf, damit sie keinerlei Schaden mehr anrichten können.

Außerdem bitte ich Dich, befreie alle Naturgeister, insbesondere jene, die sich an diesem Ort (in meinem Garten, meiner Wohnung, ...) aufhalten, aus der Beeinflussung aller negativen Wesen, durchströme sie mit Deinem göttlichen Licht und Deiner unendlichen Liebe, damit sie Deine göttliche Ordnung wiederherstellen können.

Durchströme alle Bestandteile der Erde und deren Bewohner, sowie alle Naturgeister mit Deinem göttlichen Licht und Deiner unendlichen Liebe, damit alle Abwehrkräfte aktiviert werden und alles wieder gesund wird. *Amen.*

Gebet zur Auflösung von Störzonen und Störfeldern:

Lieber, gütiger, barmherziger, himmlischer Vater, im Namen Jesus Christus bitte ich Dich, löse alle negativen Elementale und alle Strahlungsfelder der Störzonen, die sich an diesem Ort (in der Wohnung, in diesem Wald ....) befinden, in Deinem göttlichen Licht auf.

Außerdem bitte ich Dich, befreie alle Naturgeister, die sich ebenfalls an diesem Ort aufhalten, aus der Beeinflussung aller negativen Wesen, durchströme sie mit Deinem göttlichen Licht und Deiner unendlichen Liebe, damit sie Deine göttliche Ordnung wieder herstellen können.

Bitte lasse außerdem allen negativen Wesen einen Strahl Deiner göttlichen Gnade zukommen und durchströme sie mit Deiner unendlichen Liebe, damit sie in die erste Gesundheitsphase zurückgeführt werden und in ihrer Entwicklung zu Dir fortschreiten bzw. in ihre zuständige Sphäre eingehen können.

Amen.

Schutzgebet mit einer Erweiterung:

Lieber, gütiger, barmherziger, himmlischer Vater, im Namen Jesus Christus bitte ich Dich, baue um mich ein Feld Deines göttlichen Lichtes auf und durchströme mich mit Deiner unendlichen Liebe, damit Deine göttliche Ordnung in Körper, Seele und Geist erhalten bzw. wiederhergestellt wird und alle negativen Beeinflussungen von mir ferngehalten werden. Stärke dadurch auch meine Liebe zu Dir und allen Wesenheiten.

Wiederholung: *Baue um mich ein Feld Deines göttlichen Lichtes auf und durchströme mich mit Deiner unendlichen Liebe, damit Deine göttliche Ordnung in Körper, Seele und Geist erhalten bzw. wiederhergestellt wird und alle negativen Beeinflussungen von mir ferngehalten werden. Stärke dadurch auch meine Liebe zu Dir und allen Wesenheiten.*

Wiederholung: *Baue um mich ein Feld ....*

Erweiterung: *Außerdem bitte ich Dich, löse alle Geistwesen, die in Form von strahlenden Materialien und Giftstoffen gebunden sind oder widerrechtlich freigesetzt werden und alle Viren und Bakterien und deren Gruppenseelen, die mit mir in Berührung kommen, in Deinem göttlichen Licht auf, damit sie keinerlei Schaden mehr anrichten können.*

Amen.

Weiteres Schutzgebet:

Mein (sein, ihr) Wall aus Kristall, all überall, schließt mich (ihn, sie) ein, läßt nichts außer Gottes Licht und Liebe herein!

Herr, Dein Wille geschehe.

Pendeltabelle für die Entwicklung der Chakras:

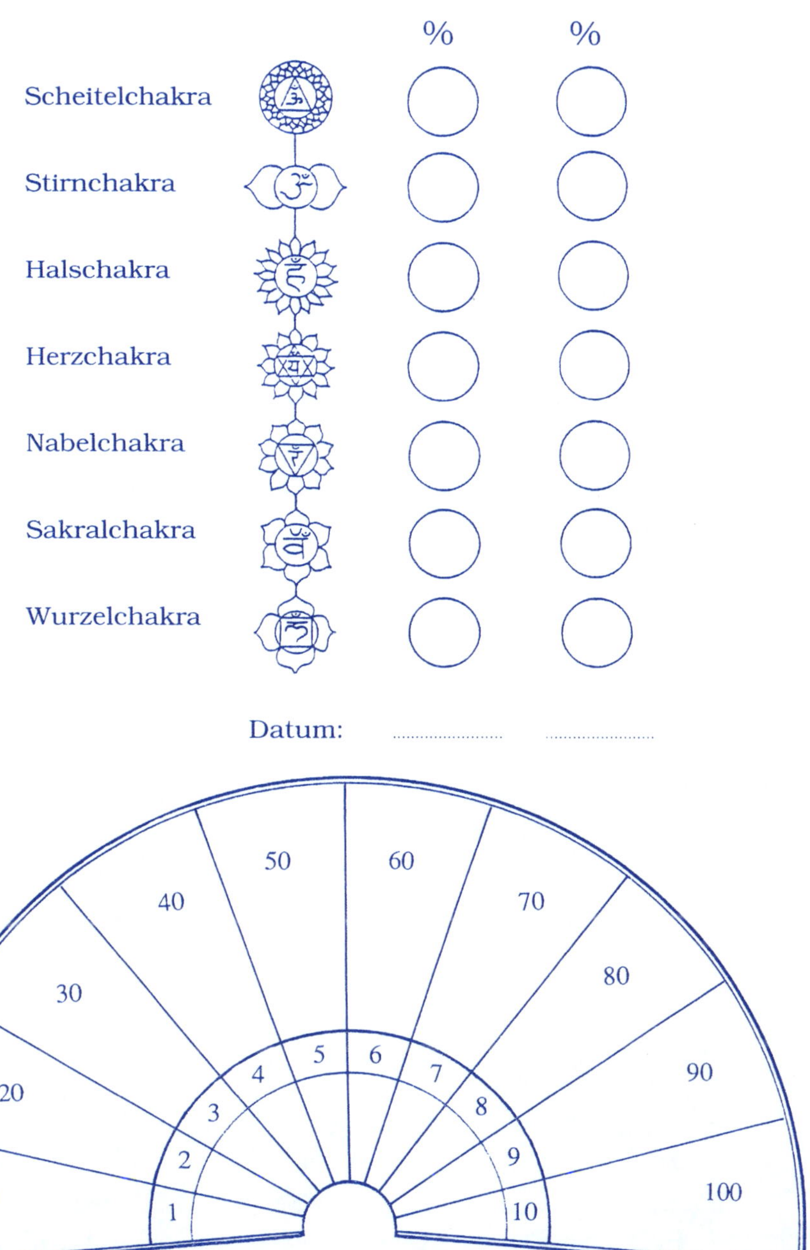

Pendeltabelle für die Schüßler-Salze

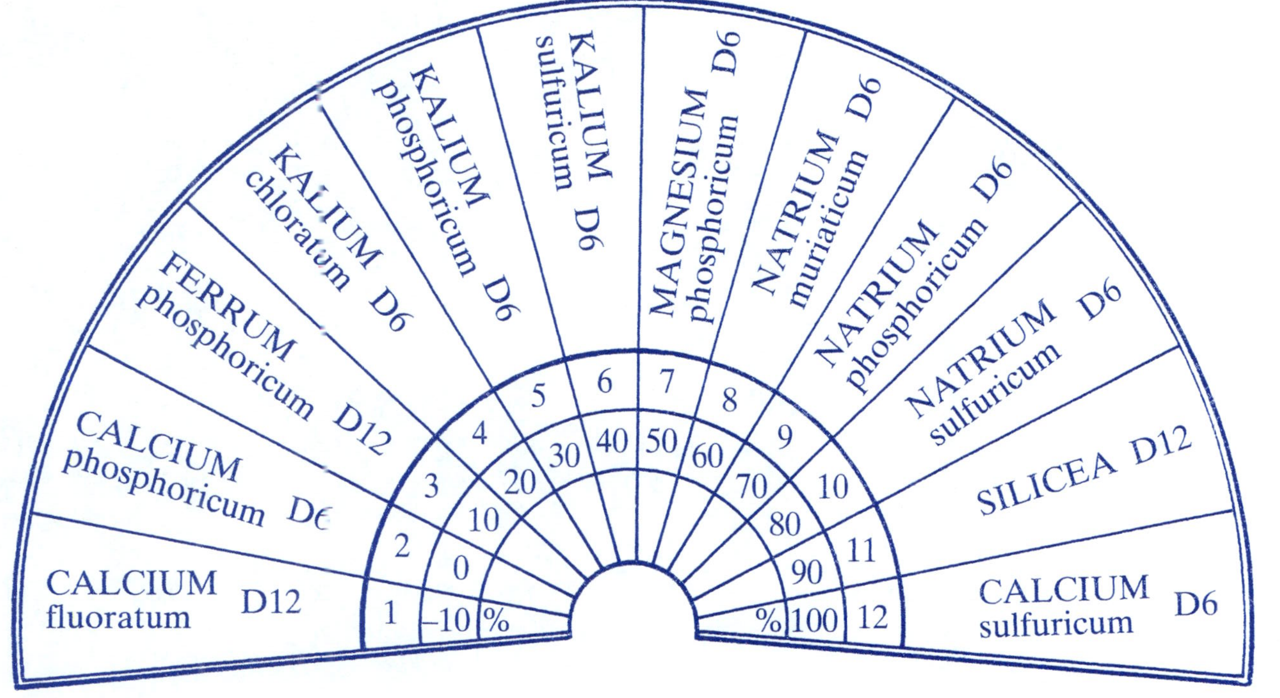

Pendeltabelle für die Ergänzungs-Salze

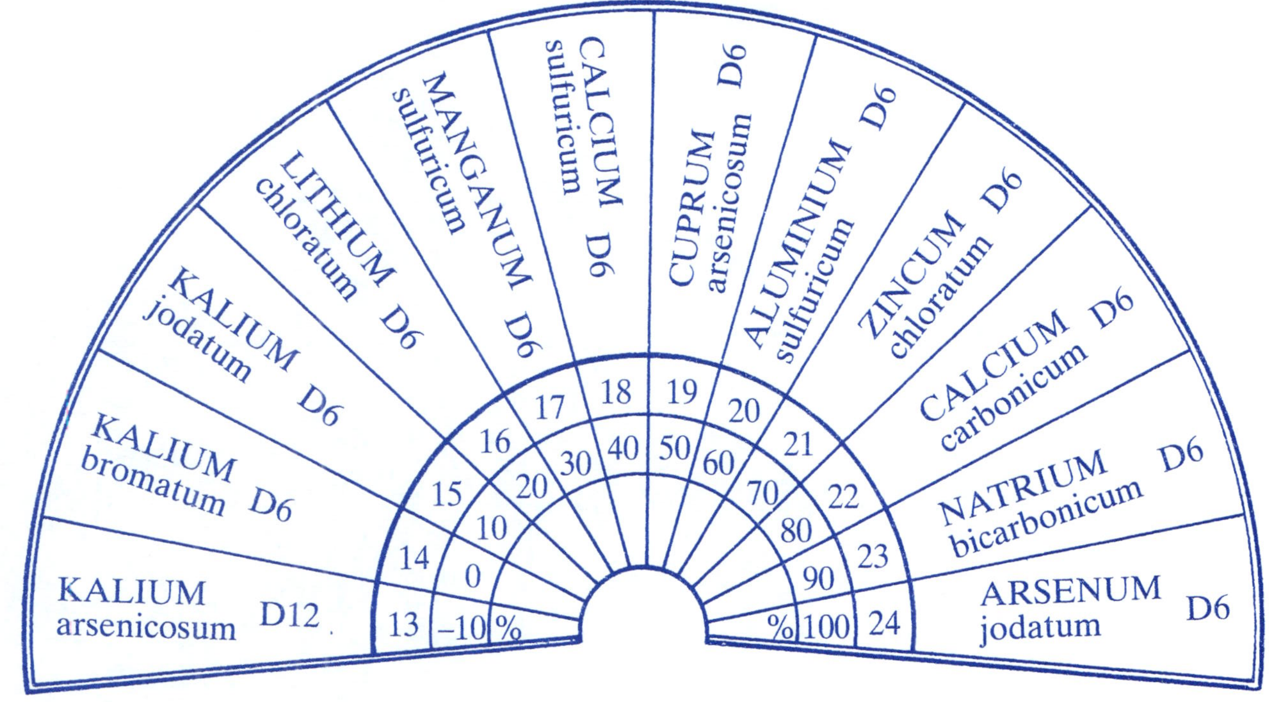

1. Pendeltabelle für die Aroma-Therapie

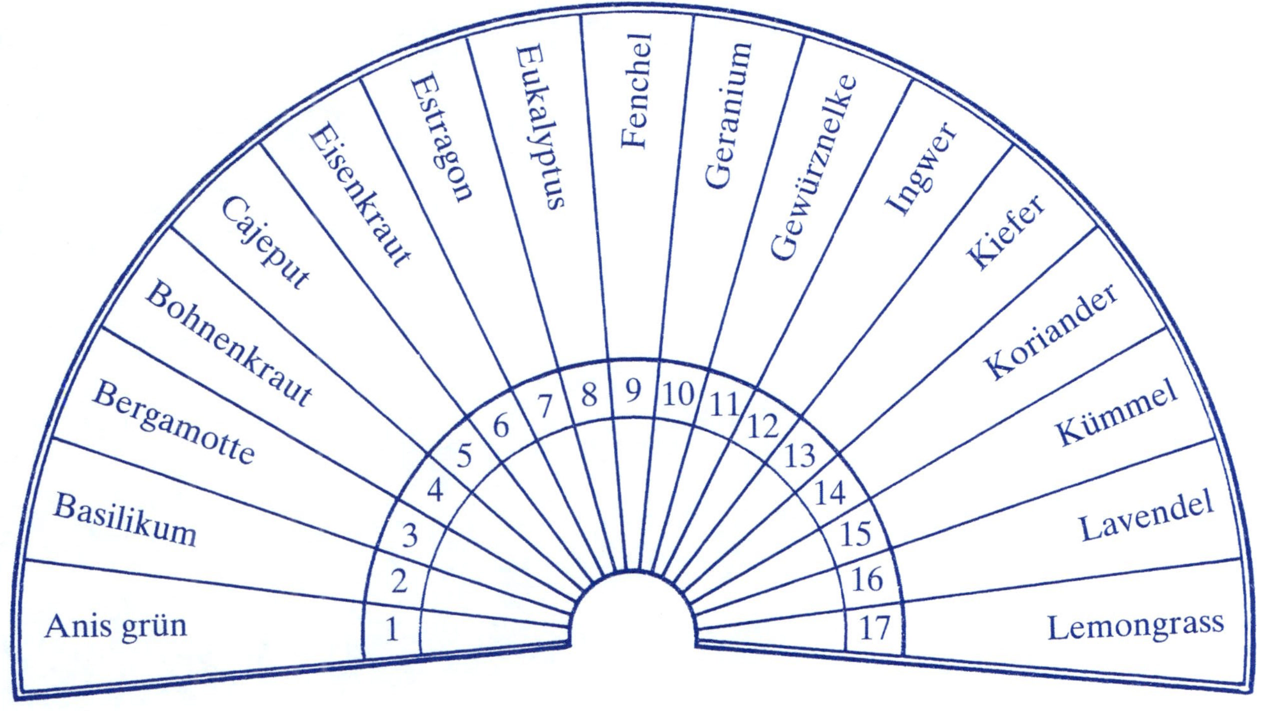

2. Pendeltabelle für die Aroma-Therapie

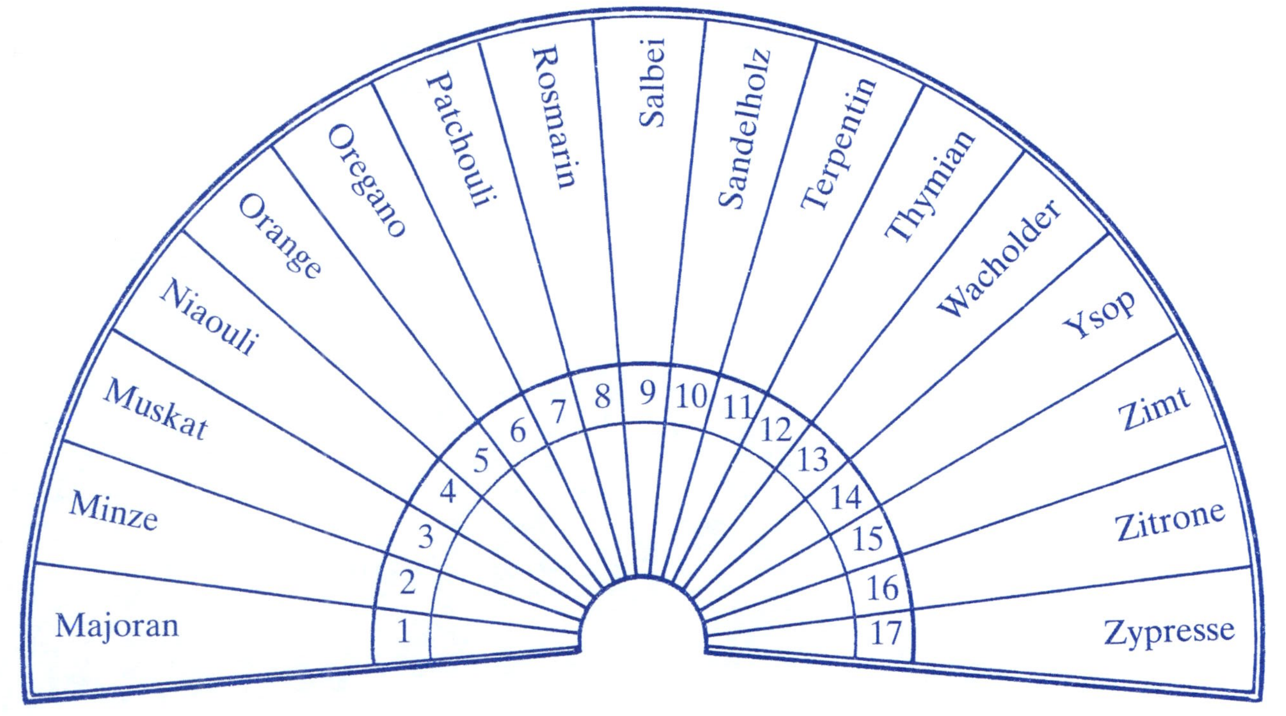

Pendeltabelle für Alpenkräutertropfen nach Dr. Kruletz

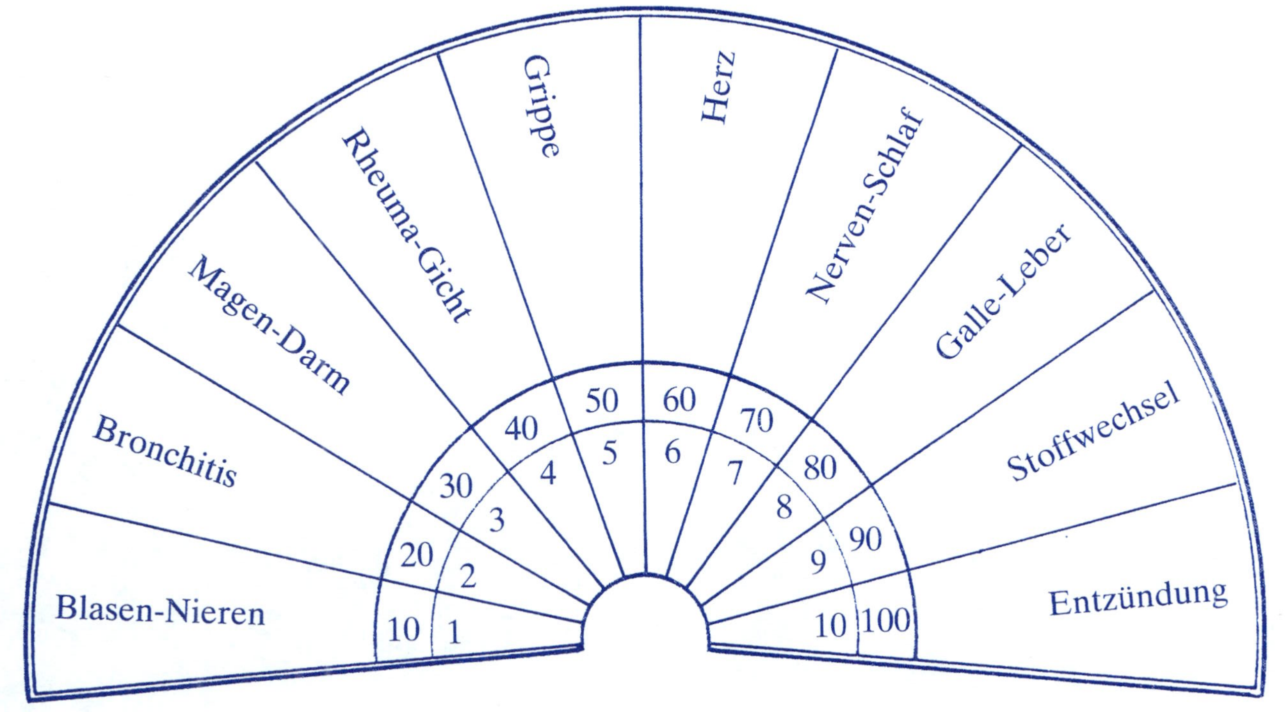

Pendeltabelle für die JSO-Komplexheilmittel

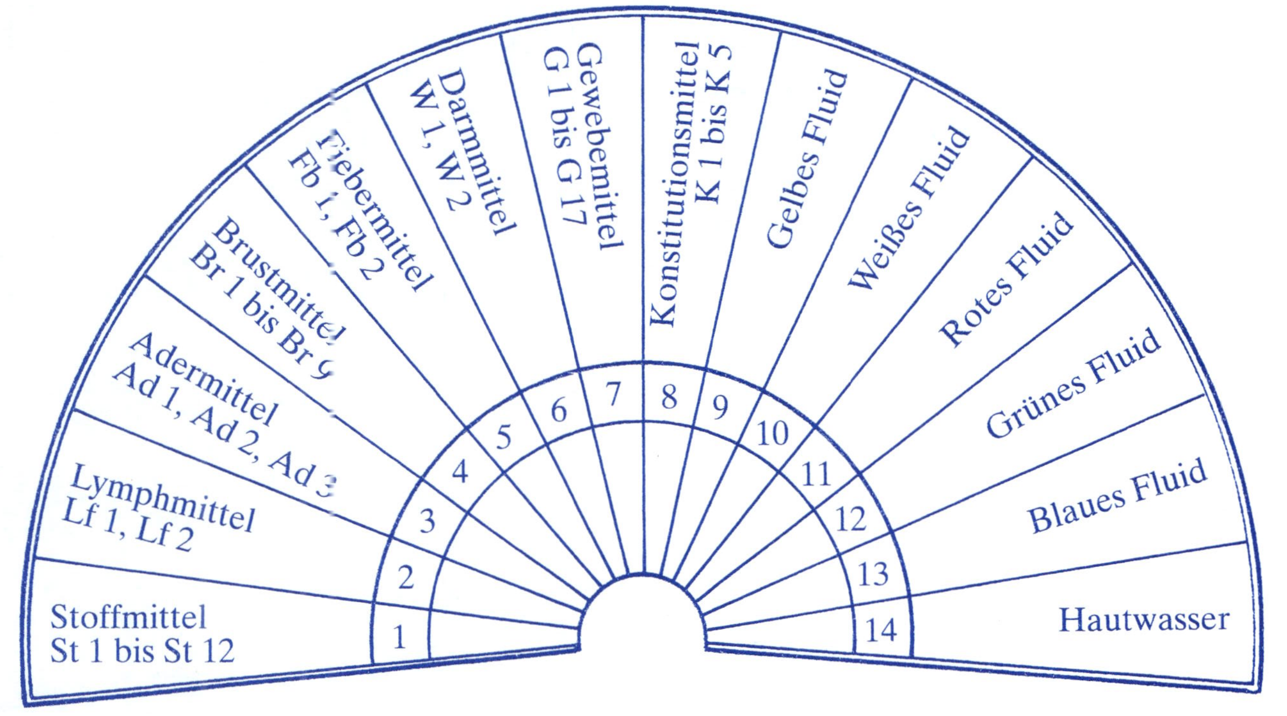

Pendeltabelle der Meridiane

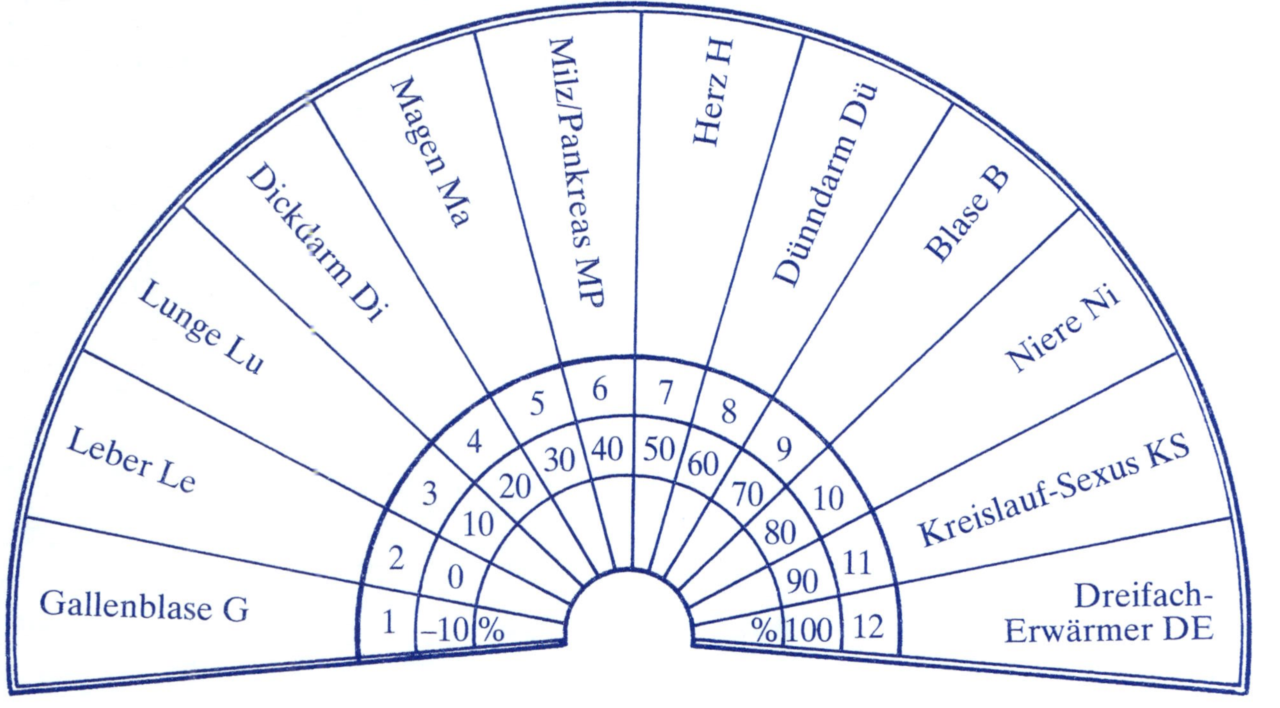

Pendeltabelle für die Vitamine

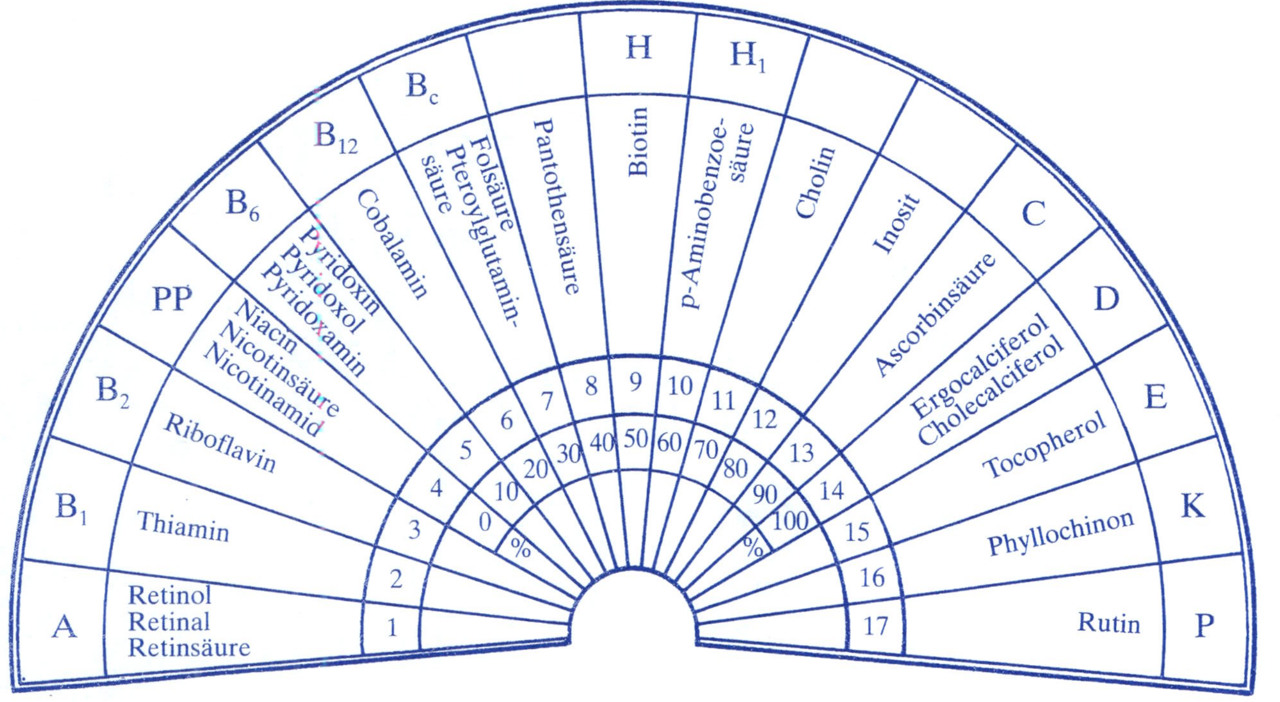

Pendeltabelle für den Zahnstatus

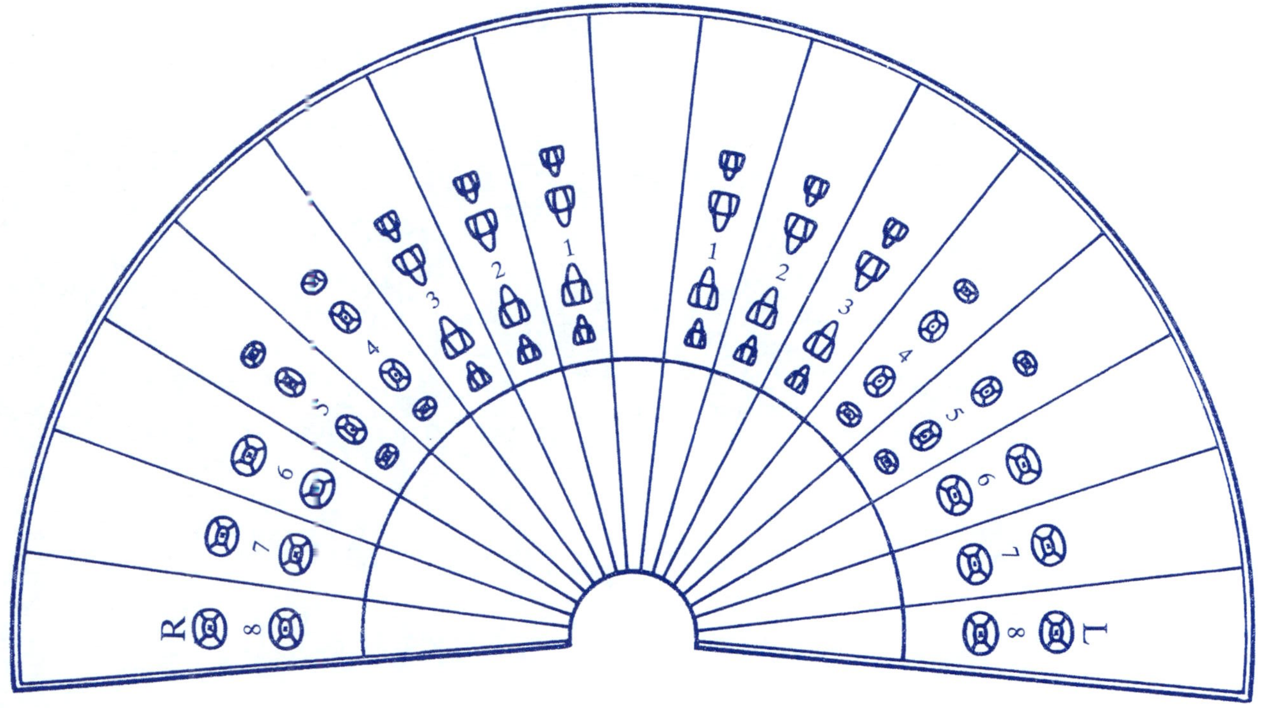

Karl Haas

RADIÄSTHESIE

Der Umgang mit Strahlungsfeldern

R. Lippert - Verlag

Karl Haas
Radiästhesie

Überarbeitung: Rudolf Lippert
Titelbild: Karl Haas
Gestaltung: Renate und Rudolf Lippert

Ausgabe 2010

Hartgass 9, D-88639 Wald.
Tel.: 07578-2229, Fax: 07578-933194
www.lippert-verlag.de
e-mail: service@lippert-verlag.de
In Deutschland gedruckt.
ISBN Doppelband Pendelbuch
und Radiästhesie 978-3-933470-91-1

Karl Haas

RADIÄSTHESIE

Der Umgang mit Strahlungsfeldern

R. Lippert - Verlag

INHALTSVERZEICHNIS

RADIÄSTHESIE

DER UMGANG MIT STRAHLUNGSFELDERN

Mein Dank gilt all jenen Personen, die mir durch Anregungen und Korrekturlesen geholfen haben, sowie allen geistigen Helfern, die mich geleitet und behütet haben. Insbesondere danke ich auch meinem Schutzengel, der mir unter anderem durch seine Hinweise dazu verhalf, wieder weiterzuarbeiten und die Bücher fertigzustellen.

Auch danke ich allen Menschen und Wesenheiten, die mir als geistige Lehrer in diesem Leben hilfreich zur Seite standen und stehen, sowie meiner lieben Frau für ihr Verständnis.

Karl Haas

VORWORT

Auftrag:

Sowohl das **„PENDELBUCH"** (gleicher Verlag), als auch das vor Ihnen liegende Buch **„RADIÄSTHESIE, DER UMGANG MIT STRAHLUNGSFELDERN"** habe ich im Auftrag meines Schutzengels geschrieben. Die Zeit ist wohl reif, um auf die **Eigenverantwortlichkeit** jedes einzelnen Menschen aufmerksam zu machen und zu zeigen, daß es **notwendig** ist, **selbst zu HANDELN** und die entwickelten **ICH-KRÄFTE** wieder einzusetzen!

Da der Mensch Schöpfungskräfte besitzt, ist **JEDER** in der Lage, **negative Einflüsse SELBST aufzuheben** und **störende Felder** zu **beseitigen.**

Der Sinn des Lebens:

Der **Sinn des Lebens** besteht in der **persönlichen geistigen Weiterentwicklung** des Individuums, dem **Erlernen der All-Liebe**, bzw. in der **Rückkehr in die göttliche Ordnung** (siehe auch Pendelbuch Seite 36). Auf diesem Weg erkennt der Mensch, daß alles, was ihm widerfährt, mit seinem Denken, Sprechen und Handeln zusammenhängt (karmisches Gesetz: „Das was ihr sät, werdet ihr ernten!" = Gesetz von Ursache und Wirkung). Jeder Schmerz, ob physisch oder psychisch, jede Krankheit ist als Hinweis auf die Notwendigkeit einer Änderung der eigenen Lebensführung zu sehen. So zeigen z.B. Krankheiten von kleinen Kindern **den Eltern**, daß sie **ihr Verhalten** bzw. **ihre Lebensführung** verändern sollten (nicht das der Kinder!).

Lernprozeß:

In diesem Sinn sind auch **Störzonen, Erdstrahlen** usw. als eine Möglichkeit zu verstehen, um **negativ aufgebautes Karma** abzubauen und **notwendige Lernprozesse** zu absolvieren. Dies geht sogar so weit, daß sich Menschen selbst **Störzonen aufbauen**, um ebensolche Lernprozesse erfahren zu können.

Daher bleibt ein Störfeld für jene Zeit **Störfaktor**, bis der Mensch seinen **Lernprozeß** absolviert hat, bzw. solange er in **Resonanz** bleibt. Auch negative karmische Zusammenhänge können bewirken, daß Menschen sich auf Störzonen aufhalten. Sind keine natürlichen negativen Strahlungsfelder vorhanden, werden diese eben aufgebaut. Alles Negative, das der Mensch durch **Gedanken, Worte oder Werke** in die Welt bringt, bewirkt eine **geistige Umweltverschmutzung** und muß als **Spiegelung** manifestiert werden.

Gehen Sie daher liebevoll mit Ihrer Umgebung um und entwickeln Sie **Liebe, denn für Menschen, die in der göttlichen ALL-LIEBE schwingen, existieren keinerlei „Störfelder“.**

(„Ein neues Gebot gebe ich euch, **daß ihr einander liebt**, wie ich euch geliebt habe.“ Joh. 13,34.)

Chance im Leben:

In diesem Sinn sind alle negativen Ereignisse sowie Schmerz und Leid als **Chance für eine Veränderung**, für einen neuen Lebensabschnitt zu sehen und daher durchaus **positiv** zu **werten!**

So liegt die **Gnade Gottes** auch im **Leiden** der Menschheit – denn hauptsächlich durch **Leid** kommt es zu **Veränderungen!**

1. KAPITEL

EINFÜHRUNG

EINFÜHRUNG

Radiästhesie:

Unter dem Begriff „**Radiästhesie**" versteht man jedes Arbeiten mit Rute oder Pendel.

Radiästhesie = Schwingungsempfindung

Der Mensch als **Körper- Seele- Geistwesen** befindet sich in einem rotierenden, schwingenden Universum. Würde die Rotation oder die Schwingung aufhören, könnten wir als physische Wesen nicht existieren. Sowohl die Rotation als auch die Schwingungen sind überhaupt die Voraussetzung für unsere physische Existenz – sie sind **lebensnotwendig.**

Störfelder:

Derzeit befindet sich die Erde in einer Anhebungsphase des Schwingungspotentials. Das bewirkt eine **Verstärkung aller Strahlungsfelder** auf der Erde. Der Mensch muß daher auch **sein persönliches Schwingungspotential anheben** und mit **dieser Situation umzugehen lernen**, um überleben zu können. Denn nur wenn wir uns mit Feldern in **negativer Resonanz** befinden, sind diese für uns gefährlich.

In dem Fall spricht man von **STÖRZONEN.**

Orte der Kraft:

Andererseits umspannen **positive, lichtvolle Strahlungsfelder** die gesamte Erde, wobei diese an den verschiedensten Punkten besonders intensiv zutage treten.

Solche **„ORTE DER KRAFT“** werden in diesem Buch allerdings nur kurz erwähnt. Ich verweise Sie hier auf folgende besonders aufschlußreiche Bücher:

Radiästhesie – Ein Weg zum Licht?
Jörg Purner
M&T Verlag, Edition Astroterra

Orte der Kraft
Blanche Merz
Eigenverlag Institut de Recherche en Géobiologie
CH-1803 Chardonne/Schweiz

Die Seele des Ortes
Blanche Merz
Herold Verlag Dr. Wetzel

Fehlverhalten:

Alle Strahlungsfelder können durch das Fehlverhalten der Menschen in störende Felder umgewandelt werden! Ja das negative Denken und Verhalten zieht diese förmlich an. Störungen aller Art werden aufgebaut.

Die so entstandenen Orte **„negativer Ladung“** sind Störfelder für Menschen, Tiere und Pflanzen, die deren Wohlbefinden und Gesundheit gefährden.

Schon einige Male habe ich erlebt, daß Störzonen neu aufgebaut, ja praktisch nachgezogen wurden.

Fallbeispiel:

Mit folgendem Beispiel kann ich dies belegen:

Ich wurde um die Untersuchung eines Büroraumes gebeten. Am Arbeitsplatz einer Büroangestellten, die immer wieder über verschiedene Beschwerden klagte, stellte ich das Schwingungsfeld einer Wasserzone fest. Mein Ergebnis wurde noch von einem anderen Radiästheten bestätigt. Nachdem wir die Dame auf einen neutralen Arbeitsplatz versetzt hatten, verschwanden ihre Beschwerden. Doch zwei Wochen später führte sie dieselben Klagen. Die anschließend durchgeführte Mutung ergab, daß sich ein neues, durch den vorher neutralen Arbeitsplatz führendes Strahlungsfeld aufgebaut hatte, das einer Wasserzone entsprach. Jene „alte Zone" aber war verschwunden. Dieses Spiel endete erst, als die Angestellte einen bestimmten **Lernprozeß** abgeschlossen hatte.

Freiwilligkeit:

In der Zwischenzeit habe ich erkennen müssen, daß sich nur Menschen freiwillig auf für sie störenden Zonen aufhalten – kein anderes Lebewesen würde dies tun. **Störfelder irritieren nur „gestörte"** (das heißt: nicht in der göttlichen Ordnung befindliche) **Personen.**

Tiere meiden für sie störende Zonen. Hält sich ein Tier **freiwillig** auf solchen Plätzen auf (Katzen z.B. lieben Strahlungsfelder), sind diese nicht störend für das Tier!

Fallbeispiel:

Die uns anvertraute Katze schlief häufig die ganze Nacht auf dem Kopfpolster unseres Sohnes. Wir sahen dies als tiefe Zuneigung zu dem Kind. Spätere Messungen ergaben aber, daß durch diese Stelle mehrere Zonen verliefen. Wir fanden dort einen Kreuzungspunkt, bestehend aus einer Verwerfungszone, einer Currylinie und einer doppelten Hartmannzone, die einen biologisch stark wirksamen Störbereich aufbaute. (Die Erklärungen der einzelnen Zonen siehe 2. Kapitel.)

Nach Verlegung der Bettstelle auf einen neutralen Platz blieb die Katze nur kurze Zeit bei unserem Sohn, um dann einen anderen Schlafplatz aufzusuchen, der ihr das für sie notwendige Strahlungsfeld bot.

Die Schädlichkeit des vorher beschriebenen Zonenbereiches für Menschen zeigte sich dadurch, daß die Behandlung eines Sprachfehlers durch einen Logopäden bis zu dem Zeitpunkt der Verlegung erfolglos geblieben war. Erst nachdem unser Sohn auf einen neutralen Schlafplatz verlegt worden war, sprach er auf die Behandlung an und wurde, nach Lösung einiger anderer Probleme, vollständig von seinem Sprachfehler befreit.

2. KAPITEL

DIE WICHTIGSTEN ZONEN ODER FELDER

DIE WICHTIGSTEN ZONEN UND FELDER

NATÜRLICHE FELDER:

Wasserführungen
Verwerfungen
Globalgitter
Diagonalgitter
Mediallinien
Wachstumszonen usw.

TECHNISCHE FELDER:

Wechselfelder 50 Hz (USA 60 Hz)
Hochspannungen
Trafostationen
Sender (Rundfunk, TV)
Radaranlagen, Richtfunk
Felder statischer Aufladung
Metallansammlungen usw.

Eine Störung wird dadurch verursacht, daß das **natürliche Strahlungsfeld** auf der Erde örtlich **stark verändert** wird. Dadurch kommt es im Körper des Lebewesens zu **Reaktionen** in den **endokrinen Drüsen sowie im Nervensystem.** Meist ist dies als **Streßfaktor** wirksam.

VERSCHIEDENE EMPFINDLICHKEITSSTUFEN:

Alle Strahlungsfelder, ob natürlichen oder künstlichen Ursprungs, wirken auf jeden Menschen anders. So gibt es Personen, die auf Elektrofelder besonders stark reagieren und andere, die unempfindlich dafür sind. Ähnliches gilt auch für natürliche Felder wie z.B. Wasserführungen.

Im wesentlichen können drei **Empfindlichkeitsbereiche** festgelegt werden:

1. Unempfindlichkeit:

Die Strahlungsbelastungen zeigen keine nachhaltigen Wirkungen.

Nach dem Verlassen des Strahlungsfeldes regeln sich alle Systeme innerhalb kürzester Zeit (einige Sekunden bis wenige Minuten) auf Normalwerte zurück.

2. Sensitivität:

Nach einer Belastung bleiben alle gestörten Körpersysteme für längere Zeit auf diesen veränderten Werten und regeln sich oft erst nach Stunden zurück.

3. Allergie:

Allergiker reagieren mit einer Überempfindlichkeit, wobei meist einzelne Bereiche (persönliche Schwachstellen) besonders stark betroffen sind (z.B. Migräne oder Asthmaanfälle etc.).

Alle diese Bereiche hängen zusätzlich noch von der **Tagesverfassung** und einer Reihe anderer Faktoren (Erbdisposition, Ernährungsgewohnheiten usw.) ab.

Empfindlichkeiten können unter anderem mit dem **kinesiologischen Test** (Muskeltest) bzw. mit **Rute** oder **Pendel** ermittelt werden.

2.1 NATÜRLICHE FELDER:

2.1.1 WASSERZONEN:

Diese Zonen bauen sich über **fließendem Wasser** auf. Sie sind auf Grund der einfachen Überprüfbarkeit von Wasserführungen am genauesten untersucht worden. Jedes Bewegen von Molekülen bewirkt den Aufbau von elektromagnetischen Feldern.

Über dem Bereich von fließenden Gewässern sind einige physikalische Phänomene nachweisbar.

Häufig sind folgende Feldanomalien feststellbar:

* Die **thermische Strahlung** ist verändert. (Mit Infrarotaufnahme nachweisbar).

* Die **Bodenspannungen** sind über Wasserläufen, speziell an den Kanten, signifikant höher. (Mit Meßrad nachweisbar.)

* Das **Erdmagnetfeld** ist abgeschwächt. (Nachweisbar mit Magnetfeldsonden.)

* Fallweise kommt es zu einer Erhöhung der **Mikrowellenstrahlung.** (Nachweisbar mit Szintillationszähler.)

* Die **UKW-Feldstärken** sind deutlich verändert (meist verstärkt!). (Nachweisbar mit Feldstärkemeßgerät.)

* Bei in verschiedenen Tiefen verlaufenden Wasserzonen, die einen Kreuzungspunkt an der Erdoberfläche aufweisen, kann es zur Entstehung von **Ionisationskanälen** in der Luft kommen. Dadurch ist eine erhöhte Gefahr für Blitzschlag gegeben.

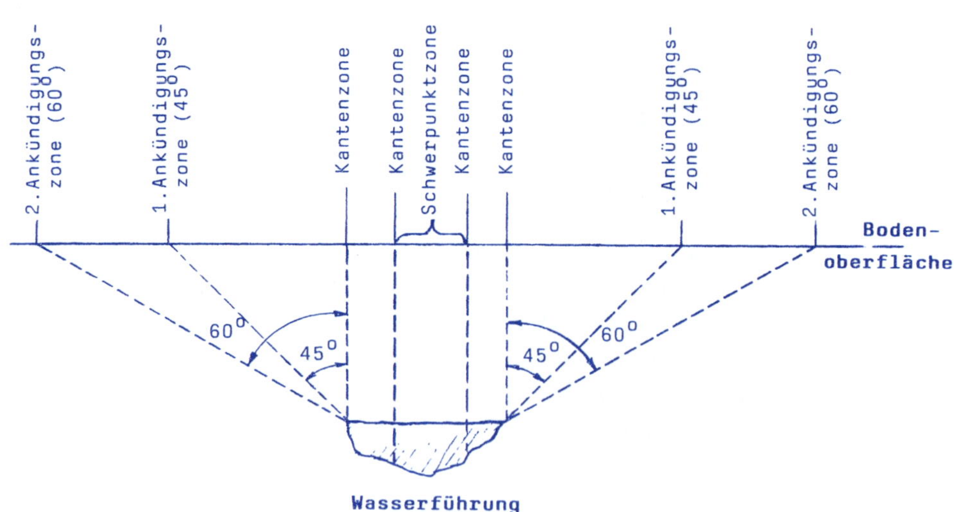

Schwerpunktzone: Hauptführung des Wasserstromes.

Kantenzonen: auf Grund der Turbulenzen sind dies meist die gefährlichsten Zonen über Wasser.

Erste Ankündigungszone: 45°-Zone von den Kanten aus. Mit Hilfe dieser Zone kann auch die Tiefe der Wasserführung ausgelotet werden. Der Abstand von der Kantenzone zur ersten Ankündigungszone entspricht genau der Tiefe der Wasserführung.

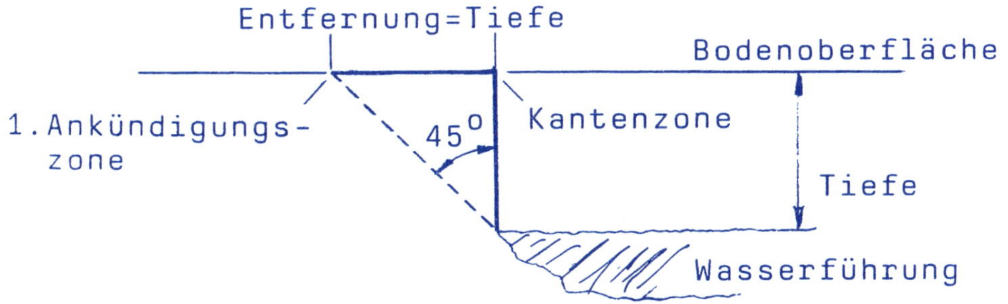

Zweite Ankündigungszone: 60°-Zone. Sowohl unter der ersten, als auch unter der zweiten Ankündigungszone fließt natürlich kein Wasser. Dies ist für die Brunnensuche besonders wichtig, da diese Zonen manchmal zu Fehlmutungen führen. **Für** eine **Schlafplatzwahl sind diese Zonen ebenfalls, so wie Hauptzonen, zu meiden**.

2.1.2 VERWERFUNGSZONEN:

Diese werden durch Brüche bzw. Abrutschungen im Boden hervorgerufen, die das Erdmagnetfeld konzentrieren, d.h. verstärken. Alle scharfen Kanten, vor allem im Gestein, bilden diese Zonen aus. Verwerfungszonen treten vorwiegend in Hanglagen auf.

2.1.3 GLOBALGITTER:

Das Globalgitter ist ein nach Nord-Süd bzw. Ost-West ausgerichtetes Gitternetz. Man nennt es auch Hartmanngitter, nach Hartmann, oder Erstes Gitter nach Schneider. Die Zonen weisen ca. einen Abstand von 2,5 m bis 3,5 m auf, die Zonenbreite liegt etwa bei 30 cm.

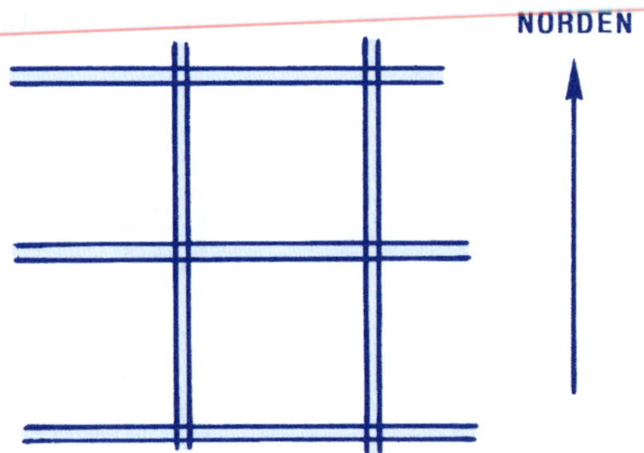

Die Abstände können fallweise auch variieren und außerdem – vor allem in umbauten Gebieten – ein verzerrtes Bild zeigen.

Weiters können auch Metall- und Kunststoffgegenstände diese Gitter verlagern.

2.1.4 DIAGONALGITTER:

Das Diagonalgitter wird auch Curry-Gitter nach Curry oder Zweites Gitter nach Schneider genannt.

Die Abstände liegen ebenfalls zwischen 2,5 m und 3,5 m, sind aber diagonal zu den Himmelsrichtungen gelegen. Die Zonenbreite ist wieder etwa 30 cm.

2.1.5 MEDIALLINIEN:

Unter Mediallinien versteht man die Zusammenfassung von speziellen Energielinien, die vor allem von spirituell Übenden aufgesucht werden.

Sie sind besonders bei sakralen Bauwerken zu finden, wobei diese einerseits auf solchen Mediallinien bzw. Orten der Kraft gebaut wurden, andererseits bauen sich aber auch Linien auf, wenn sakrale Handlungen durchgeführt werden.

Einige Beispiele:

Sprechzonen sind Mediallinien, die auch häufig in Kirchen vorkommen und vorwiegend durch die Kanzel führen.

Mumifizierungszonen sind Linien, die eine dehydrierende (wasserentziehende) Wirkung aufweisen, in denen z.B. Verstorbene mumifiziert werden. Besichtigt werden können solche Mumien unter anderem in der Kapuzinergruft in Wien oder in der Kirche von Admont (Steiermark).

Erwähnenswert ist auch noch, daß sich an solchen Orten der Kraft eine Bewußtseinserweiterung einstellen kann, vor allem dann, wenn mit der entsprechenden Ehrfurcht vorgegangen wird.

Weiters findet man in vielen Kirchen Stellen, die eine besonders aufladende Wirkung aufweisen. Diese Energie wurde dann während des Segnens vom Priester an die Gläubigen weitergegeben. Bedauerlicherweise ist dieses Wissen zum großen Teil verloren gegangen oder wird zumindest nicht mehr beachtet. Durch die Umstellung der Altäre in den letzten Jahrzehnten wurde meist auch der Standplatz des Priesters verlegt, wodurch der Ort jetzt durchaus eine Entladung statt eine Aufladung bewirken kann. Diese Situation wirkt sich dann auch nachteilig auf den Priester und die Gläubigen aus.

2.1.6 WACHSTUMSZONEN:

Dies sind Zonen, auf denen Pflanzen besonders **kräftigen Wuchs** aufweisen. Bäume z.B. werden besonders stark und hoch.

Das Bild zeigt eine **Linde** auf einer **Wachstumszone**. Am Stammdurchmesser ist die Mächtigkeit des Baumes zu erkennen.

Auffällig ist, daß Bäume, die gleichzeitig gepflanzt wurden, aber neben der Wachstumszone stehen, wesentlich schwächeren Wuchs aufweisen.

UNTERSUCHUNG EINES WOHNRAUMES:

An folgendem Beispiel zeige ich Ihnen den tatsächlichen Verlauf der verschiedenen Zonen.

Sie können dabei sehen, daß einerseits die einzelnen Linien keineswegs genau den vorher angegebenen Himmelsrichtungen folgen und andererseits sowohl ihre Breite als auch ihre Abstände zueinander variieren.

Untersucht wurde am 30. 9. 1984 nachmittags (Beginn 15 Uhr) ein Wohnzimmer mit den Abmessungen 6 m x 6 m in Wien 9., Porzellangasse in einem Wohnhaus im 2. Stock. Die Deckenkonstruktionen waren in Holztramtechnik ausgeführt.

Reihenfolge der Untersuchung:

1. Wasserzonen
2. Verwerfungszonen
3. Globalgitter
4. Diagonalgitter
5. Sonstige Zonen (z.B. Mediallinie)

Elektromagnetische Felder wurden nicht berücksichtigt!

Wasserzonen:

Es zeigten sich drei Wasserläufe.

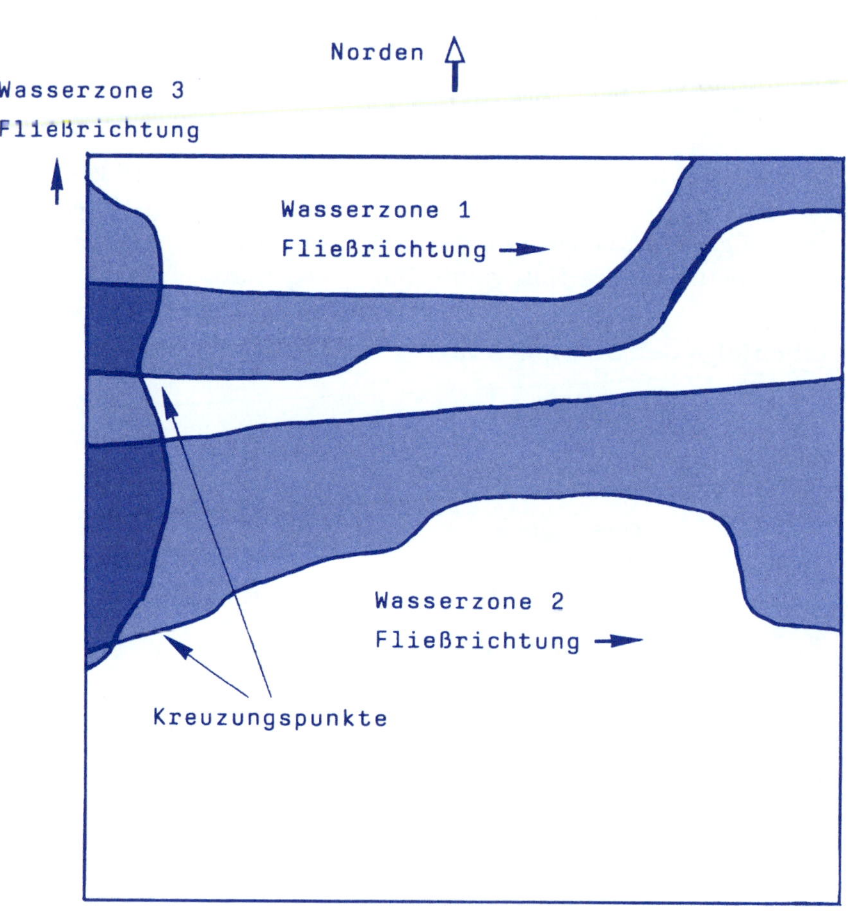

Globalgitter:

(1. Gitter, Hartmanngitter)

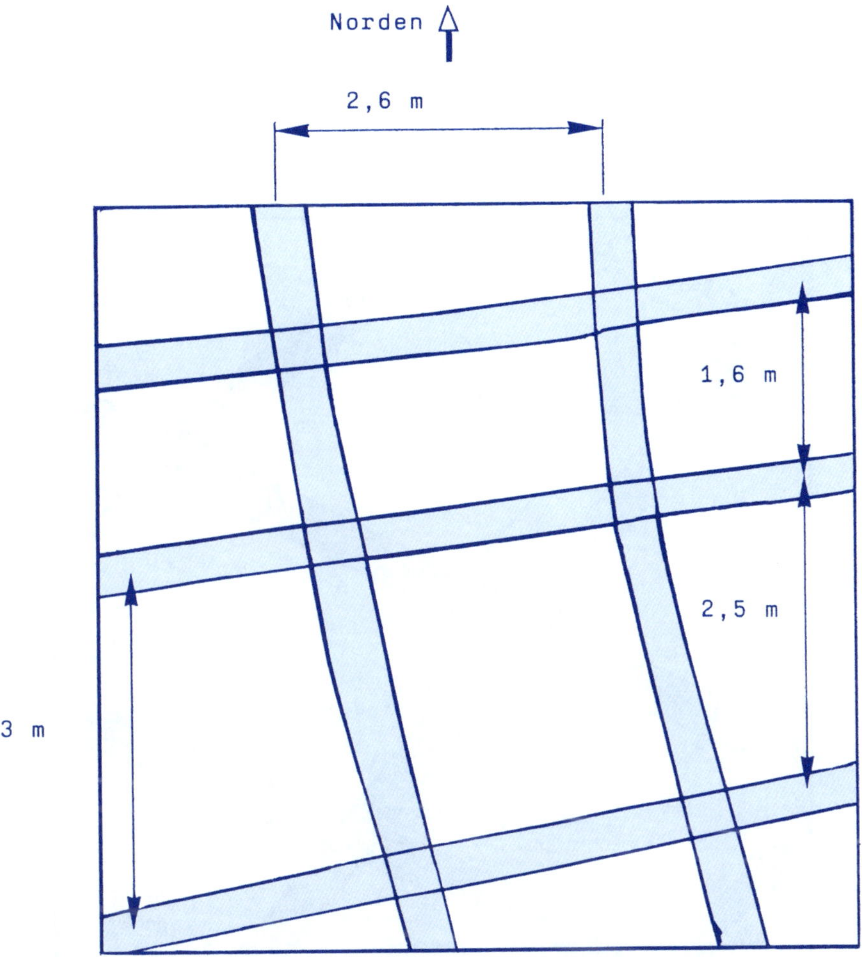

Hier zeigt sich, daß die **Abstände** und die **Zonenbreiten variieren**. Außerdem ist teilweise eine **Abweichung** von der **Nord-Süd-Richtung** gegeben. Die beiden oberen Linien haben sich in die Wasserzone hineinverlagert.

Diagonalgitter:

(2. Gitter, Curryzone)

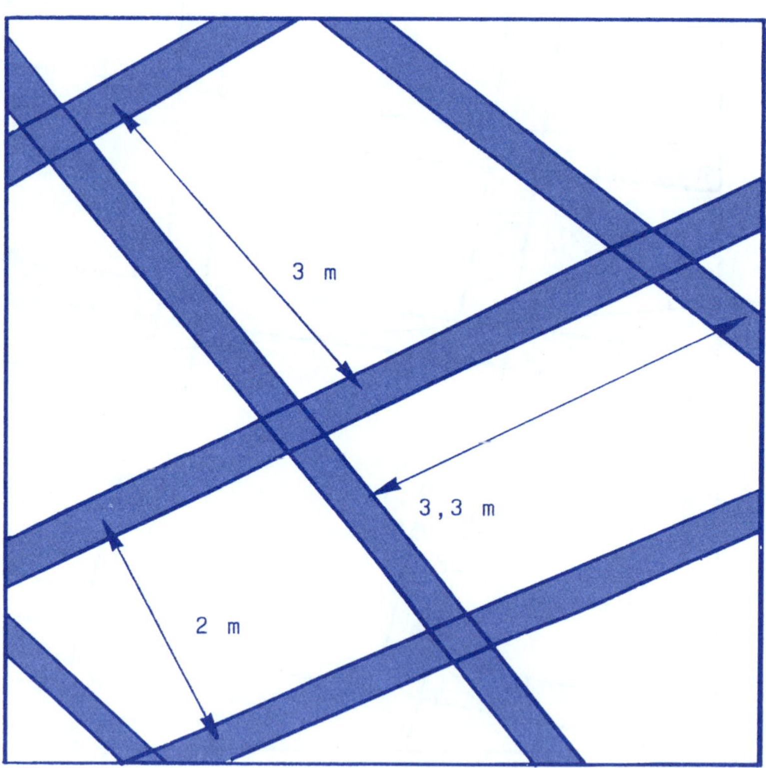

Auch hier zeigen sich variable Zonenabstände und Richtungsvariationen.

Verwerfungszone:

Mediallinie:

Eine Verwerfungszone führt häufig zusätzlich einen **Wasserlauf**, wodurch sich über die gesamte Länge eine **Kreuzungslinie** ergibt.

Kreuzungslinie, bestehend aus einer Verwerfung mit Wasserlauf:

Geologische Brüche bilden oft ideale Bedingungen für Wasserführungen. Die biologische Wirkung auf den Menschen ist dabei die gleiche wie bei einem Kreuzungspunkt, wobei aber hier die gesamte Länge als Kreuzungslinie wirkt. Je mehr Zonen durch einen Punkt führen, desto intensiver wird das Strahlungsfeld.

Gesamtbild aller Zonen übereinander:

Hieraus ist erkennbar, daß in diesem Zimmer **kaum störungsfreie Plätze** vorhanden sind.

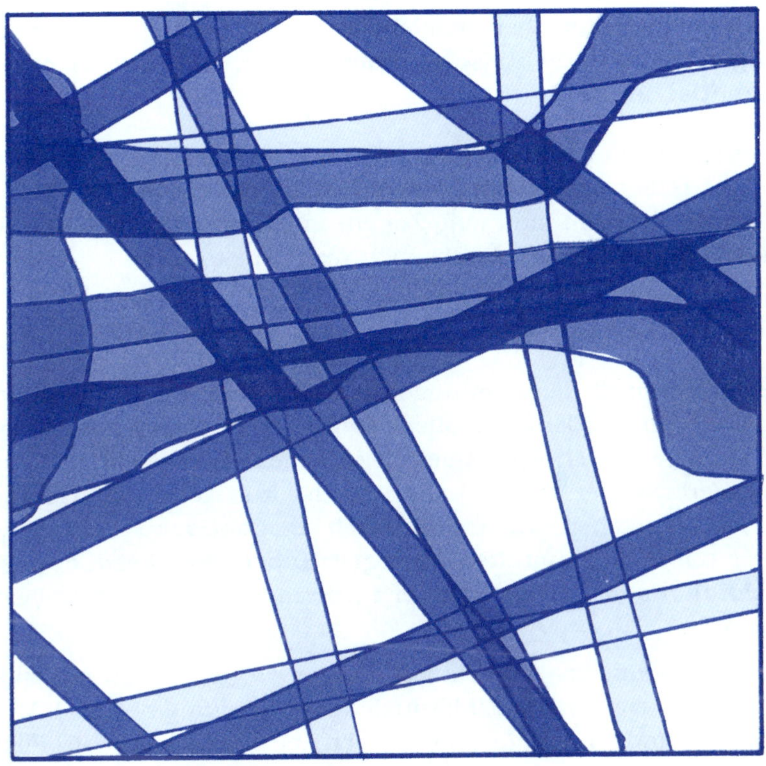

2.3 TECHNISCHE FELDER:

2.3.1 ELEKTRISCHE HAUSINSTALLATIONEN:

Die Spannungen, die derzeit verwendet werden, liegen bei 220 Volt und 380 Volt mit einer Frequenz von 50 Hertz (Hz) in Europa und 60 Hz in den USA. 50 Hz bedeutet, daß sich die Spannung 100 mal in der Sekunde umpolt. (Die Spannungen sollen außerdem in naher Zukunft auf 240 V bzw. 400 V angehoben werden.) Durch die Umpolungen ergeben sich Wechselfelder. Die anliegende **Spannung** erzeugt ein **elektrisches Feld** und der fließende **Strom** ein **magnetisches Feld**.

Da es praktisch kaum noch Häuser ohne elektrische Installationen gibt, betreffen diese technischen Felder die meisten Menschen. Besonders kritisch sind jene Zonen, in denen sich die Menschen lange Zeit aufhalten (Schlafbereich und Arbeitsplatz).

Kabel und Leitungen:

Die bei diesen Niederspannungen auftretenden Felder sollten nicht bagatellisiert werden. Vor allem **freiliegende Kabel** bauen auch dann ein biologisch wirksames elektrisches Wechselfeld auf, wenn kein Verbraucher eingeschaltet ist. Ist zusätzlich ein Gerät in Betrieb, entstehen **außerdem noch magnetische Felder**. Vor allem **unter Schlafstellen verlegte Kabel sind besonders bedenklich**, da sie bis ca. 3 Meter Entfernung nachweisbare Felder aufbauen.

Aber auch eingemauerte (unter Putz verlegte) Leitungen bilden Felder aus, die je nach Einbautiefe und Verlegung bis ca. 1 Meter wirksam sind. (Eine Verdrillung der Leitungen kann die Felder aufheben.)

Persönliche Erfahrungen:

Ich hatte allerdings auch schon einmal einen Fall, wo eine im Erdgeschoß verlegte 380 Volt-Leitung für einen Elektroherd durch ungünstige Bauweise nicht nur direkt am Verlegungsort, sondern auch im 1. Stock ein ca. 2,5 Meter breites Feld bis in die Raummitte aufbaute. Da in diesem Stockwerk nachweislich keinerlei Installationen in dieser Mauer verlegt waren, mißtraute ich meinem Rutenergebnis; eine spätere Messung mittels einer elektronischen Meßsonde bestätigte aber mein Ergebnis.

Abhilfe:

Abhilfe schaffen hier z.B. Netzfreischaltungen oder abgeschirmte Leitungen. Netzfreischalter sind im Handel erhältlich und können leicht von einem Fachmann montiert werden. Mit Hilfe dieses Gerätes wird das Netz automatisch nach dem Abschalten des letzten Verbrauchers abgeschaltet. Jetzt tastet der Netzfreischalter die Leitungen mit einer sehr kleinen Gleichspannung ab. Wird ein Schalter geschlossen (z.B. das Licht eingeschaltet), schaltet der Netzfreischalter die Spannung automatisch wieder ein (das Licht leuchtet).

Elektrische Anlagen im Schlafbereich:

Auch die Unsitte, im Schlafbereich viele Geräte wie Weckradios, Fernseher, Computeranlagen, Stereoanlagen und ähnliches aufzustellen, kann zu gesundheitlichen Beschwerden führen. In einem Fall verschwand die morgendliche Migräne spontan nach Entfernung des Weckradios! Wie gesagt, bei Montage eines Netzfreischalters können alle Installationen beibehalten werden, nur Geräte mit Bereitschaftsschaltungen müssen abgesteckt werden, um eine einwandfreie Funktion des Schalters zu gewährleisten.

Hinweise für Neuinstallationen:

Bei Neuinstallationen können zweipolige Ausschalter verwendet werden. Auch geerdete Stahlrohre – unter Putz verlegt – sind eine sinnvolle Möglichkeit vor allem dort, wo Geräte angeschlossen sind, die nicht abgeschaltet werden können. (Nachtspeicheranlagen, Kühlschränke und -truhen etc.). Auch abgeschirmte Kabel sind im Handel bereits erhältlich; diese Variante ist aber die teuerste.

2.3.2 TRAFOSTATIONEN:

Vor allem in Wohnhäusern eingebaute oder in nächster Nähe befindliche Stationen können zur Beeinträchtigung des Wohlbefindens und damit auch der Gesundheit führen. Ist die Anlage z.B. im Keller eines Wohnhauses montiert, kann es sogar zu einem ständigen Brummen und Vibrieren kommen. Bei einer Untersuchung einer Wohnung im fünften!! Stock pendelte die Kompaßnadel ständig hin und her und zeigte damit ein sich andauernd änderndes Magnetfeld.

Richtlinien für den Abstand von Wohnhäusern zu Hochspannungsanlagen:

(Trafostationen, Hochspannungsfreileitungen usw.)

$$\text{Süden: Abstand in Metern} = \frac{\text{Spannung x 3}}{1000}$$

$$\text{Osten, Norden, Westen: Abstand in m} = \frac{\text{Spannung}}{1000}$$

Beispiel:

Trafostation, Zuleitungsspannung 20 000 V (20 kV)

$$\text{Süd-Abstand} = \frac{20\,000 \times 3}{1000} = 60 \text{ m}$$

$$\text{Ost-West-Nord-Abstand} = \frac{20\,000}{1000} = 20 \text{ m}$$

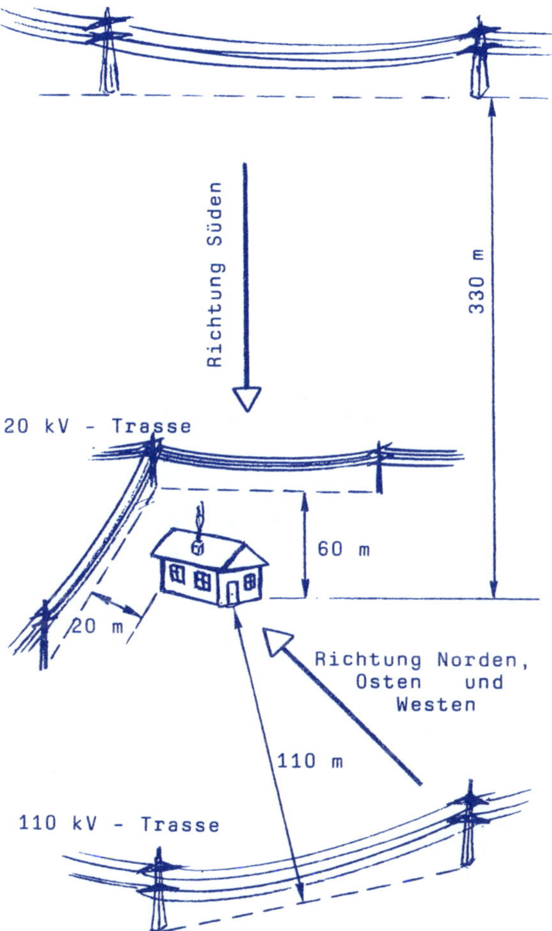

Bei 20 kV soll der Abstand zur Wohnanlage in Richtung Süden 60 m und nach Norden, Osten und Westen 20 m betragen.
Bei 110 kV ist ein Abstand nach Süden von 330 m und nach Norden, Osten und Westen von 110 m empfehlenswert.

2.3.3 HOCHSPANNUNGSANLAGEN und -LEITUNGEN:

Derzeit sind in Österreich Fernleitungen mit 110 000 Volt (110 kV), 220 kV und 380 kV in Verwendung. Geplant wird vom Verbund aber bereits eine 800 000 Volt-Leitung (800 kV).

Nimmt man die vorherigen Formeln, ergeben sich folgende

Abstände für Wohnanlagen:

		Süden		N, O, W
110 kV	...	**330 m**	...	**110 m**
220 kV	...	**660 m**	...	**220 m**
380 kV	...	**1140 m**	...	**380 m**
800 kV	...	**2400 m**	...	**800 m**

Aus dieser Aufstellung ist zu ersehen, daß die Abstände in Richtung Süden gar nicht eingehalten werden können. Selbst die Abstände nach Norden, Osten und Westen, die immerhin noch ein Drittel betragen, sind kaum einhaltbar!

Abhilfe würden Erdkabelverlegungen bringen.

Die dabei entstehenden höheren Kosten sind mit der Verminderung der Gesundheitsrisiken zu rechtfertigen. Eine einfache Kosten-Nutzen-Rechnung ist hier also nicht genug.

Einige Untersuchungen zeigen auch auf, daß das Waldsterben im Bereich von Hochspannungsanlagen sowie bei Radar- und Richtfunkanlagen signifikant höher ist.

Feldverteilungen von Hochspannungsfreileitungen:

Aus den folgenden Diagrammen sind die Feldverteilungen sowohl für die **elektrischen** als auch für die **magnetischen Felder** erkennbar:

Elektrisches Feld gemessen 0,5 m über dem Boden

Magnetisches Feld gemessen 0,5 m über dem Boden

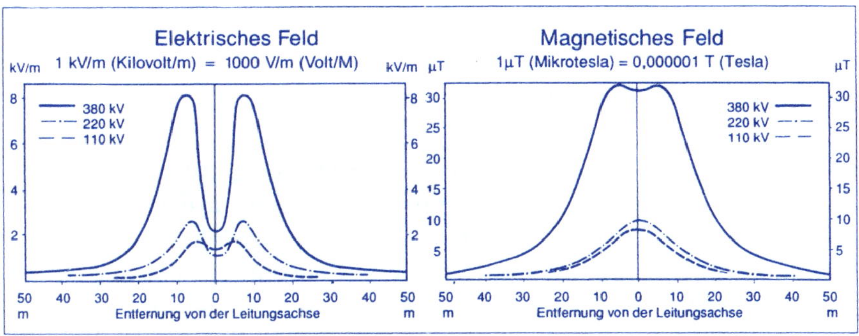

Wie aus dem Diagramm für elektrische Felder abgelesen werden kann, ist bei einer **380 kV - Leitung** in einer Entfernung von **20 m** zur Leitungsachse ein **elektrisches Feld** von **2 000 V/m** und in **10 m** Abstand von **8 000 V/m** vorhanden!

(Entnommen aus der Broschüre „Hochspannungsfreileitungen und ihr Einfluß auf den Menschen", vom Verband der Elektrizitätswerke Österreichs.)

Als Vergleich: Das natürliche Feld der Erde bei Schönwetterlage liegt bei etwa 50 bis 100 V/m. Bei Gewitterlage können die Spannungen ebenfalls beträchtlich höher liegen, allerdings nur für kurze Zeit.

2.3.4 SENDEANLAGEN:

Auf Grund der hohen Feldstärken in der Nähe von Sendeanlagen werden, je nach Sendeleistung, zwischen 3 km und 5 km Abstände empfohlen.

Abschirmbar sind diese Felder nur bedingt durch feinmaschige, geerdete Metallgitter an jener Hausmauer, die in Richtung Sendeanlage weist.

2.3.5 RICHTFUNKANLAGEN:

Diese sind auf Grund der genauen Ausrichtung auf den Empfängerschirm dann ein Problem, wenn die Anlagen auf Wohnhäuser montiert sind, oder ein Aufenthalt in den Streuwinkeln der Sendeanlagen gegeben ist. Bedauerlicherweise werden diese Aspekte nur selten berücksichtigt, und es wird leider auf Wohnhausanlagen keine Rücksicht genommen. Wegen der hohen Durchdringungsfähigkeit sind Abschirmeinrichtungen kaum wirksam.

2.3.6 RADARANLAGEN:

Diese äußerst energiereichen Strahlenbündel, die noch dazu ständig durch die Abtastung über bestimmte Wohngebiete streichen, können ernsthafte Probleme bringen. In dem Buch „Mikrowellen – verheimlichte Gefahr“ wird sehr ausführlich darüber berichtet. Diese Felder könnten nur durch flach angeordnete Metallflächen abgelenkt werden. Ein senkrecht zur Anlage stehendes Metallgitter würde durchdrungen werden.

2.3.7 ELEKTROSTATISCHE AUFLADUNGEN:

KUNSTSTOFFE:

Zum Unterschied zu den vorher beschriebenen technischen Einrichtungen, die vorwiegend **Wechselfelder** aufbauen, handelt es sich hier um **elektrostatische Gleichfelder, die ihre Polarität nicht ändern.**

Diese entstehen sehr häufig durch **Reibungselektrizität**. Sie bilden sich vor allem auf **isolierten Kunststoffbelägen** wie Bodenbeläge, Tischplatten, Sessel, Teppiche, Tapeten usw., aus. Die entstehenden Spannungen erreichen häufig eine Höhe von **15 000 Volt** und mehr. Diese Ladespannungen bleiben dann so lange erhalten, bis sie z.B. durch Berührung entladen werden.

Schon durch das Gehen über Kunststoffböden oder das Aufstehen aus einem kunststoffbeschichteten Sessel können sich Personen auf mehrere tausend Volt aufladen. Bei Berührung von Gegenständen entstehen dann schmerzhafte Entladeblitze, wobei es in gefährdeten Räumen (Benzindämpfe, Staub usw.) schon vielfach zu Explosionen gekommen ist.

Achten Sie darauf, daß in Ihren Wohnräumen **möglichst keine Kunststoffe** verwendet werden. Bei kunststoffbeschichteten Arbeitsplatten sowie durch das Tragen von Kunststoffkleidung (Nylonstrumpfhosen, etc.) kann es zu beträchtlichen Durchblutungsstörungen und Hautirritationen kommen. Vorsicht ist auch bei Tapeten geboten, da diese meist ihre Muster in Form von hauchdünnen Kunststoffschichten aufgebracht haben. Vor allem im Schlafbereich sollten keine Tapeten Verwendung finden.

BILDSCHIRME:

Auch an Bildschirmen von Monitoren (Computern) und Fernsehgeräten treten elektrostatische Aufladungen auf.

Hautirritationen und Bindehautentzündungen:

Viele Untersuchungen ergaben, daß die Wahrscheinlichkeit an Hautirritationen und Bindehautentzündungen zu erkranken durch die hohen Aufladespannungen an Bildschirmgeräten sehr groß ist, vor allem bei Geräten, die keine antistatischen Filter (Reflex-Schutz) aufweisen. An Homecomputern wurden in 30 cm Entfernung von der Bildschirmoberfläche statische Spannungen von über 30 000 V/m (Sanyo CRT-80) gemessen! Daß es auch anders geht, zeigt z.B. das Gerät Apple Macintosh Plus 1 Mb mit nur 140 V/m.

Hautausschläge:

Diese können dadurch entstehen, daß an den Geräten meist eine Ionisation der Luft mit positiven Ladungsträgern (ebenso an den meisten Kunststoffen) auftritt, und daß das Feld um den Menschen negativ geladen ist. Dadurch kommt es ständig zu Entladungen und einem Bombardement der Haut durch Staubpartikel. Diese Situation wird durch Kunststoffe in Räumen mit geringer Luftfeuchtigkeit und durch Staub wesentlich verschlimmert. Eine Anhebung der Luftfeuchtigkeit wirkt sich in jedem Fall positiv aus.

Weiterführende Literatur:

Krank durch Computer
Schewe Carola
Rowohlt Taschenbuch Verlag GmbH

Gesünder Wohnen
Gartner/Winklbaur
Orac Verlag

Die Kleidung – unsere zweite Haut
Lehmann Paulus Johannes
bioverlag gesundleben

Die Strahlung der Erde und ihre Wirkung auf das Leben
Endrös Robert
Paffrath Verlag

2.4 EINRICHTUNG GESUNDER WOHN- UND SCHLAFRÄUME:

Bei den Wohnräumen sind die nachfolgenden Richtlinien vor allem für jene Räume besonders zu beachten, wo lange Aufenthaltszeiten erwartet werden können, insbesondere aber für **Kinderzimmer.**

2.4.1 Bauliche Maßnahmen:

Alle verwendeten Materialien sollten aus **natürlichen Bestandteilen** bestehen.

Holz:

Vor allem Holz in **unbehandelter Form** für Deckenkonstruktionen (z.B. Lamperieholz ist noch dazu meist billiger als Verputz!) oder, mit **Bienenwachs** eingelassen, ist das zu **bevorzugende Material** für Bodenbeläge und Einrichtungsgegenstände. Lackierungen sowie Versiegelungen mit **Kunstharzlacken** sollte man wegen der statischen Aufladung unbedingt **meiden.**

Isolierung:

Als **Isoliermaterial** sind **Kokosmatten ideal** geeignet. Sie geben einerseits **keinerlei Feinstäube** ab und andererseits sind sie verrottungsfest und unempfindlich gegen Feuchtigkeit. (Die Isoliereigenschaften bleiben auch im feuchten Zustand weitgehend erhalten.) Auch zur Isolierung von Dachausbauten ist dieses Material zu bevorzugen.

Dampfsperren:

Bei Verwendung von Kokosfasern werden **keine Dampfsperren** benötigt, da die Feuchtigkeit von der Faser aufgenommen und bei Trockenheit langsam wieder abgegeben wird.

Dampfsperren aus Metallbeschichtungen sind wegen der reflektorischen Eigenschaften **nicht empfehlenswert!** (Alle Störfelder werden durch spiegelnde Flächen reflektiert und fallweise an bestimmten Stellen – als stehende Wellen – verstärkt.)

Wandkonstruktionen:

Die Wände sollten **atmungsaktiv** gebaut sein, daher haben sich z.B. Zementputze nicht bewährt. Am besten sind **Löschkalkputze** ebenso wie ausgekalkte Wände. Da diese aber nicht abriebfest sind, können auch Naturdispersionen (Fa. Auro oder Livos etc.) oder herkömmliche Wandanstriche ohne chemische Bindemittel Verwendung finden. Gemieden werden sollte unbedingt jegliche Art von Kunststoffbeschichtungen.

Holzimitationen sollten ebenfalls **nicht verwendet** werden. (Preßspanplatten enthalten ausdampfendes Formaldehyd und häufig Kunststoffbeschichtungen.)

Elektrische Leitungen:

Diese sollten abgeschirmt oder **netzfrei** geschaltet werden. (Siehe auch Seite 32 bis 34.)

Keine freiliegenden Kabel unter Schlafstellen verlegen!

2.4.2 Einrichtungen:

Möbel:

Möbel sollten ebenfalls ausschließlich aus Naturmaterialien bestehen. Schreibtischsessel aus Stahlrohr oder metallischen Drehkreuzen sind Hochfrequenz-Empfangsantennen und verstrahlen oft ganze Räume. Verwenden Sie nach Möglichkeit **keine Metallgegenstände.**

Matratzen:

Verwenden Sie nur solche Matratzen, die aus Naturmaterialien bestehen und keine Metallteile oder -folien eingebaut haben. Bewährt haben sich Latexmatratzen, eventuell kombiniert mit anderen Naturmaterialien (Baumwollflies, Schafwolle und ähnliches). Vermeiden Sie Matratzen mit metallischen Federn, sowie Betten mit Stahlrahmen oder -gestängen.

Spiegel:

Spiegel reflektieren alle Störquellen und haben daher vor allem in Schlafräumen keinen Platz.

Vorhänge und Bettüberzüge:

Achten Sie darauf, daß **Vorhänge** und **Bettüberzüge** sowie sonstige **Textilien aus 100 % Baumwolle** bestehen! Stoffe mit der Bezeichnung reine Baumwolle dürfen einen geringen Prozentsatz Kunstfaser enthalten. (Vorsicht daher vor allem bei Spannleintüchern, diese enthalten oft bis zu 20 % Kunstfaser.)

2.4.3 Pflanzen in Schlafräumen:

Vor allem **große Pflanzen** sollten **nicht** in Schlafräumen stehen; dies hat mehrere Gründe:

* **Atmung der Pflanzen:** Nur unter Einfluß von Licht atmen Pflanzen Sauerstoff aus, bei Dunkelheit Kohlendioxid!

Tag: $12H_2O$ + ADP + Phosphat + Licht --▶ $12H_2$ + 60_2 + ATP

Durch die Energie des Lichts wird Wasser in Wasserstoff (H_2) und Sauerstoff (O_2) gespalten. Die dabei frei werdende Energie wird in chemische Energie (ATP) umgewandelt. ATP (Adenosin-tri-phosphat) ist der wichtigste Energieträger aller Organismen. ADP (Adenosin-di-phosphat) und Energie ergibt ATP.

Nacht: $C_6H_{12}O_6 + 6O_2 \longrightarrow 6CO_2 + 6H_2O$ + Energie

Bei Dunkelheit erzeugt die Pflanze Kohlendioxid (CO_2), Wasser (H_2O) und Wärme (Energie).

* **Energie:** Tropen- und Wüstenpflanzen brauchen wesentlich mehr Energie, als ihnen in unseren Breiten zur Verfügung steht. Daher sind sie gezwungen, Energien von Mensch und Tier aufzunehmen um überleben zu können. Dies kann aber speziell während des Schlafes zu Energiemangel und dadurch zu Abwehrschwäche und Krankheit führen.
  Während des Tages kann durch liebevolles Denken und Umgehen mit den Pflanzen dieser Mangel leicht ausgeglichen werden, im Schlaf aber nur schwer.

* **Sporen, Samen und Pollen:** Diese können bei allergisch reagierenden Menschen ein zusätzliches Problem werden (Farne).

2.4.4 Himmelsrichtung der Schlafstellen:

Die Betten sollten so aufgestellt werden, daß der **Kopf im Norden** zu liegen kommt. Dies führt nach Untersuchungen von Schlafforschern zu einer längeren Tiefschlafphase.

2.5 MIKROWELLENHERDE:

2.5.1 Wärmeeffekt:

Zu einer Erwärmung im Gewebe kommt es vor allem im Frequenzbereich zwischen 200 MHz (200 Millionen Schwingungen pro Sekunde) und 20 GHz (20 Milliarden Schwingungen pro Sekunde). Die Frequenz von Mikrowellenherden, die zum Kochen verwendet werden, liegt bei 2,45 GHz (das ergibt 4,9 Milliarden Umpolungen pro Sekunde). Durch die aufgezwungene chaotische Bewegung von Atomen, Molekülen und Zellen reiben diese aneinander, und es entsteht Wärme. Dabei werden Molekülstrukturen zerrissen und zwangsverformt, wodurch sie ihrer natürlichen Funktion beraubt werden. Die Strahlung wird als Leistung pro wirksamer Fläche angegeben (z.B. mW/cm^2 = Milliwatt/Quadratzentimeter). Die Strahlungsleistung im Geräteinneren liegt ca. bei 600 Watt, das entspricht etwa der Leistung eines Fernsehsenders.

2.5.2 Sicherheit:

Um Mikrowellenherde auf ihre Sicherheit beurteilen zu können, müssen diese auf zwei Faktoren hin überprüft werden:

2.5.3 Leckstrahlung:

Das ist jene **Strahlung**, die aus **jedem Gerät, auch** mit **bester Abschirmung**, während des Betriebes herauskommt.

Nun gibt es **Vorschriften**, übrigens **in jedem Land andere**, die diese zulässige Leckstrahlung regeln. Nach EG-Richtlinien dürfen 10 mW/cm^2 in 5 cm Entfernung abstrahlen. In Österreich sind 5 mW/cm^2 erlaubt.

Bedenkt man, daß diese Strahlung gegenüber dem stärksten natürlichen Strahler, nämlich der Sonne, ca. **eine Milliarde mal höher** ist, ist es verständlich, daß manche Menschen ein Verbot von Mikrowellenherden verlangen. (Mikrowellen – die verheimlichte Gefahr.)

Überschreitung der Grenzwerte:

Solange ein Gerät in Ordnung und die Dichtung nicht verschmutzt ist, werden obige Sicherheitsgrenzen kaum überschritten. Nach einer Untersuchung der gastgewerblich genutzten Mikrowellenherde in der BRD überschritt jedoch ca. jeder 5. Herd diese Werte aufgrund von verschmutzten oder defekten Dichtungen. Zwei der untersuchten Geräte überschritten

50 mW/cm^2!

Bei diesem Wert kommt es bereits, laut einer Studie des österreichischen Forschungszentrums Seibersdorf, zu einer mikroskopisch sichtbaren Veränderung im Auge, da im Augeninneren eine Temperaturerhöhung auftritt. Dadurch besteht bei wiederholter Bestrahlung die Möglichkeit einer Linsentrübung sowie einer Chromosomenschädigung in den Zellen der Hornhaut!

Achtung: Abstand ist der beste Schutz, da die Strahlung mit dem Quadrat der Entfernung abnimmt.

(Die doppelte Entfernung ergibt ein Viertel der Strahlung. Dies **gilt nicht** für elektrische Felder, diese nehmen linear mit der Entfernung ab!)

Nachweisbarkeit der Leckstrahlung:

Ein in ordnungsgemäßem Betrieb befindliches Gerät läßt sich mit Meßgeräten im Umkreis von ca. 50 m nachweisen, wobei selbst Mauern praktisch kein Hindernis darstellen (ausgenommen Stahlbeton).

Weiterführende Literatur:

Mikrowellen – die verheimlichte Gefahr
Paul Brodeur
Augustus Verlag Augsburg

Schutz vor nichtionisierender elektromagnetischer Strahlung
Forschungsauftrag des Bundesministeriums für Gesundheit und Umweltschutz, Wien
Zl. III-430.001/31-1/82

2.5.4 Veränderung der Nahrungsmittel:

Wie aus einigen Untersuchungen hervorgeht, wird durch die Bestrahlung mit der Mikrowelle auch die **Nahrungsmittelqualität** verändert.

Bei hoher Bestrahlung kann sich die Struktur von Aminosäuren (Eiweißbausteine) verändern. (Publikation von Dr. Lubec im medizinischen Fachblatt „Lancet".)

Die **neueste wissenschaftliche Studie, durchgeführt** von **Dr. Bernhard H. Blanc, Institut für Biochemie, Lausanne und Dr. Hans U. Hertel, Umweltbiologische Beratung** und **Forschung, veröffentlicht in** der Zeitschrift **„Raum und Zeit" Nr. 55/92**, zeigte z.B. bei Milch folgende Veränderungen:

Veränderung bei Milch:

* Zunahme des Säuregrades.

* Das Sediment (sand- und schlempenartiger Absatz) nimmt zu, da die Eiweißstabilität überfordert wird.

* Die Fettstruktur ballt sich zu Riesenformen zusammen, d.h. die Fettkügelchenmembranen werden zerstört.

* Die Folsäure (Vitamin der B-Gruppe) nimmt ab.

* Der Nichtprotein-Stickstoff nimmt zu.

* Aufladung der Milch mit Energie (vermutlich durch induktive Übertragung). Erkennbar dadurch, daß Bakterien längere Zeit „leuchten" als bei anderwärtig erwärmter Milch.

Zusammenfassendes Ergebnis obiger Studie:

Untersucht wurden **Milch** und **Gemüse** und deren **Wirkung** auf die **Blutwerte** des Menschen.

Die Untersuchung wurde zwei Monate lang an acht Testpersonen durchgeführt. In Abständen von zwei bis fünf Tagen wurde ihnen je eine der Nahrungsmittel-Variationen nüchtern gegeben. Knapp vor und in genau definierten Abständen nach der Nahrungsaufnahme wurde den Personen Blut abgenommen und deren Werte untersucht.

Die Nahrungsmittel-Variationen waren:

1. Rohmilch ungekocht.
2. Die gleiche Milch konventionell gekocht.
3. Pasteurisierte Milch ungekocht.
4. Die gleiche Rohmilch im Mikrowellenherd aufgekocht.
5. Rohgemüse ungekocht.
6. Das gleiche Gemüse konventionell gekocht.
7. Das gleiche Gemüse im Mikrowellenherd aufgekocht.
8. Das gleiche Gemüse tiefgefroren und im Mikrowellenherd aufgetaut.

Ergebnis:

Durch das Verspeisen der im Mikrowellenherd erwärmten Nahrung zeigten sich folgende **Veränderungen der Blutwerte:**

* **Signifikante Abnahme aller Hämoglobin-Werte**
  Diese Abnahmen sind Anzeichen von Anämie und werden mit Mikrozytose und Vergiftungen sowie deren Folgeerscheinungen wie Rheuma, Fieber, Hypophyseninsuffizienz, etc. in Zusammenhang gebracht.

* **Zunahme der Cholesterin-Werte** (HDL- und LDL-Anteile) von mit Mikrowellen gewärmtem Gemüse
  Dies zeigt eine akute Streßsituation an und hängt offensichtlich wenig mit dem Cholesteringehalt der Nahrungsmittel zusammen. (Dies wird auch durch neue wissenschaftliche Studien bestätigt.)

* **Zunahme der Leukozyten**
  Sie sind Anzeiger pathogener Einwirkungen auf das lebendige System, z.B. bei Vergiftungen und Zellschädigungen.

* **Abnahme der Lymphozyten**
  Diese reagieren vor allem bei Einwirkungen von Streß (z.B. Giften).

* **Bakterien zeigten** im Blut längere Zeit **einen erhöhten Energiezustand** durch ein „Leuchten" an, als bei herkömmlich erwärmter gleicher Nahrung. Dies läßt den Schluß zu, daß eine induktive Übertragung über die bestrahlte Nahrung auf den lebenden Organismus und das Blut erfolgen kann.

Gesamtbeurteilung:

Die **gemessenen Auswirkungen** auf die Blutwerte der Testpersonen durch die im Mikrowellenherd erwärmte Nahrung zeigten im Gegensatz zu den übrigen Nahrungsvarianten den **Beginn pathogener Veränderungen** – ähnlich dem Krebsgeschehen.

Die Ergebnisse decken sich auch mit den Deformationen an lebenden Zellen, die mit Mikrowellen bestrahlt wurden.

2.5.5 Mikrowelle aus geistiger Sicht:

Verständlich wird die gesamte Situation und alle Ergebnisse, wenn diese Untersuchungen aus geistiger Sicht betrachtet werden:

Auch die Verwendung von Mikrowellen stellt bereits ein willkürliches Freisetzen **„negativer Geistwesen"** dar. Diese richten nicht nur im Körper Unordnung an, sondern auch in der Umwelt.

2.5.6 Aufhebung der negativen Wirkung bestrahlter Lebensmittel:

Sollten Sie gezwungen sein, Nahrungsmittel zu verspeisen, die im Mikrowellenherd gekocht bzw. aufgewärmt oder anderwärtig bestrahlt wurden (z.B. mit Gammastrahlung, was in EG-Ländern durchaus üblich ist), können Sie alle Strahlungseinflüsse mit Gebetsbehandlungen aufheben und Ihre Nahrung schwingungsmäßig anheben.

Tischgebet und Gebet zur Aufhebung negativer Inhaltsstoffe

Lieber, gütiger, barmherziger, himmlischer Vater, im Namen Jesus Christus bitte(n) ich (wir) Dich, **löse** alle Geistwesen, die in Form von strahlenden Materialien und Giftstoffen gebunden sind oder widerrechtlich freigesetzt werden und alle Viren und Bakterien und deren Gruppenseelen **in Deinem göttlichen Licht auf**, damit sie keinerlei Schaden mehr anrichten können.

Durchströme und lade diese Speisen und Getränke mit Deinem göttlichen Licht und Deiner unendlichen Liebe, damit dadurch Friede, Gesundheit und Harmonie bei mir (uns) einkehrt, und ermögliche mir (uns), alle begleitenden Elementarwesen in die Geistsphäre anzuheben.

Herr, ich (wir) bitte(n) Dich, sei mein (unser) Gast.
Ich (Wir) danke(n) Dir für diese Speisen.

Herr, Dein Wille geschehe!

Amen.

2.6 AUFBAU MENTALER ZONEN:

Neben den natürlichen und technischen Feldern werden auch noch sog. **mentale Felder** aufgebaut.

2.6.1 Positive Mentallinien:

Wird ein Ort z.B. regelmäßig zur Meditation verwendet, entstehen häufig **mentale Zonen** oder **Mentallinien**, welche die spirituelle Wirkung des Ortes verstärken und den Meditierenden im Lauf der Zeit positiv unterstützen.
(Siehe auch 2.1.5 Mediallinien, Seite 23.)

2.6.2 Negative Mentallinien:

Dementsprechend kann jede negative regelmäßige Handlung unangenehme mentale Zonen, eben Störzonen, aufbauen.

2.6.3 Elementale:

Dies geschieht durch **Elementale**. Das sind Geistwesen, die durch die Gedankenkraft eines Menschen geschaffen werden. Jeder Gedanke hat ein Elemental zur Folge, das diesen zur Vollendung bringen will. (Jeder Gedanke strebt seiner Vollendung zu.)

Warnung:

Jeder negative Gedanke, jeder Streit, jede negative Emotion schafft Elementale, die dann ihrerseits entsprechende Felder aufbauen können. Diese befinden sich auch über natürlichen Feldern, insbesondere über Kreuzungspunkten und halten die negative Wirkung über lange Zeit aufrecht.

2.6.4 Elementare:

Außerdem finden sich Naturgeister (Elementare) ein, die in den Bann von luziferischen und ahrimanischen (satanischen) Wesen gekommen sind, da die meisten Menschen an Naturgeister nicht mehr glauben, geschweige denn sie beachten.

Die Elementare besitzen keine Ich-Kräfte, sind daher leicht beeinflußbar und können für negative Agitationen mißbraucht werden!

Dies ist auch einer der Gründe für das Sterben der Natur. Negativ beeinflußte Elementare übernehmen zunehmend die webenden und formenden Kräfte im Naturreich und die positiven Naturgeister ziehen sich zurück. Dadurch wird es möglich, daß viele Pflanzen verkümmern und sich deren Wirkstoffe verändern und umkehren.

2.6.5 Ahrimanische Wesen:

Ahrimanische Wesen haben Einfluß auf das Erd- und Wasserelement und beeinflussen damit alle materiellen Angelegenheiten, wie Verhärtungskräfte, Instinkte, Begierden und Leidenschaften und stellen sich mit all ihren Kräften gegen die geistig-spirituelle Entwicklung des Menschen. Sie sind auch für alle zerstörerischen Kräfte und parasitären Vorgänge im Körper von Mensch und Tier verantwortlich.
Weiters lösen sie Erdbeben und Überschwemmungskatastrophen aus.

2.6.6 Luziferische Wesen:

Diese haben Einfluß auf das Luft- und Feuerelement. Sie bewirken damit Stürme und Feuersbrünste. Außerdem versuchen sie, Menschen dazu zu verführen übermäßige Moralisten zu sein und sind verantwortlich für die Pedanterie.

2.6.7 Andere Wesenheiten:

Aufgrund des Resonanzgesetzes werden Strahlungsfelder noch zusätzlich von erdgebundenen Verstorbenen, teuflischen Wesen und verschiedenen anderen Wesenheiten besetzt, da diese Zonen auch Nahtstellen ins Jenseits darstellen.

Einer der Gründe, warum Menschen immer wieder Besetzungen unterliegen, ist unter anderem in solch aufgeladenen Zonen zu finden.

Ich habe dies immer wieder erlebt und belege dies mit folgendem

Fallbeispiel:

Ein Ehepaar lebte bereits in Scheidung, da es besonders am Morgen schon heftigen Streit hatte.

Nach meiner Untersuchung hatten beide Partner eine schwere Besetzung mit einer Hypnose. Der Ehemann war aus der gemeinsamen Wohnung bereits ausgezogen. Nach Anwendung der Befreiungsgebete (siehe Pendelbuch Kapitel Gebete), zog die Frau die Scheidungsklage zurück und es erfolgte ein Versöhnungsgespräch.

In der Zwischenzeit hatte ich auch Gelegenheit, die Schlafstelle radiästhetisch zu untersuchen. Quer durch beide Betten verlief eine Wasserzone, gekreuzt sowohl mit Hartmann- als auch Curryzonen.

Der Ehemann, der wieder in die Wohnung zurückkam, weigerte sich aber, ein anderes Zimmer als Schlafstelle zu wählen. Jeden Morgen hatten also beide wieder eine Besetzung und damit ihren täglichen Streit. So war es wohl vorherzusehen, daß die Verbindung nicht sehr lange halten würde. Zu dieser Zeit wußte ich auch noch nichts von der Möglichkeit, diese Zonen durch Gebete aufzuheben.

Sie sehen an diesem Beispiel, wie wichtig es ist, einerseits Störfelder für Schlafplätze zu meiden und andererseits auf alle Wesenheiten liebevoll einzuwirken, um Harmonie herzustellen.

Meine **Empfehlung** lautet daher:

Im **Schlafbereich** sollten sich **keinerlei Zonen** (auch keine positiven) befinden.

3. KAPITEL

DIE MAGIE DER STRAHLUNGSFELDER

3. DIE MAGIE DER STRAHLUNGSFELDER

3.1 DIE MAGIE UM DIE STÖRZONEN:

3.1.1 Aufbau von Störzonen mittels Gedankenkraft:

Eine **große Gefahr** ist das **Erdenken von Störzonen.**

Jede gedankliche Vermutung eines Störfeldes kann ein solches auch aufbauen.

Es gibt Radiästheten, die bereits mehr als dreißig !! verschiedene Störzonen suchen und auch finden.

Die Mehrzahl dieser Zonen ist von Menschen aber **erdacht** worden und hat daher **keinerlei physikalische Ursachen.** Mittels eines einfachen Gebetes können, wenn es von Gott zugelassen wird, alle diese Zonen aufgehoben und beseitigt werden.

Auch der bewußte Aufbau von Strahlungsfeldern ist möglich. Dies bedarf aber der Mitwirkung von Elementaren (Naturgeistern) und / oder Elementalen (Gedankenformen). Die Energie, die dafür von diesen Wesen aufgewendet wird, muß jedoch wieder zurückgegeben werden, da immer ein Ausgleich geschaffen werden muß. (Siehe auch Pendelbuch, Kapitel Gebete.)

Ebenso wird für die Schaffung von Elementalen **Lebensenergie verbraucht**.

WARNUNG:

Daher rate ich dringend davon ab, Magie in irgendeiner Form anzuwenden. Besonders gefährlich aber ist es, magische Handlungen in selbstsüchtiger Weise einzusetzen!

3.1.2 Die Magie um die Aufhebung von Störzonen:

Wichtige Erkenntnis:

Fast alle **Entstörgeräte** sind nur **magische Hilfsmittel** zur geistigen Eliminierung von Störfeldern.
Prinzipiell können **alle Gegenstände** zur Aufhebung von Störzonen Verwendung finden.

Ich habe z.B. bei einem Vortrag einen Schlüsselbund als Entstörmittel verwendet. Meine **geistige Einstellung** „Dieser Schlüsselbund hebt diese Störzone auf" reichte vollkommen aus, um alle Ruten und Pendel zur Ruhe kommen zu lassen.

Hierbei liegt auch das große **Problem von Entstörgeräten.**

Wirksamkeit bzw. Unwirksamkeit von Entstörgeräten:

Je nach geistiger Entwicklung des Herstellers wird die **Ladung** des Entstörgerätes kürzer oder länger anhalten. Werden nicht spezielle magische Techniken angewandt, um ein automatisches Nachladen der Entstörwirkung eines Gegenstandes zu vollziehen, verschwindet die Wirkung meist bereits nach kurzer Zeit. Oft genügt auch schon das Anzweifeln der Wirkung eines Gegenstandes, um dessen Funktion außer Betrieb zu setzen. Hier habe ich auch erlebt, daß, solange der Hersteller eines Entstörgerätes anwesend war, dieses ausgezeichnet funktionierte. Entfernte sich der Konstrukteur aber, war jegliche Funktion ebenfalls weg, besonders dann, wenn Zweifler anwesend waren.

Ich möchte an dieser Stelle darauf hinweisen, daß wenige der Entstörgeräte für eine gewisse Zeit wirklich funktionieren können, besonders dann, wenn der Hersteller selbst intensiv daran glaubt! Daher stelle ich hierbei nicht die Ehrlichkeit dieser Radiästheten in Frage, denn die Entstörmaßnahmen funktionieren ja wirklich, leider all zu oft nur für kurze Zeit.

Ablehnung von Entstörgeräten:

Mit gutem Recht lehnt daher der Radiästhesieverband – Wien alle Entstörgeräte ab!

Auch die Entstörung der Ausstrahlung von Steckdosen durch Umpolen der Anschlüsse gehört in den Bereich der magischen Handlungen. Gedanken der Wirkungslosigkeit dieser Manipulation heben die Entstörwirkung auch prompt wieder auf.
(Über die technische Wirkung eines Umdrehens des Steckeranschlusses von Geräten siehe Seite 72.)

3.1.3 Funktion der Form dieser Magie:

Schon Jesus Christus sagte: **„Der Glaube versetzt Berge!"**

Die Überzeugung, daß ein Gegenstand eine gewisse Funktion aufweist, bewirkt eine Ladung mittels einer Gedankenform, dem sogenannten **Elemental**. Dieses Geistwesen ist nun, wenn es stark genug „erdacht" wurde, in der Lage, die gewünschte Arbeit auszuführen.

Das Elemental erhält noch mehr Energie, wenn die gewünschte Wirkung laut ausgesprochen wird. **(„Am Anfang war das Wort!")** Daher haben Geräte, deren Funktion oftmals sprachlich angeboten wird, zweifellos schon dadurch eine gewisse Wirkung.

Wichtig bei diesen Dingen ist, daß niemand für jemand anderen die Verantwortung übernehmen kann. Das heißt, daß **jedwede Form** von **Entstörgeräten, Abschirmmatten und ähnlichem nur kurze Zeit, wenn überhaupt, wirksam** ist oder sogar **schädliche Sekundäreffekte** bewirkt (z.B. Verschlechterung der Immunlage). Um Entstörmaßnahmen dauerhaft wirksam werden zu lassen, muß jeder selbst einen Einsatz geben, und zwar regelmäßig.

Schutzformel:

Eine mögliche Formel, die mir vor allem am Beginn meines Weges sehr viel geholfen hat, lautet:

„Ich verschließe mich gegen alles Negative und öffne mich für alles Positive!“
Diese Formel ist speziell anfangs möglichst oft zu wiederholen.

Viel wirksamer und günstiger finde ich allerdings die Gebetsform, wobei sich **folgender Text** als **besonders wirksam** herausgestellt hat:

Gebet zur Auflösung von Störzonen und Störfeldern

Lieber, gütiger, barmherziger, himmlischer Vater, im Namen Jesus Christus bitte ich Dich, **löse alle negativen Elementale und alle Strahlungsfelder der Störzonen,** die sich an diesem Ort (bzw. in der Wohnung) befinden, **in Deinem göttlichen Licht auf.**

Außerdem bitte ich Dich, befreie alle Naturgeister, die sich ebenfalls an diesem Ort aufhalten, aus der Beeinflussung aller negativer Wesen, durchströme sie mit Deinem göttlichen Licht und Deiner unendlichen Liebe, damit sie Deine göttliche Ordnung wieder herstellen können.

Bitte lasse außerdem allen negativen Wesen einen Strahl Deiner göttlichen Gnade zukommen und durchströme sie mit Deiner unendlichen Liebe, damit sie in der Entwicklung zu Dir fortschreiten bzw. in ihre zuständige Sphäre eingehen können.

Herr, Dein Wille geschehe!

Danke, Amen.

Sollte man, aus welchen Gründen auch immer, gezwungen sein, sich längere Zeit in Störfeldern aufzuhalten (gilt auch für elektromagnetische Felder), ist es sinnvoll, das Gebet zur Aufhebung von Störfeldern mindestens einmal täglich, am besten vor dem Aufsuchen des Ortes, zu beten, da durch unser Fehlverhalten, (z.B. negative Emotionen) sich diese relativ rasch wieder aufbauen können.

In nicht vom Menschen „geistig verunreinigten“ Gegenden kann ein einmalig angewandtes Gebet praktisch unbegrenzt wirksam bleiben. Aber wo gibt es noch solche Orte?

3.2 ZUSÄTZLICHER FAKTOR - ATOMENERGIE

Dieser Punkt sollte nicht außer acht gelassen werden!

Durch die Anwendung der Atomenergie, auch der sog. friedlichen Nutzung, aber insbesondere vor allem durch die Kernwaffenversuche, werden Geistwesen freigesetzt, die auf der ganzen Welt Unfrieden stiften und sowohl **geistig** als auch **materiell** die Umwelt in höchstem Maße vergiften. Auch diese Wesenheiten verursachen die besagten Störfelder.

Wie ich im Pendelbuch ausführlich berichtet habe, lassen sich mittels des Gebets auch künstliche radioaktive Verstrahlungen beseitigen.

Gebet zur Auflösung bzw. Verminderung radioaktiver Strahlung:

Lieber, gütiger, barmherziger, himmlischer Vater, im Namen Jesus Christus bitte(n) ich (wir) Dich, **löse alle Geistwesen**, die in diesem Material (Haus, Feld, Speisen usw.) in Form von strahlenden Bestandteilen und Giftstoffen gebunden sind oder widerrechtlich freigesetzt werden, **in Deinem göttlichen Licht auf**, damit sie keinerlei Schaden an Menschen, Tieren und Pflanzen anrichten können.

Herr, Dein Wille geschehe!

Danke, Amen.

Global kann mit folgendem Gebet gearbeitet werden, um eine Beeinflussung durch diese Wesenheiten einzudämmen:

Gebet gegen künstlich freigesetzte Radioaktivität durch Atomversuche und Kernreaktoren:

Lieber gütiger, barmherziger, himmlischer Vater, im Namen Jesus Christus bitte ich Dich, löse alle negativen Geistwesen, die in Form von strahlenden Materialien und Giftstoffen weltweit durch die **Atomtechnologie** und insbesondere durch **Kernwaffen** und **Kernreaktoren** widerrechtlich freigesetzt werden, in Deinem göttlichen Licht auf, damit sie keinerlei Schaden mehr anrichten können.

Durchströme alle Bestandteile der Erde und deren Bewohner sowie alle Geistwesen und Elementare mit Deinem göttlichen Licht und Deiner unendlichen Liebe, damit alle Abwehrkräfte aktiviert werden und Deine göttliche Ordnung in allen Bereichen und Ebenen wiederhergestellt wird.

Herr, Dein Wille geschehe!

Danke, Amen.

Weiterführende Literatur:

Pendelbuch
Haas Karl
Anna Pichler Verlag

Die entschleierte Aura
Weigl Gisela/Wenzel Franz
Aquamarin Verlag

Wende durch das Atom
Pfaffenzeller Wilhelm
Turm-Verlag Bietingheim/Württ.

4. KAPITEL

WERKZEUGE DER RADIÄSTHESIE

4. WERKZEUGE DER RADIÄSTHESIE

Zeiger:

In der Radiästhesie sind verschiedene Anzeigegeräte in Verwendung. Sie führen vom einfachen Pendel über die Einhandrute bis zur Winkelrute. In jedem Fall ist das Anzeigegerät aber immer nur Zeiger.
Der Mensch ist es, der als unendlich feines, sensitives **Geist-Seele-Körper-Wesen** feinste Schwingungen spürt und über Rute oder Pendel zur Anzeige bringt.

Eigenladung:

Mit Hilfe der Gedankenkraft können die Schwingungssysteme jeder Materie beeinflußt werden. Jedes Werkzeug erhält daher beim regelmäßigen Arbeiten eine besondere, eigenständige Schwingung. Beim Berühren durch fremde Personen kann diese Schwingung verändert werden, daher sollte jedesmal vor dem Arbeiten das Werkzeug **entodet** werden. Dies geschieht durch Abstreifen am besten dadurch, daß der Pendel oder die Rute mehrmals durch die leicht geschlossene linke Handfläche gezogen wird. (Siehe auch Pendelbuch Seite 20. Dort habe ich das Arbeiten mit dem Pendel ausführlich beschrieben.)

4.1 SUCHE DER EINZELNEN ZONEN:

Um eine Mutung durchzuführen, ist es notwendig, sich auf die entsprechende Zone geistig einzustellen (z.B. auf fließendes Wasser oder Globalgitter usw.). Neben der richtigen Haltung des Gerätes ist eine entsprechende einspitzige Konzentration wichtig, d.h., daß man sich nur auf einen Punkt konzentrieren soll, ohne an etwas anderes zu denken.

Dies kann entweder direkt erfolgen: „Ich suche fließendes Wasser, nichts als fließendes Wasser."
Oder man verwendet eine sog. physikalische Rute, die eine Kennzeichnung für die entsprechende Wellenlänge der Zonen aufweist (Kunststoffrute nach Schneider oder Lecher-Rute).

Bei der Rute nach Schneider wird die Grifflänge verändert, d.h. man greift die Rute an der gekennzeichneten Stelle, wodurch sich entsprechend der Wellenlänge eine Art abgestimmte Antenne oder ein Schwingkreis bildet, und die jeweilige Zone besonders gut angesprochen wird. Gleichzeitig stellt man sich aber auch mental auf die Zone ein. Bei der Lecher-Rute wird ein Bügel verschoben, um wieder die entsprechende Wellenlänge einzustellen. Die Griffhaltung bleibt dabei unverändert.

4.2 EINHANDRUTE (Universalrute, Biotensor):

Diese kann sowohl zum Abfragen wie ein Pendel verwendet werden, als auch zum Erfassen von Feldern bzw. Zonen.

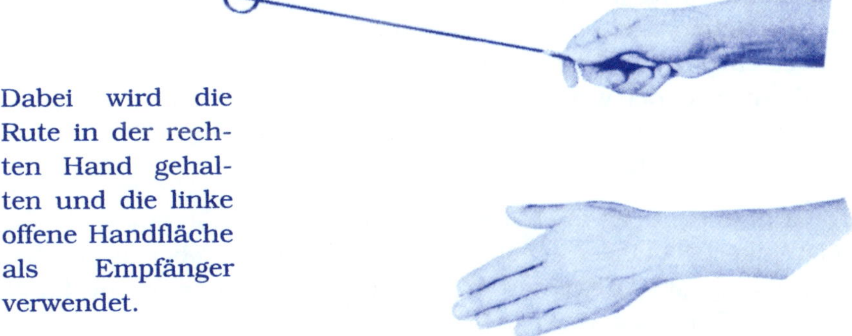

Dabei wird die Rute in der rechten Hand gehalten und die linke offene Handfläche als Empfänger verwendet.

Beispiel:

Bild von oben:

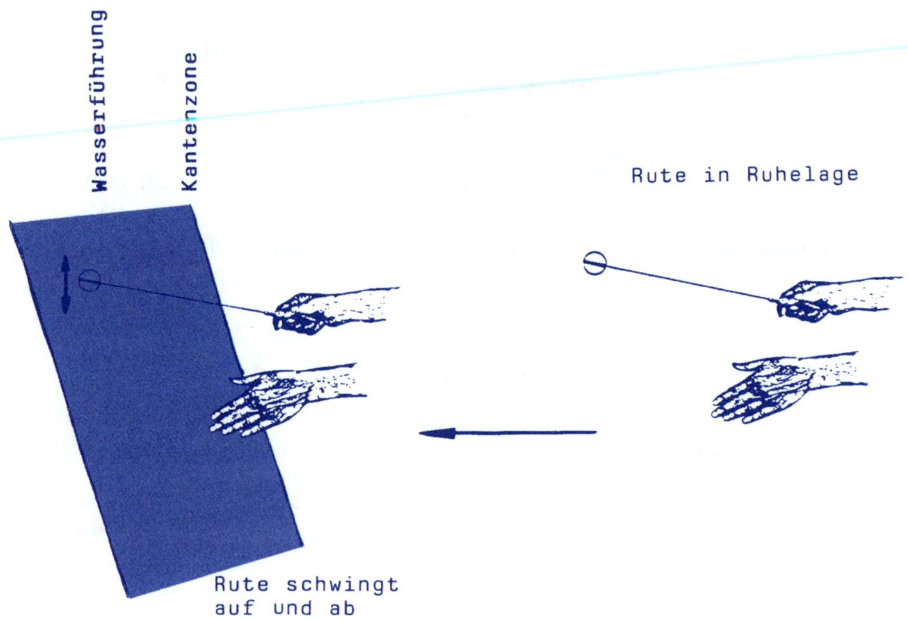

Die offene linke Handfläche wird nach unten gehalten, die Spitze der Einhandrute (meist mit einem Ring versehen) ist in Ruhelage. Bei Erreichen der Wasserzonenkante beginnt die Spitze der Rute zu schwingen. Wir kennen hier mehrere Möglichkeiten, die individuell angewendet werden können. (Zum Beispiel die Rutenspitze schwingt auf und ab, bei Erreichen der Zone beginnt sie rechts oder links zu rotieren.)

Die Einhandrute ist auch ideal geeignet, um z.B. die Ausstrahlung (Mentalkörper) eines Menschen zu überprüfen, wobei in gleicher Weise vorgegangen werden kann, wie bei der Zonensuche (linke Hand als Empfänger).

4.3 V-RUTE:

Diese kann aus den verschiedensten Materialien bestehen; die älteste Form ist wohl die Weidenrute. Da das Material aber elastisch sein muß, ist es notwendig, immer eine frische Rute abzuschneiden.

Heute bestehen diese Ruten meist aus Kunststoffen, die entweder zu einem „V“ zusammengeschweißt oder entsprechend gebogen wurden.

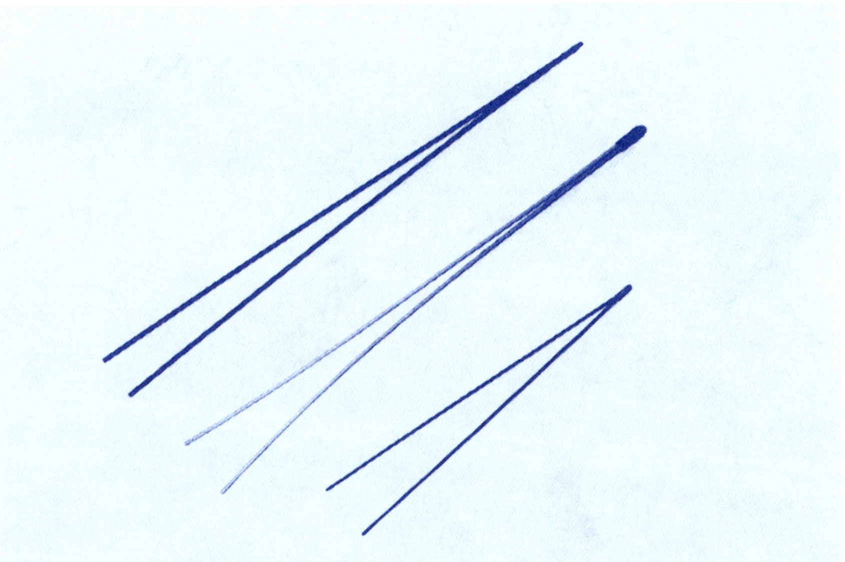

Eine Rute kann auch aus einem elastischen Stahldraht (z.B. Klaviersaite) gebogen werden, wobei dann meist folgende Form angewendet wird:

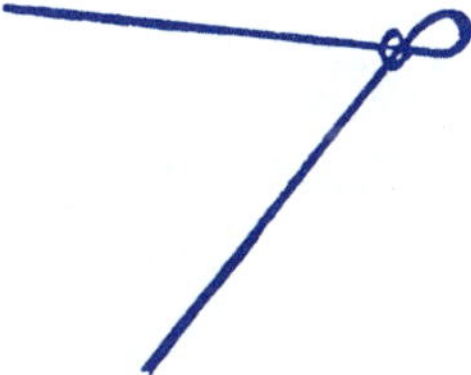

Anwendung:

Die Rute wird in Solarplexus-Höhe (Nabelgegend) so aufgespannt, daß sie gerade noch in einer labilen Ruhelage gehalten werden kann. Bei der geringsten Veränderung (z.B. Störzonenkante) schnappt dann die Rute nach oben oder unten.

Haltungstechniken:

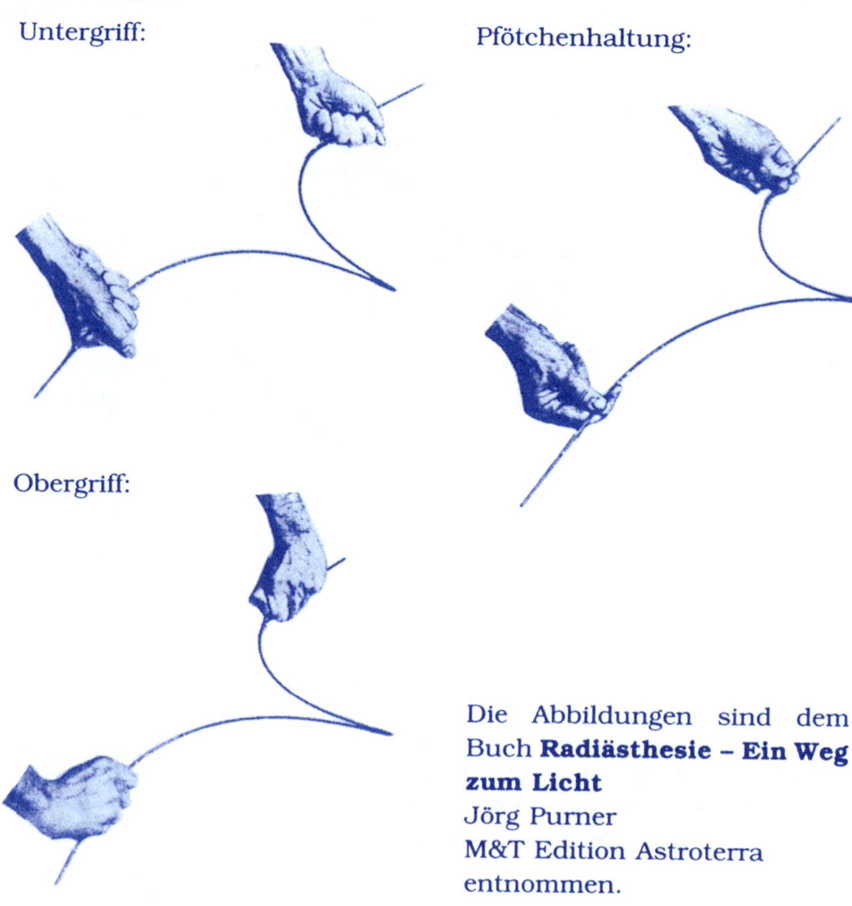

Die Abbildungen sind dem Buch **Radiästhesie – Ein Weg zum Licht**
Jörg Purner
M&T Edition Astroterra
entnommen.

4.4 LECHER-RUTE:

Gleiche Anwendung wie bei der V-Rute mit Pfötchengriff.

Pfötchenhaltung

Die wesentlichsten Haltungstechniken habe ich hier angeführt, es gibt aber noch eine Reihe anderer für bestimmte Anwendungsbereiche und Aufgaben, die dann ganz individuell auf persönliche Belange zugeschnitten werden können.

4.5 WINKELRUTE:

Winkelruten bestehen im einfachsten Fall aus zwei rechtwinkelig gebogenen Metallstäben mit ca. 2 mm Durchmesser. So ein Rutenpaar kann einfach, z.B. aus einem Metallkleiderbügel oder einem Schweißdraht, gebogen werden.

Bessere Ausführungen bestehen aus einziehbaren Antennenstäben mit Gleit- oder Kugellagerung.

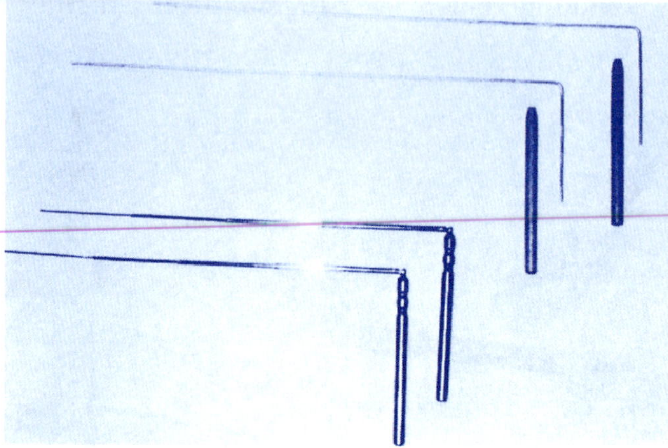

Der Vorteil dieser Ruten besteht darin, daß einerseits kein energetischer Kurzschluß zwischen der linken und rechten Hand hergestellt wird, und andererseits diese Rutenform eine höhere Empfindlichkeit, je nach Lagerung, aufweist.

Technik:

Die Ruten werden jeweils mit der linken und rechten Hand so gehalten, daß sie sich in einer labilen Ruhelage in Höhe des Solarplexus befinden (leicht abwärts geneigt) und nach vorne gerichtet sind.

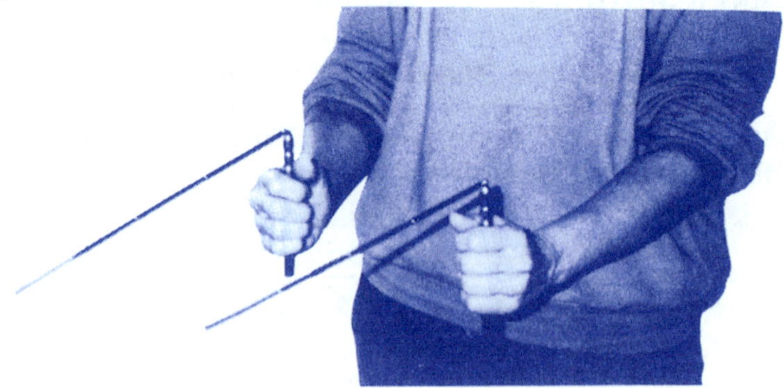

Bei Erreichen des Zonenrandes gehen die Ruten entweder auseinander oder sie überkreuzen sich. Damit kann auch der Verlauf der Zone festgestellt werden, da sich die Ruten auf den Zonenrand einstellen.

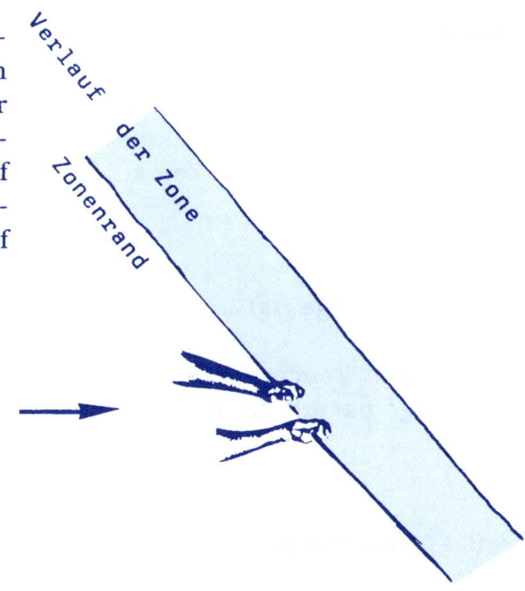

4.6 RICHTLINIEN ZUR VORGANGSWEISE BEI DER MUTUNG VON STÖRFELDERN:

4.6.1 Künstlich aufgebaute Störfelder entfernen:

Wie ich in den vorangegangenen Kapiteln ausführlich erklärt habe, können sich durch die verschiedensten Umstände eine Reihe von Feldern nicht natürlichen Ursprungs aufbauen. Daher ist es sinnvoll, diese künstlich aufgebauten Störfelder z.B. durch Gebete aufzuheben.

4.6.2 Mutung natürlicher Zonen:

Anschließend kann mit der Mutung begonnen werden. Ich persönlich suche **zuerst Wasserzonen**, anschließend **Verwerfungszonen, Globalgitter** und **Diagonalgitter**. (Siehe auch „Natürliche Felder" Seite 18 bis 24.)

Mit der Mutung sollte am besten dort begonnen werden, wo die längste Aufenthaltszeit zu erwarten ist (Schlafräume, Kinderzimmer, Arbeitsplätze etc.).

Hohe Fehlerquoten:

Achtung: Machen Sie des öfteren zwischendurch eine Pause! Nach einer Untersuchung mit aus- und einschaltbaren Störquellen weisen nach kurzer Zeit auch gute Radiästheten **hohe Fehlerquoten** auf.

4.6.3 Sonstige natürliche Zonen:

Sind obige Zonenverläufe bestimmt, ist es sinnvoll, noch auf **„sonstige natürliche Zonen"** (Mediallinien, Wachstumszonen) zu achten.

4.6.4 Technische Störfelder:

Am Schluß ist **unbedingt** noch auf **technische Störfelder** hin zu **untersuchen**. (Siehe auch „Technische Felder" Seite 32 bis 44.)

Die technischen Felder der Hausinstallationen lassen sich meist leicht durch Netzfreischaltungen oder Abschirmungen entfernen. Das sogenannte **Umpolen von Steckdosenanschlüssen**, das manchmal empfohlen wird, ist als **magische Handlung** zu werten und daher nur, wenn überhaupt, bedingt wirksam. (Siehe auch Kapitel „Magie der Strahlungsfelder" Seite 56.) Technisch hat diese Art der Entstörung **keinerlei Wirksamkeit**, da die Spannung nach wie vor in der Steckdose vorhanden ist und daher ein elektrisches Feld aufgebaut wird. Dieses kann mit einem entsprechenden Meßgerät auch nachgewiesen werden!

Anders verhält es sich mit dem Anschließen eines Gerätes an die Steckdose. Hierbei kann **durch richtige Anschlußweise** der Phase (spannungsführender Draht) bzw. des Nulleiters (Ausgleichsleiter, meist spannungsfrei) häufig eine **beträchtliche Reduktion** von Störfeldern **erreicht** werden, was ebenfalls durch Messungen mit einer Elektrofeldsonde bewiesen werden kann.

4.6.5 Meidung von Störzonen:

Wasserzonen, Verwerfungszonen und Kreuzungspunkte sollten vor allem für **Schlafplätze generell gemieden werden!**

Bei **Hochspannungsanlagen, Radar- und Sendeanlagen etc.** ist vor allem die **Einhaltung entsprechender Abstände** zielführend, da Abschirmungen einerseits technisch sehr aufwendig sind, und andererseits diese auch nur geringe Wirksamkeit aufweisen. (Siehe auch Seite 34 bis 40.)

4.6.6 Aufhebung von Störfeldern:

Sämtliche Störfelder können **durch Gebete in ihrer Wirksamkeit aufgehoben** werden. Dies habe ich im Kapitel „Die Magie der Strahlungsfelder" Seite 56 bis 62 ausführlich beschrieben.

Da die **Gebete** aber **regelmäßig wiederholt** werden müssen, um ihre Wirksamkeit zu erhalten, empfiehlt es sich, diese der Eigenverantwortlichkeit zu übergeben. Das heißt, **niemals sollte der Radiästhet für fremde Personen diese Aufgabe übernehmen**, da alles im Leben selbst erarbeitet werden muß, um einen Energieaustausch herzustellen.

Meidung von Wasserzonen:

Stellen wie **Schlafplätze** sollten aber für den **Daueraufenthalt auf keinen Fall** über Wasserzonen gewählt werden!

Im Falle daß Personen **nicht an die Wirksamkeit** dieser oder anderer Gebete **glauben**, sollte **unbedingt** ein **Standortwechsel** durchgeführt werden.

Regelmäßige Kontrolle:

In diesem Fall wäre aber eine **regelmäßige Kontrolle**, vor allem der Schlafplätze **anzuraten**, da sich Zonen, wie schon mehrfach beschrieben, einerseits verlagern und andererseits neu aufbauen können.

Keine technischen Abschirmgeräte:

Von jeglicher Form der **technischen Abschirmung** sollte Abstand genommen werden, da deren **Wirksamkeit sehr zweifelhaft** erscheint.

5. KAPITEL

BIOGRAPHIE

5. BIOGRAPHIE

Religion:

Obwohl ich aus einer atheistisch eingestellten Familie stamme, habe ich durch eine katholische Erziehung in einer Internatsschule diesen Glauben intensiv angenommen.
Die mir, wie ich erst viel später herausfand, vorgegebene technische Ausbildung bewirkte eine analytische Schulung meines Verstandes. Da für mich dadurch viele Fragen offen blieben, wandte ich mich von der katholischen Kirche schon als Jugendlicher ab. In der Folge suchte ich lange Zeit in vielen Religionsgemeinschaften nach den offenen Antworten. Es gelang aber keiner, meinen Wissensdurst zu stillen.
Ich entwickelte mich zu einem überheblichen Technokraten; damals dachte ich wirklich, technisch sei alles machbar. Sogar die Atomeuphorie teilte ich mit vielen.

Yoga:

Die mir seit meiner Kindheit eingeprägte Angst vor allem Möglichen (z.B. vor der ewigen Verdammnis), bewog mich, eine Yoga-Ausbildung zu machen. Tatsächlich hatte ich mich nach kurzer Zeit so unter Kontrolle, daß alle Ängste wie weggeblasen waren. Ich lernte die Gedankenkontrolle, das bewußte Abschalten der Gedanken und vieles mehr. Obwohl ich nach wie vor an nur eine uns zur Verfügung stehende Existenz glaubte, hatte ich in einer Art „Rückführungsmeditation" ein Erlebnis, das mich ab dieser Zeit durch mein „Erlebnisbewußtsein" an die Reinkarnation (Wiedergeburt) glauben ließ. Ich erlebte in kurzer Folge einige meiner Tode.
Dieser Übergang von einer Daseinsform in eine andere ließ mich die Größe der Schöpfung erkennen, die kontinuierliche Form des Werdens und Vergehens und die ständige Weiterentwicklung des einzelnen Menschen.

Seit dieser Zeit **wußte** ich einfach, daß ich schon des öfteren auf dieser Erde gelebt hatte.

Von da an lernte ich unendlich viel, und diese Dinge wurden fester Bestandteil meines Lebens. Es war z.B. fast unmöglich, mich aus meinem inneren Gleichgewicht zu bringen.

Krise:

Trotz allem geriet ich in eine ernsthafte Krise. Ich war im Yoga so weit fortgeschritten, daß ich die westliche Welt mit meinem inneren Weg nicht mehr in Einklang bringen konnte. Vor die Entscheidung gestellt, mich aus der Zivilisation in ein Kloster zurückzuziehen oder aber bei meiner Familie zu bleiben, entschied ich mich für diese. Heute weiß ich, daß dies die richtige Entscheidung war.

Gefahren im Yoga:

Eine der großen Gefahren im Yoga liegt darin, auf einen totalen Ego-Trip zu gehen. Außerdem kommt es häufig auch zu einer gewissen Fluchtreaktion aus der Realität und vor den karmischen Aufgaben, in die wir hineingeboren wurden bzw. für die wir uns entschieden haben (z.B. Familie).
Yoga ist ja der Weg der alten Meister und bedeutete in Indien die lebenslange Hingabe und Schulung eines Menschen. Der **Meister**, der im Yoga notwendige Führer (Guru), leitete und überwachte sorgfältig den Fortschritt und die geistige Einstellung seines Schülers. Oft, wenn diese nicht entsprechend war, kam ein Schüler jahrelang keinen Schritt weiter. So wurde eine **übereilte Ausbildung** und auch das vorzeitige Erlangen besonderer Fähigkeiten praktisch **verhindert**.

Im Westen muß alles schnell gehen; dies machen sich die luziferischen Wesen zunutze. Menschen erhalten durch die verschiedensten esoterischen Ausbildungen plötzlich Fähigkeiten, für die sie einfach ethisch und geistig nicht reif sind.

Diese Fähigkeiten werden dann zur Erlangung persönlicher Vorteile eingesetzt. Dadurch verfängt man sich in den Netzen der luziferischen Wesen und baut sehr leicht negatives Karma auf.

Yoga an sich ist, wie ich vorher schon andeutete, eine hervorragende Möglichkeit, um sich einerseits geistig weiterzuentwickeln und andererseits auch körperlich fit zu bleiben. Hatha-Yoga ist auch für den westlichen Menschen eine gute Sache.

Bergpredigt:

Wird die christliche Idee der Bergpredigt mit hineinverwoben, kann unter Aufsicht eines guten Yogalehrers und unter Berücksichtigung einiger Vorsichtsmaßnahmen Yoga betrieben werden.
Unbedingt sollten vor allen geistigen Übungen Schutzgebete gebetet – oder ähnliche Schutzmaßnahmen getroffen werden.

Warnung:

Ich möchte Sie an dieser Stelle vor allen esoterischen Ausbildungen, die Ihnen raschen Erfolg und außergewöhnliche Fähigkeiten wie Heilen, Hellsehen, Rückführungen usw. versprechen, ausdrücklich **warnen!**

Persönliche Fehler:

Aufgrund meiner Ausbildung und vorgeburtlichen Prägung machte ich in der Folge zwei gravierende Fehler:

* Ich lernte, Menschen für meine Belange zu manipulieren.
* Meine Überheblichkeit wurde noch größer.

In der Zwischenzeit war auch Gott etwas in die Ferne gerückt.

Karma und Gesundheit:

Gleichzeitig ging es mir aufgrund der karmischen Gesetze gesundheitlich immer schlechter. Meine Mitmenschen hatten immer mehr Probleme mit mir, in meiner Überheblichkeit nahm ich dies aber kaum zur Kenntnis. Meine Ehe „funktionierte" mehr schlecht als recht, und auch mit meinem Sohn, damals im Mittelschulalter, hatte ich alle erdenklichen Schwierigkeiten. Ich verstand damals überhaupt nicht, daß er nach dem Spiegelgesetz meine Fehler reflektieren **mußte!**

Aber Gott ist barmherzig und liebt alle seine Geschöpfe.

Jetzt im Rückblick erkenne ich die **Gnade Gottes** in Form des **geschickten Leides**. („Das was ihr sät, werdet ihr ernten.")

Ich hatte chronische Migräne, Gelenksbeschwerden, Gastritis und eine leichte Bronchitis. Meine Yogakenntnisse halfen mir in diesem Fall nicht mehr, da ich nicht einmal mehr in der Lage war zu meditieren. Ich wurde praktisch gezwungen, damit aufzuhören.

Da meine „Schmerzen" karmischer Natur waren, versagte auch die Schulmedizin kläglich. Nach dem Gesetz „Jeder erhält den Arzt, den er verdient", fand ich auch keinen, der mir helfen konnte.

Lernprozeß durch Ernährungsumstellung:

Am absoluten Tiefpunkt meines Lebens angelangt, wurde mir die Hand gereicht und Schritt für Schritt lernte ich Lektion für Lektion.

Dieser Lernprozeß wurde durch meine Ernährungsumstellung auf **lactovegetabile Vollwertkost** eingeleitet.

Eine damals schon weit über 70 Jahre alte Dame erkannte infolge einer Irisdiagnose als Ursache meiner Kopfschmerzen Blähungen im Darm. (Natürlich kein Wunder, ich war ja aufgebläht, auch im geistigen Sinn – Überheblichkeit!) Aber noch war ich nicht bereit, dies anzunehmen. Erst drei Monate später, als mir eine Fußreflexzonen-Masseurin die gleiche Diagnose stellte, nämlich Blähungen (die ich übrigens nie bemerkte), reagierte ich entsprechend und stellte meine Ernährung um. Mein Erstaunen war sehr groß, als ich nach ca. 14 Tagen meine chronische Migräne vollkommen los war.

Geistige Gesetze:

Langsam lernte ich die drei wichtigsten Gesetze kennen:

1. **Das Gesetz des Karmas:** Alle Gedanken, Worte und Werke haben eine Folgewirkung, sowohl im Positiven als auch im Negativen.

2. **Das Spiegelgesetz:** Sämtliche Gegebenheiten, die mich „berühren" (ärgern, freuen, traurig machen usw.), sind Spiegelbild meiner Persönlichkeit und müssen beachtet werden. Negatives soll verändert und Positives gefördert werden.

3. **Das Affinitätsgesetz (Resonanzgesetz):** Dies bedeutet, daß ähnliche Verhaltensweisen und Schwingungen gleiche Potentiale anziehen. (Gleiches zu Gleichem: depressive Menschen ziehen immer andere Depressive an, liebevolle Menschen eben Liebevolle.)

Radiästhesie:

In diese Zeit fielen auch meine ersten Gehversuche mit der Radiästhesie. Dies war allerdings erst möglich, nachdem ich meine technokratische Einstellung langsam über Bord geworfen hatte.

Lernprozeß:

Die Schulmedizin lehrte mich, daß mit Technik nichts zu reparieren ist.
Durch den Unfall im Atomkraftwerk „Three Miles Island" erkannte ich die Gefährlichkeit der Technik-Gläubigkeit.
Schritt für Schritt kam ich von meinem hohen Roß herunter. Jahrelang arbeitete ich am Ablegen meiner Überheblichkeit und am Erkennen des Manipulierens. Beides ist ja in den göttlichen Gesetzen ein **schweres Vergehen.** Bedauerlicherweise geht ein Großteil der Menschheit diesen Weg. **„Wie bringe ich andere dazu, das zu tun was ich will, ohne daß sie merken, daß sie es eigentlich nicht wollen."** Manipulieren ist einerseits eine Einschränkung der persönlichen Freiheit und andererseits schlichtweg Lüge.

Grundübel der Menschheit:

Überheblichkeit ist das Grundübel der Menschen, sie führte letztendlich auch zum Fall Luzifers (ich bin gleich Gott) und der Menschheit.

Die Überheblichkeit war überhaupt die **Ursache der Verdichtung der Welten.** Die geistigen Schöpfungskräfte mußten in Materie gebunden werden. (Siehe auch Pendelbuch erstes Kapitel.)

Sowohl die luziferischen als auch die ahrimanischen Wesen unterstützen daher mit Vehemenz die Überheblichkeit der Menschheit, um sie dann umso sicherer dem Untergang zuzuführen.

Wie sonst wäre es möglich, daß sich Techniken wie die Atomtechnologie und die Gentechnik entwickeln konnten.

Wieder stehen wir dort, wo wir schon des öfteren standen:

Wir greifen in den Schöpfungsplan Gottes ein und wollen Gott gleich sein.

Diese Überheblichkeit können wir überall erkennen: in der Medizin, wo Organe entfernt werden, weil diese angeblich unnötig sind (Mandeln, Blinddarm usw.), weiters in der Computertechnologie mit der immer mehr fortschreitenden absoluten Überwachung, mit der Entwicklung sog. Biochips, die man den Menschen einpflanzen will, und mit geklonten Wesen aus der Gentechnik, nur um einige Beispiele zu nennen.

Umstellung auf vegetarische Kost:

Einerseits durch meine Schmerzen bedingt und andererseits durch die Hinweise der Irisdiagnostikerin und Reflexzonen-Masseurin aufmerksam gemacht, stellte ich meine Ernährungsweise rigoros auf eine lactovegetabile Vollwertkost um. Gleichzeitig wurden von mir alle schädlichen Genußmittel wie Kaffee, Zucker, Alkohol etc. aus meinem Ernährungsplan gestrichen.

Beschwerdefrei:

Wie ich schon vorher erwähnte, verschwand nach ca. zwei Wochen meine chronische Migräne vollständig.

Ein weiterer Effekt dieser weitgehend säurefreien Kost war, daß meine Ausdauer in sportlicher Hinsicht wesentlich größer wurde.

Sensibilisierung durch lactovegetabile Ernährung:

Die Ernährungsumstellung bewirkte weiters eine Sensibilisierung des Körper- und Seelenbereichs. Die völlige Enthaltsamkeit von toten Tieren, Alkohol, Kaffee und Schokolade sowie Zucker veränderte meine gesamte Bewußtseinsebene.

Dies hatte aber nicht nur positive Effekte, denn durch die Sensibilisierung wurde ich überaus empfindlich gegen Störzonen jeder Art.

Es war mir z.B. nur für kurze Zeit möglich, mich in Stahlbetongebäuden aufzuhalten. Mit Atemtechniken aus der Yogaschule konnte ich dies zwar in relativ kurzer Zeit wieder ausgleichen, aber es war doch alles sehr mühsam.

Andererseits entwickelte ich die Fähigkeit, nach meiner radiästhetischen Ausbildung vielerlei Felder mit Rute und Pendel auszumuten. So suchte ich z.B. eine elektrische Leitung, die in der Decke des Wohnzimmers an einer mir unbekannten Stelle verlegt war und konnte diese mit einer Winkelrute auf den Zentimeter genau finden.

Geistige Abschirmung:

Der nächste Schritt war, mich abschirmen zu lernen. Mit der **einfachen Formel:**

Ich verschließe mich gegen alles Negative
und öffne mich für alles Positive!

gelang es mir, zumindest während des Tages, negative Strahlungseinflüsse fernzuhalten. Eine störungsfreie Schlafstelle war zu dieser Zeit aber immer noch eine Notwendigkeit.

Bronchitis:

Die meisten meiner Beschwerden waren in der Zwischenzeit verschwunden. Nur eines war mir erhalten geblieben, und das war eine sich mehr und mehr verschlechternde chronische Bronchitis. Alle Naturheilmittel schafften höchstens eine Linderung, aber keine Heilung. Allopathische Mittel kamen für mich nicht mehr in Frage, und so machte ich mehrmals in der Nacht, immer wenn ich Erstickungsanfälle bekam, spezielle Yogaübungen, um die Atemwege wieder frei zu bekommen. Auffallend war bei dieser Krankheit, daß die Symptome schlimmer wurden, je mehr ich ermüdete und je weniger Energie ich hatte.

Wunderheilung:

Wieder bekam ich außerordentliche Hilfe. Durch meinen Radiästhesielehrer, Herrn Klaus Brudny, dem ich hiermit meinen außerordentlichen Dank ausspreche, bekam ich die Telefonnummer von Herrn Ing. Franz Wenninger, der mir auf wundersame Weise half. Innerhalb von 2 Stunden !! war ich vollkommen beschwerdefrei und konnte nach mehr als einem Jahr wieder normal atmen – welch ein Gefühl das war!

Dies war vermutlich die wichtigste Begegnung in meinem Leben. Die Erklärung, die mir Herr Ing. Wenninger gab, war verblüffend einfach und doch für mich schwer verdaubar.

Besetzungen:

Er sagte, ich hätte eine **Besetzung**. Zum ersten Mal wurde ich, noch dazu auf sehr drastische Weise, damit konfrontiert, daß uns verstorbene Personen, die durch ihr Fehlverhalten an die Erdsphäre gebunden sind, ständig umgeben. Gemäß dem Gesetz der Affinität (d.h. Gleiches zu Gleichem), ist es den Verstorbenen möglich, sich energetisch an uns anzukoppeln, wodurch wir ernsthaft krank werden können.

Gebete:

Durch sogenannte **Befreiungsgebete** ist es möglich, sowohl den Verstorbenen als auch den Lebenden zu helfen. Heute kann ich mir nicht mehr vorstellen, ohne diese Gebete auszukommen. Ab diesem Zeitpunkt wurden Gebete mein ständiger Begleiter.

Ich danke Herrn Ing. Wenninger für diese wunderbare Hilfe und für die selbstlose Weitergabe seiner Erfahrungen und Methoden. (Gebete, siehe Pendelbuch.)

Zu diesem Zeitpunkt mußte ich erkennen, daß durch ein einfaches Bittgebet, das im Namen von Jesus Christus ausgesprochen (oder gedacht) wird, unendlich viel mehr erreicht werden kann, als z.B. mit dem Rezitieren von indischen oder tibetischen Mantras.

Der Satz, ausgesprochen von Jesus Christus:
„Was ihr (vom Vater) in meinem Namen erbittet, wird euch gegeben werden.“ – hat mein Leben neuerdings absolut verändert und in neue Bahnen gelenkt.

Mit dem **Bittgebet** kann auch die **Demut erlernt** werden.

„Herr, im Namen Jesus Christus bitte ich Dich ...,
aber **nicht mein, sondern Dein Wille geschehe.“**

Tschernobyl:

Nachdem ich die Gebetsform in vielen Bereichen erfolgreich einsetzen durfte, kam das Jahr, in dem der Atomunfall in Tschernobyl passierte.

Zu diesem Zeitpunkt hatte ich bereits erkannt, daß **alle Materie gebundene geistige Energie** ist, oder anders ausgedrückt, **geistige Wesenheiten bindet.** Mittels des Gebets lernte ich die künstliche Radioaktivität aufzulösen (meßbar und nachweisbar mit einem Geiger-Müller-Zähler). (Siehe Seite 61 und 62 sowie im Pendelbuch Seite 68 und 69.)

Störfelder:

Es dauerte noch einige Jahre, bis ich mit der Nase darauf hingestoßen wurde, daß auch Störfelder durch geistige Wesenheiten aufgebaut und aufrechterhalten werden. Am Aufbau von Störfeldern sind sowohl **Elementale** (Gedankenformen) beteiligt, also künstlich durch das Fehlverhalten der Menschen geschaffene Wesenheiten, als auch **Elementare** (Naturgeister), die sich auf Grund ihres fehlenden Eigenwillens den negativen Kräften unterordnen müssen.

Mit **Hilfe dieser Wesenheiten** können also **sämtliche** vorstellbaren **Zonen aufgebaut und** natürlich auch **wieder entfernt** werden.

Aufbau einer Störzone:

Anläßlich eines Vortrages im Wiener Radiästhesieverband wurde mir erlaubt, eine schwere Störzone aufzubauen. Diese wurde von mehreren anwesenden Radiästheten als „Wasserzone" bzw. starke „Krebszone" mittels ihrer Ruten erkannt. Auch mit Hilfe des Thymustests, den ich mit mehreren anwesenden Personen in diesem Zonenbereich durchführte, bewies ich die Mutungsergebnisse. Alle getesteten Personen reagierten mit einer deutlichen Muskelschwächung.

Auflösung der Störzone:

Nach Anwendung der Gebete zur Auflösung von Störfeldern war keinerlei Störzone mehr zu messen, auch mit dem Muskeltest wurde wieder „stark" getestet. (Gebetstext, siehe Seite 59.)

Seit Anwendung dieser Gebete ist es mir möglich, auf jeglicher „Störzone" tief und fest zu schlafen und auch völlig ausgeruht und erfrischt aufzuwachen.

Die **Wirkung der Gebete** erstreckt sich auf alle **vorhandenen Störfaktoren mit Strahlungscharakter!**

Das Faszinierende an dieser Sache ist, daß **alle Menschen,** die ehrlich darum bitten, diese **Zonen** mit **Gebeten auflösen können.**

Abschließend danke ich Ihnen für Ihre Aufmerksamkeit und wünsche Ihnen eine licht- und liebevolle Verbindung mit Gott, weiters viel Erfolg bei der Anwendung der Gebete und der Erarbeitung der Liebe in dieser Inkarnation.

Weitere Bücher aus dem Lippert-Verlag

Nachfolgend stellen wir Ihnen einige weitere Bücher und CDs aus dem Lippert-Verlag vor. Unser Gesamtprogramm senden wir Ihnen gerne kostenlos zu (s.S. 4 oder im Internet *www.lippert-verlag.de, info@lippert-verlag.de*).

Renate Lippert - Der Transformationsprozess
Buch, ca. 96 S., ***inklusive Transformations-CD,***
EUR 24,90/CHF 49,90. Portofreie Zusendung

Wir leben in Zeiten der Transformation, der Veränderung und der Wandlung und erhielten die Gelegenheit, in dieser Zeit des intensiven spirituellen Wachstums hier auf Erden inkarniert zu sein. Doch was bedeutet dieser Transformationsprozess für uns? Was erfordert er von uns? Wie können wir die tief sitzenden Muster in uns lösen, unseren Körper und unseren Alltag der Schwingungserhöhung anpassen und dennoch den wachsenden Anforderungen des äußeren Lebens gerecht werden? Wie können wir das, was wir seit Leben mit uns herumtragen und als Generationenmuster immer weitergegeben wurde, nun "in diesem Leben" auflösen und gleichzeitig in Balance bleiben? Die beiliegende, von der Autorin geführte Transformations-CD, enthält unterstützende Übungen und Meditationen, hilft die eigenen Transformations- und Schattenthemen zu erkennen und in Kontakt mit der Christusenergie und der Gnadenschwingung umzuwandeln.

CD Aufstiegsaktivierungen ISIS, EUR 21,90/CHF 35,90
Dr. Joshua David Stone, in Deutsch gesprochen von Renate Lippert

1. ISIS, die Große Pyramide und die Sphinx - Aufstiegsaktivierungs-Meditation 48:51
2. Die Verschmelzung deines Christusselbst mit deinem niederen Selbst 10:16

Diese sehr energiereiche Aufstiegsaktivierungs-Meditation mit Isis in der Großen Pyramide leitet uns durch die sieben Einweihungen zum Aufstieg hindurch. Wir verbinden uns energetisch mit den großen Meistern und erfahren ihre hohe Lichtschwingung und energetische Unterstützung während dieses Prozesses. Die zweite Meditation der CD Verschmelzung deines Christusselbst mit deinem niederen Selbst wirkt ebenfalls sehr schwingungserhöhend. Dieser Vorgang ist ein entscheidender Schritt in deiner spirituellen Entwicklung.